나를 길흉(吉凶)으로 이끄는

숫자의 놀라운 힘!

운명을
바꾸는 숫자

운명을 바꾸는
숫자

지 은 이 | 정재원
펴 낸 이 | 김원중

편집주간 | 김무정
기　　획 | 허석기
편　　집 | 김주화
디 자 인 | 옥미향
표지디자인 | 허수빈
제　　작 | 박준열
관　　리 | 차정심, 정혜진
마 케 팅 | 박혜경

초판인쇄 | 2019년 05월 27일
초 판 4 쇄 | 2021년 10월 25일

출판등록 | 제313-2007-000172(2007.08.29)

펴 낸 곳 | 도서출판 상상나무
　　　　　상상바이오(주)
주　　소 | 경기도 고양시 덕양구 고양대로 1393 상상빌딩
전　　화 | (031) 973-5191
팩　　스 | (031) 973-5020
홈페이지 | http://smbooks.com
E - m a i l | ssyc973@hanmail.net

ISBN 979-11-86172-53-7(03180)
값 15,000원

운명을 바꾸는 숫자

(사)산청·함양사건희생자 유족회 회장

정 재 원 著

상상나무

초픽션의 어떤 제3지대를 형성하는 작품

나는 정재원 씨의 글로벌 시대를 여는 새로운 장편 서사시를 읽기 전에 자전 서사시집
『운명의 별이 길 쓸고』를 먼저 읽고 느끼는 바가 많았다. 그 느낌을 표사表辭로 썼다.

"정재원 씨의 이 서사시집은 산문으로는 추적해 낼 수 없는 상황의 복잡한 갈등과 감
정의 굽이를 드러내 보여준다. 이 시집은 내가 지금까지 읽어본 어떤 서사시집보다 역사
와 체험과 살아있는 국면의 형상화를 최선으로 보여주고 있다. 눈물없이 읽을 수 없는
극적인 운명, 돌풍처럼 일어섰다가 꺼지는 행운과 좌절의 반전들이 읽는 이로 하여금 손
에 땀을 쥐게 한다. 일독을 권한다."

자전 서사시 『운명 숫자의 비밀』을 읽고도 그 감명은 다른 느낌으로 다가와 주었다. 우
리가 자전을 읽게 되면 대체로 지나치게 드러나는 우연이라든가 동어반복의 느슨한 일상
들이 픽션으로 가다듬어지지 않아 긴장을 제고시키지 못하는 것을 볼 수가 있는데 정재
원 씨의 운명의 물굽이는 일상과 우연, 픽션과 논픽션을 뛰어 넘어 초픽션의 어떤 제 3의
지대를 형성해 놓는 느낌을 준다. 그만큼 운명적이고 신비스러운 흐름을 굽이굽이 지니고

있는 이야기로써 독자들을 끌어당기고 있다.

　화자의 생애는 매우 극적이다. 일곱 살 때 국군의 총 세 발을 맞았다는 것도 극적이지만 이를 이겨내는 것도 극적이다. 이후 살아가는 모습과 거듭 이어지는 사건들도 형언할 수 없는 기복으로 위기와 반전의 행진을 지속한다. 손에 땀을 쥐게 하여 첫장에서 끝장까지 내리닫이 읽어 내리게 하는 힘이 있다. 작가의 작품 외적인 역학易學이나 수리이론數理理論 개척자로서의 면모에 대해 이야기를 들으면 그것도 모두 극적이다.

　말하자면 작가는 이야기 자체로써 이 세상을 살아가는 사람으로 어떤 달란트를 받은 것으로 보인다. 그런 의미에서 이 장편 서사시를 한번씩 읽어 보기를 권한다. 그러는 사이 독자 여러분들의 운명과 삶에 대해서도 성찰해 보는 계기가 되고 픽션에의 관심으로 더 깊이 들어가는 계기도 되었으면 하는 마음 간절하다.

시인 한국문인회 전 이사장 **문 효 치**

교훈적 휴머니즘이 진하게 배어있는 책

운명運命은 도리道理이고, 만물은 자연의 섭리에 의하며, 인간은 생존의 과정에서 고고한 자존을 잃지 않기 위해 한 겹씩 찌든 허물을 벗어내면서 현명한 면모로 일신一新하는 것이다. 빛이 신비롭다고 여겨질 때 사람들은 그것을 광명이라고 표현하면서 뼈저리며 지나간 세월은 이 광명을 향한 열정이었다고 자위하게 된다.

내가 알고 있는 정재원鄭再原 신정음양연구회 회장은 일곱 살 때 6·25 전쟁 잔해의 비극적 화근에 휘말려 세 발의 총탄을 맞았으나 구사일생으로 살아났다. 국군에 의해 참혹하고 참담한 죽음의 직전에서 모질게도 살아남아 천애의 고아로 세상풍파를 온몸으로 받으며 기구한 인생 역정을 운명이라 여기고 온갖 시련을 다 겪었다.

태어났다는 사실은 생존의 의무였고 스스로 살아갈 자유가 보장되었는데도 얄궂은 운명의 소용돌이에 휘말려 심신이 압박되었으며, 숨 쉬는 것조차도 억눌리는 가련한 고통을 수없이 받으며 죽음마저도 마음대로 할 수 없는 처절하리만큼 비참한 역경을 견뎌야 했던 인생행로를 그는 걷고 또 걸었다.

그는 온갖 역경과 굴욕을 자신에게 주어진 숙명이라 여기고 엄청난 생존의 통한을 가슴 깊이 새긴 채 헝클어진 가시밭길을 헤치며 걸었고, 험난한 산비탈을 구르며 걸었고, 매서운 빙판길을 넘어지며 걸었고, 질퍽대는 두렁길도 푹푹 빠지면서 걸었다. 아슬아슬했던 그 삶의 비포장 자갈길에서 가위눌리며 억척스럽게 다져온 세월의 뒤안길을 돌아보면서, 이젠 구원의 손길을 멀리 뻗쳐서 보다 맑고 밝은 미래를 향한 기망祈望에 밤낮을 가리지 않는다.

그는 자신이 감내할 수 없는 엄청난 고통이 극에 달할 때마다 누군가로부터 계시를 듣는다고 말한다.

샘물처럼 맑은 지각과 번득이는 혜안으로 만상萬象을 꿰뚫는 투시력은 많은 사람들에게 새로운 지혜와 용기를 북돋워주고, 잠재되어 있는 능력을 한껏 발휘할 수 있도록 이끌어주는 탁월한 능력의 소유자로 정평이 나 있는 사람, 그가 바로 정재원 회장이다.

이 장편서사시 『운명을 바꾸는 숫자』는 수십만 독자를 울렸던 그의 저서 『신운명新運命』의 개정증보판이다. 그는 진리와 참 삶에 대한 지혜를 독자들에게 전해주기 위해 무던히도 애쓰고 있다.

정재원 회장은 사람마다 관련된 모든 어려운 문제를 풀어낼 수 있는 '행운의 번호'와 삼합인장을 개발하여 어려운 상황에서 한 줄기 빛을 찾으려는 이들에게 참 삶에 대한 광명의 길을 열어주기 위해 노력하고 있다. 일독一讀을 권하며 참 교훈적 휴머니즘이 진하게 배어 있는 인생 경험도 함께 맛볼 수 있기를 기원하는 바이다.

경희대 국문학박사·명예교수 **서 정 범**

6·25공간의 학살과 생존의 논픽션 서사시,
그 비극적 흐름

정재원 선생은 6·25 공간에서 있었던 '산청·함양사건'의 희생자 유족회 회장으로 이름
나고 초장기적인 발간 책자 『운명』의 저자로 유명하다. 이번에는 저서 『운명』의 핵심 부분인
자전 소설 부분을 자전 서사시로 바꾸어 『운명을 바꾸는 숫자』란 이름으로 출간한다. 소
설을 서사시로 바꾸어 내는 의미는 무엇일까? 우선 산문적 지루감을 덜어내고 지은이의 비
극적인 생사 반전의 체험을 보다 극적으로 드러낸다는 의도가 있는 것처럼 보인다. 실제로
원고를 완독하면서 그런 효과가 있음을 발견한 것이다.

서사시는 서양의 경우 민족의 영웅을 노래하고 영웅시체가 있어야 하고 '바드'에 의해 노
래로 불리워지는 것이 그 조건이다. 그러나 우리의 경우는 그런 조건 없이 대하소재가 될
만한 역사나 현실이 뒷받침되면 되는 것이다. 정재원의 자전적 소재는 6·25 전쟁 공간에서
일어나지 않았어야 할 이른바 일부 국군에 의해 이루어진 양민학살 사건과 살아난 자신의
처절한 환난 고통을 포함하고 있다.

살인마 폭군 저승군단
11사단 9연대 3대대
장병들이었지
장병들은 온 마을을 덮치며
방안에서 혼비백산이 된 채

부들부들 떨고 있는 주민들을
모두 불러내었지
-〈중매재〉中에서

　서사시의 문체는 한 행이 3음보 연속이거나 2음보 한 행이 눈에 띤다. 이 말고도 4음보
3음보를 섞어서 쓴 경우가 많은데 이는 무엇을 의미하는가. 우리말의 전통인 3음보 내지 4
음보가 주로 흐름을 형성하고 있다는 것이다. 흐름이 자연스럽고 부담없이 읽히는 바탕이
라 하겠다.

　지은이 정재원 선생은 일곱살 때 사건 현장에서 세 발의 총을 맞아 죽다가 살아난 기적
같은 삶을 살았다. 잘못 꿰어진 사건이 그 이후 간단없이 아픔과 불행으로 이어지고 행불
행은 하나도 온전한 결말이 아니라는 사실에서 비극은 극한을 기록하고 있음을 보여준다.

　그리고 이 서사시는 한 편의 일정한 흐름으로 가는 것이 아니다. 서사시가 체험의 종결
까지 보여주지 못하고 후반에는 서사문으로 바뀐다. 이야기의 성격에 관련된 것이다. 서사
시는 내용이 개인적 영감이나 감각에 비교적 의지할 때까지는 이어지고 깊이 있는 특정의
설명을 요할 때부터는 서사문이 된다. 전체적으로 보면 사사시와 서사문의 2중구도이다.
문학 장르상의 한 실험이라 할 수 있겠다.

　어쨌거나 이번 저서는 기왕의 많이 읽힌 내용이 거듭되지만 소설적 구성에서 서사시적
장르상의 변화가 특징이다. 독자 여러분! 저자 정재원 선생보다 더 비극적인 인생의 굴곡을
맛보셨는지요? 맛보신 분이라면 어떤 과정을 거쳐 재생의 자리에 서 있는지를, 맛보지 못
하신 분이라면 어떤 간난과 고행이 반듯한 운명으로 자신을 가꾸어주는지를, 이 책으로 체
험해 보시기를 바랍니다.

　극한적인 생이 극한의 주제로만 가는 것이 아니라면 독자 여러분! 행복은 어디에서 생겨
나고 성공은 어떻게 이루어지는지 더듬어 가 봅시다! 문장은 문장 이상이고 생애는 생애 이
상일 것입니다.

시인 · 국립경상대학교 국문과 명예교수 강 희 근

글로벌시대를 여는 새로운 운명론

"너는 할 일이 따로 있느니라. 너는 보다 큰일을 해야 하느니라."

필자는 이 말을 50여 년 동안 한결같이, 꿈을 꿀 때마다 신의 계시처럼 들려오는 천자의 성언으로 알고 있다. 이제 그 의미를 터득하고 몸소 실천함으로써 엄청난 사명감에 억눌려 왔던 비운의 탈이 허물 벗듯 한 겹 한 겹 흘러내리는 것을 느낀다.

파란만장한 격동의 삶을 살아오면서 미처 깨닫지 못했던 계시가 얼마 전 현실에서 이루어지던 그 순간, 참으로 감개무량했다. 역사 속에 티끌이 되어 묻힐 뻔 했던 산청·함양사건이 만천하에 드러나게 되었던 것이다. 산청·함양사건 추모공원을 개장하던 날, 엄청난 고통과 비운으로 점철된 지난 일들이 겹겹이 밀려오며 눈시울이 뜨거워짐을 어찌할 수 없었다.

이 책은 운명과 수리의 이치를 밝히는 동시에 산청·함양사건이라는 비극적인 이야기를 담은 두 개의 플롯으로 구성되어 있다. 우선은 숫자의 비밀을 풀어보는 가운데 독자들 모두가 고통스러운 운명을 보완하고 개선하는 데 도움 받기를 바란다. 아울러 참혹했던 산청·함양사건을 기억하고 다시는 이러한 비극이 재발하지 않도록 밝은 눈을 뜨고 역사와 사회를 지켜봐 줄 것을 부탁한다.

산청·함양사건은 죄 없는 양민들이 다름 아닌 우리 군대에 의해, 그것도 무려 수백 명이나 학살 당한 사건이다. 세계 모든 나라들을 통틀어 이처럼 참혹한 역사가 있었던가? 사상이 무엇인지도 모르는 양민들이 공비토벌작전이라는 미명 하에 갑자기 공비로 둔갑되어 영문도 모르는 채 죽어갔던 것이다.

6·25 전쟁 중이던 1951년 2월, 산청과 함양에서만도 노인과 부녀자들을 포함한 705명의 사람들이 총살되었으며 287채의 집이 전소되었다. 뿐만 아니라 가축 400여 마리와 곡식 3,000여 섬을 탈취하는 만행이 자행되었다. 외적이 아닌, 우리 백성을 지켜야 할 국군이 저지른 일이다. 당시 조부모님을 포함한 나의 가족 11명 중 8명이 무차별 총격에 의해 사망했으며 필자는 7살의 어린 나이에 총탄 세 발을 맞고 기적적으로 살아났다.

이 처참한 오욕의 역사는 반 세기 넘도록 묻힐 뻔하다가 필자와 유족들의 지난하고도 피눈물 나는 노력으로 그 실상이 드러나게 되었다. 유족회 회장으로서 나의 혼과 생명을 다 바쳐 억울하게 죽어간 영령들을 위로하고자 이 책을 통해 사건의 전말을 만천하에 밝히는 바이다.

모진 고통과 핍박을 감내하면서 겨우겨우 살아 남은 유족들은 진혼곡에 향을 사르며 이제야 혼백이나마 위로하고 명예를 회복시키는 합동묘역성역화사업을 완공하고 경남 산청군 금서면에 산청·함양사건 추모공원을 조성하게 되었다.

이제야 비로소 모진 운명 속에 주어진 역사적 사명을 다한 것 같아 다소나마 짐을 덜은 기분이다. 이제 고통스럽고 슬픈 과거를 청산하고 화합의 차원에서 역사의 새 시대를 열어가기를 바란다. 서로 상생하며 미래의 견고한 초석을 다지는 힘찬 디딤돌로써 이 책이 미약하나마 힘이 되기를 바라는 마음이다.

인생의 석양에 이르러 돌이켜 보니 가장 아쉬운 것은 좀 더 체계적인 공부를 할 수 있는 기회를 놓쳤다는 사실이다. 부모를 잃고 떠돌며 고생할 때 이반성이라는 마을의 한학자 어르신이 필자의 사람됨과 재능을 크게 인정하고, 천재라고까지 극찬하며 학업을 뒷바라지해주겠다는 약속을 했었다. 큰아버지 댁의 억지만류가 아니었다면 학교를 포기하고 다시 혹독한 삶의 굴레 속에서 시간을 허비하는 일은 없었으리라.

삶의 과정 속에서 의미 없는 일은 없다. 다만 그 시간의 반만이라도 한학자의 수하에서 사서삼경 등의 공부를 하고 학업까지 마쳤다면 더 큰 꿈을 이룰 수 있지 않았을까? 그랬다면 좀 더 밝고 큰 지혜로 사람들을 도울 수 있었으리라는 생각에 안타까울 따름이다.

　요즘 젊은 사람들은 성미가 급해 앞날을 준비하기보다는 우선 눈앞의 일만 챙기는 경향이 있다. 좀 더 미래지향적인 마음자세를 갖추면 좋을 듯하다. 인생의 가치는 생의 길이가 아닌, 그 생을 어떻게 활용하는가에 달려 있다. 삶의 진정한 가치와 행복은 자신이 해야할 일이 무엇인지를 알고 그것을 추구하며 달성할 때 자연스럽게 성취된다. 행복의 비결은자신이 좋아하는 일을 하면서 사느냐의 여부가 아니라 자기가 해야 하는 일을 좋아하도록노력하는 데 있다.

　힘으로 사람을 복종시키고자 하는 사람은 그 힘이 다하고 나면 배반당하게 되고, 재물로써 사람을 부리는 자는 재물이 다하면 사람들이 떠나게 마련이다. 한평생 육신을 지니고 살려면 적지 않은 노력과 비용이 필요하다. 그렇다고 재물과 권력만을 추구하면서 일평생 의미 없이 보낼 수는 없지 않은가. 이제 필자에게 남은 일은 산청·함양사건 배상법을 통과시켜 억울하게 희생당한 영령과 유족들의 한을 풀어드리는 것이다.

　『운명을 바꾸는 숫자』은 수십만 독자를 울렸으며 세계 각국의 성공한 기업가들이 이 책에 큰 관심을 보이며 찾아오기도 했다. 또한 이 책을 통해 산청·함양사건의 진실을 알고도움의 손길을 보내주신 독자들도 있었다. 모든 분들께 감사를 전한다.

　힘겨운 운명의 고개를 넘어가는 이들에게 광명의 길을 열어 주고 사물을 꿰뚫어 보는 투시력으로 지혜와 용기를 북돋아 주고자 장편서사시를 내게 되었다. 필자가 밝혀 낸 숫자의비밀을 통해 어려운 상황에서 한 줄기의 빛을 찾으려는 모든 사람들이 용기와 희망을 되찾기를 바란다. 아울러 한층 정의롭고 아름다운 세상이 오기를 바라는 마음 간절하다.

　2061년부터 대한민국이 세계를 지배하는 초강대국의 시대가 열린다. 이 책을 통해 수많은 독자들에게 참된 삶의 진리와 지혜가 전달되기를 바라며 새로운 시대를 준비하는 마음으로 모두 가치있고 행복한 삶을 누리기를 기원한다.

2019년 5월 정 재 원

Chapter 3_ 산청·함양사건

Chapter 4_ 숫자 운명학

Chapter 1

운명의 길

꿈에도 생각하지 말자고 다짐했지만
그날의 원한들은 밤마다 악몽으로 되살아나곤 했지.
아직도 안주할 곳을 찾지 못한 수백의 원혼들이
구천을 떠돌면서 원한을 갚아달라며 윙윙거리고 있지.

뼛속 깊이 새긴 아픔

그 참혹한 사건은 여전히 뼛속 깊이 아로새겨져
지금도 문득 그날의 기억이 떠오를 때면
날카로운 송곳으로 가슴팍을 마구 찌르는 듯한
엄청난 고통이 나를 짓누르곤 한다.

6·25전쟁 이듬해인 1951년 2월 7일(음력 1월 2일) 오전 10시경, 지리산 공비토벌작전이라는 미명 아래 우리 국군 11사단장 최덕신, 9연대 연대장 오익경, 3대대장 한동석, 민사부장 김종원 등 병사들이 경남 산청군 금서면 방곡리 외 2개 마을 주민을 극악무도하게 살상했다.

그 참혹한 사건은 여전히 뼛속 깊이 아로새겨져 지금도 문득 그날의 기억이 떠오를 때면 날카로운 송곳으로 가슴팍을 마구 찌르는 듯한 엄청난 고통이 나를 짓누르곤 한다.

그날 국군은 금서면 방곡리의 가현마을, 방곡마을과 그 아래 함양군 휴천면 동강리 점촌마을 주민을 무단 학살하고 불을 질렀다. 이어 함양군 유림면 서주리 강변에서 화계를 비롯한 주변 마을 사람들을 불러모으고 군경 가족을 제외하는 등의 눈가림식 선별 학살을 자행하고 시체에 기름을 끼얹어 불을 질렀다.

이때 죽은 양민이 고령의 노인과 15세 이하 어린이들을 포함하여 신고된 인원만도 705명에 이른다. 이름하여 '산청·함양 양민 학살사건'이다. 2월 9일에서 11일까지 3일간에 걸쳐 거창에 가서도 그와 같은 방법으로 719명을 살해했다. 이 사건으로 양민들은 죽어서 원혼이 되고 시체 가운데서 살아난 이와 요행히 현장을 피해 목숨을 부지한 이들은 반세기를 통비분자로 몰려 숨도 제대로 쉬지 못하고 살았다.

이 엄청난 사건의 명칭은 바로 '거창·산청·함양 학살'이다.

중매재

#1~15

나는 겁이 덜컥 났다. 아무리 어린 나이라 하더라도
전쟁 중이라는 것을 알고 있었기 때문이다.
나의 눈에는 분명 그들이
빨갱이는 아닌 것으로 보였다.
아침나절에 저렇게 개미떼처럼
몰려올 리는 없다는 생각이 들었기 때문이다.
그런 생각이 미치자 다소 안심이 되었다.

#1

1951년 정월초 이틀날, 그러니까
한국전쟁이 발발한 지 7개월쯤 되었던
그날은 우리 고유의 명절인 설날
바로 그 다음날이었다.

당시 아버지는 국군에 입대하여
공산군 섬멸전에 참가하였다.
집에 계시지 않았다.

나는 세 살배기 동생과 한 살배기 동생
어머니 할머니 등 큰집 식구들과
차례를 지내고 이웃 사람들과
평화롭게 명절 음식을 나눠 먹으며
즐겁게 지내고 있었다.

정월초 이틀날 아침밥을 먹은 후
동생 2명과 어머니 그리고
이웃집 권용희씨 댁 아주머니와
마루에 앉아서 따스한 햇살을 쬐며
이야기꽃을 피우고 있었다.

이야기꽃이라기보다는
어른들의 걱정스러운 표정을 살피며
철없는 시간을 보내고 있던 것이었다.

방실마을은 전형적인 벽지 마을촌 동네였다.
마을 앞에는 전답이 다닥다닥 펼쳐있고
그 건너편 개천을 지나 멀리
중매재라는 고갯마루가 있었다.

고갯마루는 방실마을 사람들이
외지로 향하는 첩경이었을 뿐 아니라
회한과 잔정이 뭉클하게
서려있는 곳이기도 하다.

아침밥을 먹은 후였으니까 아마도
오전 아홉시나 열시쯤 되지 않을까하는 시각이었다.

그때 어린 나의 눈에
무언가 심상치 않은 것이 보였다.
앞산 중매재 쪽에서 국군인지 빨갱이인지는 알 수 없으나
새까맣게 떼를 지은 군복 차림의 수많은 사람들이
마을을 향해 내려오는 것이었다.

나는 겁이 덜컥 났다. 아무리 어린 나이라 하더라도
전쟁 중이라는 것을 알고 있었기 때문이다.
나의 눈에는 분명 그들이
빨갱이는 아닌 것으로 보였다.
아침나절에 저렇게 개미떼처럼
몰려올 리는 없다는 생각이 들었기 때문이다.
그런 생각이 미치자 다소 안심이 되었다.

빨갱이가 아닌 국군이라면
우리 편일 것이기 때문에
어떤 해코지는 없을 것으로 생각했다.

#2

나 어릴 적 마을 사람들로부터
총명하다 영특하다 소리 많이 들었지.

"엄마 엄마 저기 저 중매재 아래로
군인들이 많이 많이 몰려오고 있어예"
내 느닷없는 말에 눈길을 돌려
중매재를 쳐다본 어머니

아무 말 없이 벌떡 일어나
방실동네 골목길로 나서셨지.

심상치 않음을 재빨리 알아차린
어머니 모습 조금도 흐트러진 모습이 아니었지.

어머니의 차분하고 단정했던 기억들
아직 내 뇌리에 영상처럼 생생 남아 있어
내 가고 있는 길 비추며
조심 조심 인도하고 계시지.

어머니, 마을 청년들에게 중매재를 보시오.

새까맣게 오고 있는 군모들을 보시오.
무언가 일이 날 것 같으니
뒷산으로 가든지 계곡 바위틈새리에 가든지 하시오.

남자 열두 살 열세 살 남짓이면
어디든지 끌고 가서 일 시켰던 때,

당시에 젊은이는 징집을 당해 갔고
마을에 남은 젊은이 손꼽아 헤아려도 헤아려지는 때
어린이 노인 등 부녀자들만이
대개는 기거하고 있었지.

그 부녀자들 처녀나 젊은 여인네들
편한 마음으로 살지 못하고 은밀히 숨거나
바깥출입 맘대로 못하던 때
뒤숭숭하던 때였지.

마을 주민들 보살피랴
동네 파수와 선도 역할에 땀 흘리던 유지들
유지들의 마을

중매재 고갯마루 빠안히 내다 보였고
그까지의 거리는 20~30분 내외의 거리!

어느새,
중년 남자들은 다들 뒷산이나
계곡 바윗돌 밑에 다람쥐처럼 숨고

대부분 노약자들 어린이와 부녀자들
마을 안 골목 집을 지키고 있었지.

나는 어머니, 동생들과 방으로 들어가
문을 꼭꼭 걸어 잠그고 이불 푹 뒤집어쓰고
보들보들 떨면서 숨소리 죽이며
다가올 운명의 행선지 생각하고 있었지.

아니 그런 생각조차 죽이며
천지 뒤집어지고 목숨거덜나는 바람, 그 태풍을
예견하였지.

그러면서도 아무 잘못이 없는
노인과 부녀자들 그리고 어린이들에게
설마 나쁜 짓이야 하겠는가, 그러겠는가
짐작하고 있었지.

그런데도 두려움 떨쳐낼 수 없었지.

아, 아니나 다르랴 그것은 어린 한 소년의
기우가 아니라 사실이요 역사가 된 것을!
그 순간 엄청난 비운과 개벽의 용암이 흐르고
아비규환 절망의 골짜기가 마왕으로
지옥으로
가득 가득 넘치는 것이었음을!

#3

살인마 폭군 저승군단
11사단 9연대 3대대
장병들이었지.

장병들은 온 마을을 덮치며
방안에서 혼비백산이 된 채
부들부들 떨고 있는 주민들을
모두 불러내었지.

군인들은 마을 사람들에게
달래듯 말했지.
좋은 소식을 전해줄 테니
한 사람도 빠지지 말고
모두 다 모이라는 것이었지.

겁에 질려 오들 오들 떨고 있던
주민들은 좋은 소식이라는 말에
다소 긴장을 풀면서 모두들
그들의 지시대로 몰려 나왔지.
마을 사람들은 모두 방실마을 앞
논바닥으로 모여 들었지.

어쩔 수 없는 노릇이었지.
그들의 윽박지름에

견딜 재간도 없거니와

서슬이 시퍼런 그들의 총구가
곧 불을 뿜을 것 같은 기세에
압도당하고 있었지.

일곱 살배기 나는 두 동생과 손을 잡고
고양이 눈치를 살피는 쥐새끼 모양
동그란 눈을 치뜨고 두리번거리면서

어른들을 따라 마을 앞 논으로
걸어 나갔지.

그때 한 병사가 겁을 먹지 않도록
달래듯 낮은 소리로 나에게 물었지.

"얘야, 네 아버지와 형들은 어디 갔나?"
그 물음에 나는 태연한 척하며
얼른 대답했지.

"우리 아버지는 군대에 갔어예."

"오냐, 그럼 형들은 어디 있느냐?

"난 형이 없어예."

"그럼 누나는 어디에 있느냐?"

"누나도 없어예.
나는 동생 2명과 엄니밖에 없어예."

당시 어린 나이답지 않게
매우 총명하다는 칭찬을
어른들에게 많이 들었지.

나의 대답이 조금도 거짓이 아니라는 것을 알아차렸는지
그 군인은 나의 머리를 툭 한 대 건드려 주었지.

"요놈 참 똘똘하구나.
그래. 너의 아버지는 어느 군대에 갔지?"

그 군인의 물음에도
나는 서슴없이 대꾸했지.

"군대가 군대지. 무슨 군대가 또 있어예.
우리 아버지는 별이 주렁주렁하는 것을 보았어요."

"그래 알았다.
어서 엄마랑 동생들과 빨리 저 논으로 가거라."
군인은 나의 머리를 한 번 매만지고는
곧장 다른 집으로 향했지.

나는 겁먹은 표정으로
어머니와 동생들과 함께
아장아장 논배미로 나가보니

그 곳에는 할아버지와 할머니
큰어머니 사촌 형제들 등
우리 식구들 모두가 이미 나와 있었지.
물론 마을 사람들도 거의 다 나와 있었지.

그때 그 자리에 모인
우리 식구는 모두 10명이었고
마을 사람들은 300~400여명에 달했지.

많은 사람들이 함께 웅성웅성 모여 있는 논에는
차디찬 겨울바람이 씽씽 불어오고 있었지.
발도 시리고 귀가 떨어져나갈 것 같은
혹독한 바람이 불어 죽을 것만 같았지.

그러나 모두들 무슨 큰 죄를 지은 사람들인 양
아무 말도 못하고 폭군들의 눈치만
살피고 있을 뿐이었지.

아……아 우리는 모두 다 죽었구나.
눈을 감자.

#4

11사단장 최덕신
9연대장 오익경
3대대장 한동석

그 자들은 눈 뒤집힌 짐승부대 학살의 원흉

전쟁나면 국군이 국민을 보살펴야 하는데
살인 청소하듯이 마을을 쥐 잡듯이 온통 뒤져
모든 사람들을 다 끌어낸 군인들은
마을사람들을 향해 큰 소리로 소리 질렀지.

"지금부터 당신들은 우리의 지시를 잘 따라야 한다.
말을 듣지 않거나 무슨 엉뚱한 짓을 하면
그 자리에서 황천길로 보내 버릴 테다."

"당신네들 식구 중 젊은 놈들은 모두 다 도망가 버렸다.
이 자리는 부녀자들과 노인들만 남아 있다.
젊은 놈들은 어디에 숨었나?
바른대로 말하지 않으면 너희들을 모두 죽여 버릴 테다.
어서 말해라. 당신네 때문에 우리 군인들이
큰 피해를 보고 있다. 공비토벌작전에 지장이 많다."

밤에는 빨갱이 놈들 밥 해주고 빨갱이와 합당하고 있다는 둥
큰 소리 쳤지. 그러나 누구 하나 나서서 말할 사람 없었지.
아니 누가 그들에게 젊은이들이 어디로 도망을 간다느니
아니면 어디에 숨었다느니를 말할 것인가.
그들의 행동이 심상치 않음을 느낀 사람들이
자기 자식을 자기 남편을 잡혀가게 할 사람이 누구겠는가!

몇 번이고 되묻고 윽박질렀으나
누구 하나 나서서 대답하지 않았지.

그들은 계속 도망가서 숨어 있는 곳을 말하라고 강요했지.
그러나 한 사람도 대답하는 사람이 있을리가 없었지.
화가 치밀었는지 그들은
"무조건 다 뒤로 돌아 앉아!" 하고 고함을 질렀지.
그리고는 "모두 눈을 감아라!" 하고 명령을 하였지.

주민 모두가 그들이 시키는 대로
뒤로 돌아 앉아 눈을 감았지.
그와 동시에 총성이 지축을 흔들었지.
지리산 골짜기가 총소리로 인해
무너져 내리는 듯 굉음으로 진동하고 있었지.

고요했던 산간벽지의 평화로움은
한순간에 아수라장으로 변했지.
탕! 탕! 타당탕! 쿵쿵쿵!

귀청이 찢어질 듯한 총소리와 수류탄 소리와 함께
비명소리가 여기저기서 아우성을 쳤지.
그 총소리와 함께 앉아 있던 수많은 사람들이 욱욱하며
외마디 신음을 내뱉고 그 자리에 꼬꾸라지기 시작했지.
모두들 혼비백산하고 말았지. 총소리와 함께
아수라장이 된 논바닥에는 시체 더미가 쌓여갔지.
피비린내가 온 동네를 휩쓸고 있었지.

미처 총에 맞지 않은 사람은
재빨리 일어나서 도망치듯 내달렸지.

그러나 우리가 도망갈 곳이 없었지.
불과 몇 발자국도 뛰어가질 못했지.
일어서다가 그냥 꼬꾸라졌지.

몇 걸음 도망을 가다가 총탄에 맞은 사람들은
시체에 겹겹이 쓰러졌지.
시체가 또 다른 시체에 깔려
순식간에 불어 닥친 아비규환은
이루 말로 표현할 수가 없었지.

어른 아이 할 것 없이 무차별이었지.
무어라 한마디 내뱉을 여유도 없었지.
아무 죄도 무슨 죄인지도 모르고 죽어갔지.
죽어야 되는 이유를 아는 사람이 하나도 없었지.
그것도 빨갱이가 아닌 국군의 총탄에 맞아 죽어야 하는
선량한 국민이었지.

긴 긴 세월을 두고두고 한으로 남겨질
원한의 통곡소리가 메아리 되어
지리산 긴 자락으로 울려 퍼졌지.
통한의 메아리마저 잠잠해질 때쯤 신음소리만
간헐적으로 들릴 뿐 총소리가 잠시 멎은 듯 했지.

어머니가 자식들을 살리기 위해
몸으로 감싸안고 숨을 거두었지.

논바닥은 온통 시체로 쌓여 있었고

피로 범벅이 된 채 붉고 흥건하게 깔려있었지.

그때 내 눈에 얼른 들어온 사람들이 있었지.
어머니는 젖먹이 동생들을 껴안은 채 엎드려 있었고

할아버지와 할머니 등 우리 식구들은
모두 윗논 다랑이에 엎어져 있었지.

#5

최덕신 사단장은
함양군에 휴천 1,000명 사살하라
유림면 300명
산청 금서 방곡 등 500명 쓸어버려라.
거창에 800명을 쓸어버려라.
산청 함양 705명
거창군에 719명
모두 1,424명을 싹쓸이한 폭군들
어처구니 없는 현실 앞에서
나는 아연실색할 수밖에 없었지.

이 통한을 어디에다 하소연할 것이며
누구에게 뭐라고 말해야 할지
알 수 없을 지경이었지.

그저 막막할 뿐이었지.

모두들 죽어 있었지.
혹시 총에 맞지 않고 살아있다 하더라도
그 순간에는 모두 죽은 척
숨마저도 제대로 쉴 수 없었지.

한참 후 군인들은
주민 모두가 다 죽었음을 확인했는지
뒤를 힐끔힐끔 돌아보면서
다음 학살지로 향해 이동 중이었지.

시체 더미가 겹겹이 쌓여있는 논바닥에서
약 200~300여미터쯤 폭군들이 가고 있을 때
느닷없이 한 여인이 뛰쳐나왔지.
군인들이 모두가 간줄 안 이 여인은
마을에서 숨어 있다가
대성통곡을 하며 뛰쳐나온 것이었지.

아이구 내 새끼야 내 새끼 다 죽었구나
우야꼬 우짜모 좋노.
하늘도 무심하게 이거 웬 날벼락이란 말이고.
아이고. 아이고. 우리가 무신 죄가 있다고 이카노.
이 천하에 나쁜 놈들아. 우리가 무신 죄가 있다고
생사람을 이렇게 죽인단 말이고
아이고. 내 새끼들 내 새끼 어데 갔노.

그 여인의 한서린 통곡은
지리산 골짜기를 진동시킬 정도였지.

그러나 그것은 미처 생각 못한
불행의 씨가 되었지.

그 소리를 들은 군인들이
헐레벌떡 되돌아온 것이었지.

그리고 폭군들은 그 여인의 가슴을 향해
방아쇠를 당겼지.

분노로 절규하던 여인은 외마디 신음도 없이
그 자리에서 풀썩 쓰러져버렸지.
그들 앞에서는 인간의 존재도
한낱 미물에 불과할 뿐이었지.

죽어가는 그 여인을 향해
다시 두 발의 총알이 튀어나갔지.
확인사살이었지.
그때까지 나는 총 한발도 맞지 않았지.
잠시 실신을 했던지 꿈같은 한순간에
윙윙 소리만 잠깐 들렸을 뿐이었지.

그러다가 잠시 후 정신이 다시 바짝 들었지.
어린 나는 두 눈으로
그 여인을 확인사살 하는 것을
똑똑히 보았지.
그것은 정말 두 눈 뜨고는
차마 볼 수가 없는 장면이었지.

확인사살을 한 그들은
엎드려 죽어있는 그 여인을 반듯하게 눕히고는
구둣발로 다시 얼굴을 짓뭉개 버렸지.

그리고는 대검으로 젖가슴을 여러번 쿡쿡쿡 찔렀지.
잔인했지. 인간의 탈을 쓰고
어찌 그럴 수가 있을까 할 정도로 잔인했지.

어처구니 없는 광경이었지.
하늘이 노랗게 변해갔지.
탄약 냄새와 피비린내가 코를 찔러도
그 냄새조차 느낄 수 없는 순간이었지.

사람이 사람을 그것도 국군이 양민을
이토록 잔인하고 무자비하게 죽인다는 것은
도저히 믿기지 않는 일이었지.
두 눈으로 분명히 확인한 현실인데도
도무지 믿을 수가 없었지.

당시 1차 사살 때에는
절반 가량은 죽지 않았지.
몇 발의 총알을 맞았더라도
목숨을 건질 수 있는 사람이 많았지.
나도 그때는 총 한 방도 맞지 않았지.
어른들 틈에 끼어 있었기 때문이기도 했지만
어린 꼬마였기에 제대로 확인하지 않았던 것이었지.

#6

용맹한 살인마 11사단
눈 뒤집힌 저승군단은
2차 확인사살 청소하듯이 방곡 마을 모두 불을 지르고
탕탕 캉캉 마구 쏘아댔지.
어머니는 1차 사살할 때에는
총 한 방도 맞지 않았지.
그 여인이 울고 야단법석을 떠는 바람에
확인사살 과정에서 불의의 일격을 당한 것이지.

그 여인의 통곡소리에 어머니도 얼른 일어나
우리 식구들이 죽었는지 살았는지를 살펴보다가
2차 확인사살에 의해 운명을 달리 했지.

어머니는 가슴에 정통으로 총알을 맞았고
동생은 항문에서 머리를 뚫고 나오는 관통상으로
즉사하고 말았지.
또 한 명의 동생은
총 맞은 흔적을 발견하지 못하였는데도
숨을 거두었지.

나는 눈을 껌뻑이면서 아무런 소리를 낼 수 없었지.
그 여인의 떠드는 소리에
죽지 않았던 모든 사람들이 일시에 일어났고
그것은 폭군들의 2차 확인사살의 빌미가 되었지.
절반 이상 죽지 않았음을 본 그들이

순식간에 달려와 모두를 쏴 죽였지.
확인사살까지 했지.

1차 때보다 더 세밀히 확인사살을 했지.
1차 때 총 한 발 맞지 않았던 나도 결국
2차 확인사살 때 총을 맞은 것이었지.
폭군들은 그렇게 확인사살을 하고도
안심할 수 없었던지
석유인지 신나인지는 알 수 없으나
그것을 시체 위에 흩뿌리고는 불까지 질렀지.
불길은 삽시간에 시체 더미로 옮아 붙었지.
뜨거운 불길을 견디지 못해 꿈틀거리는 사람들을
다시 잔인하게 확인사살하는 것이었지.

경우에 따라서는 대검으로
쿡쿡 얼굴을 찔러보기도 하고
어린 아이들은 구둣발로
목과 얼굴을 짓뭉개가면서
잔학무도하게 만행을 저질렀지.

그러니 어찌 살아남을 수 있었겠는가?
그러나 나는 살아남았지.
천운인지는 모르지만 나는 살아남았지.

그때까지 나는
죽은 시체가 내 몸 위에 덮여 있어서 살아 있었지.
나는 곁눈을 살며시 뜨고는

악당들이 오는 것을 보았기 때문에
숨도 제대로 쉬는 둥 마는 둥 하면서
죽은 척하고 있었지.

그 순간에는 빨갱이들보다
더 흉측하고 잔인한 놈들이었지.
도저히 인간으로서 할 수 없는 행동이었지.

그때 그나마도 살아남은 사람들이
지금 전국에 2명 남짓하지.

삽시간에 퍼진 불길은 시체더미를 태웠고
나에게도 불길이 옮아왔지.
뜨거워 견딜 수가 없었지.
가만히 있다가는 결국
불에 타죽는 신세가 될 게 뻔했지.
견딜 재간이 없었지.

나는 이판사판이라는 생각으로 벌떡 일어나
혼비백산인 채 마구 뛰기 시작했지.
군인들이 지켜보고 있는 반대방향으로 냅다 내달렸지.
내가 뛰어 도망치는 모습을 본
그들의 총구가 가만히 있을 리 만무했지.

네댓 걸음을 옮겼을까 했는데
귀청을 뚫는 총소리가 울렸지.
그와 함께 나는 쓰러지고 말았지.

#7

마구 쏜 총탄이 나에게로 여러 발 더 날아왔지.
무자비하게 총을 난사하는 소리를 듣는 것과 동시에
나도 이제 완전히 죽어 있었지.

아무런 생각도 느낌도 있을 순 없었지.
죽은 사람이 무슨 느낌이 있을 수 있겠는가.
아픔도 없었지. 아무런 생각도 요동도 없었지.

얼마의 시간이 흘렀는지도 모르지.
한참 후에야 나는 통증을 느낄 수 있었지.
살아 있다는 것을 알았지.
내가 나를 꼬집으면서 확인해 보았지.
살아 있었지. 통증이 왔지.
아픔을 느낀다는 것은 분명 살아 있음이었지.

나는 한번 꿈틀해 보고 내가 죽지 않았음을
다시 한 번 확인하고는 가만히 눈을 떠서
주위를 살펴보았지.

살아 있어 보이는 사람은 하나도 없는 것 같았지.
모두들 시체 더미로 불에 타고 있었으며
누구하나 꿈틀거리지도 않았지.
완전히 확인사살까지 저지른 악당들은
한 놈도 보이지 않았지.
어디론가 가버린 모양이었지.

그때서야 온몸이 떨리고 강한 통증이 서려왔지.
온몸이 피투성이였지. 나는 내 몸을 확인해보았지.

세 발의 총알을 맞았지. 한 발은 허벅지를 관통했고
또 한 발은 오른쪽 배를 스치고 지나갔지.
세 번째 총알은 왼쪽 발바닥을 뚫었는데
그대로 발바닥에 박혀 있었지.

일곱 살 나이에 총알 세 발을 맞고도 죽지 않았지.
피로 범벅이 된 채로 겨우겨우 일어나 앉았지.
그러나 더는 움직일 수가 없었지. 몸은 피투성이였고
통증이 온 전신을 휘감아도 정신은 말똥말똥했지.
정신을 차려야 살 수 있다는 생각을 했는지 모르지.
정신을 다시 가다듬고는 옆을 휘둘러 살펴 보았지.

피범벅이 된 시체들 틈 사이에서
물을 달라는 사람들이 더러 있었지.
그런 와중에서도 겨우 살아남은 사람들이 있었지.

기적이나 다름없었지. 모진 목숨이었지.
어쩜 행운아였는지도 모르지.
그것을 그렇게 표현하는 것조차도
죄스런 것이었지만 그래도 그 순간은
그런 말로 위안을 삼을 수밖에 없었지.

살아남은 사람들이 물을 달라고 아우성을 치자
나도 목이 타고 갈증이 나서 견딜 수가 없었지.

그러나 어디에도 물은 없었지.
물을 떠다 줄 사람도 없었지.

모두가 죽어 있었고 그나마 살아 있는 몇몇도
총상으로 움직일 수가 없는 육신이 되고 말았지.
논바닥은 온통 피의 홍수가 되어 있을 뿐이었지.

나는 어린이답지 않게 겨우 일어나 앉아서는
시체 더미를 살펴보았지.

어떤 사람은 턱이 떨어져나갔고 또 어떤 사람은
두 눈이 빠진 채 물! 물! 물!을 달라고 소리를 지르다가
그냥 앞으로 쓰러지기도 했지.

머리는 머리대로 뒹굴기도 하고
팔과 다리가 떨어져 나간 채
몸통만 피투성이가 된 시체와
창자가 튀어나온 채 죽어 있는 사람 등

비통한 현장이었음에도
차마 눈을 뜨고는 볼 수 없는
참혹한 형상이었지.

우리 식구는 10명 중 8명이
흉악무도한 악당들의 총탄을 맞고
비운의 현장에서 죽어갔지.
나와 함께 살아남았던 사촌 누나 정정자는

악몽 같은 반세기를 애환과 한숨으로 보내며
아직 방곡마을에 살고 있지.

그 누나도 세 발의 총상을 입었지.
손목과 팔꿈치 그리고 다리를 맞았지.
그리고 나의 할아버지는 두 발의 총을 맞았지.
어깨와 오른쪽 팔에

#8

양민을 대량으로 학살했던
11사단 9연대 3대대장은
그 후 잘 살고 있다는 말을 들었지.

잘 살고 있을 뿐만 아니라
춘천과 속초에서 시장까지 지냈다는 소식을 들었을 때
정말 주체할 수 없는 전율까지 느꼈지.
온몸에 소름이 끼치고 열이 펄펄 끓었지.
전신을 가눌 수 없는 흥분이 들끓어
당장이라도 그 놈을 찾아서
난도질을 하고픈 심정이 부글부글 끓어올랐지.

그의 이름은 폭군 한동석.
하늘도 무심하다는 생각이 머리를 스쳤지.
하늘은 스스로 돕는 자를 돕는다고 했는데
어찌 그런 잔인무도하고 천벌을 받아 마땅한 자는

무궁훈장을 받고 떵떵거리며 잘 살아
기관장까지 지냈단 말인가.
이것이 어찌 이 하늘 아래서 있을 수 있단 말인가.
천벌을 받아 이미 죽어 없어져야 하는 놈들.
멀쩡히 살아서 호의호식하고
가련한 양민들은 참담하게 죽어가야 했다는 말인가.

겨우 겨우 살아남은 양민들의 유가족들은
반세기 동안 한을 되씹으며 뼈와 살이 찢어지는 통증을 안고
고통으로 점철된 세월의 한을 풀지 못한 채
살고 있어야만 하는가?

이것은 도저히 묵과할 수 없는 일이다.
그 어떤 이유로도 정당화될 수 없는 것이지.
법 앞에는 만인이 평등해야 한다.
인간의 존엄성은 누구에게도 엄숙해야 한다.
그것은 삶의 근본이며 진리인 것이지.
악몽 같았던 1951년 정월 초 이튿날
잔학무도한 폭군들은 만행을 저지르고
유유히 사라져갔지.
그들은 다음 동네 또 다른 곳에서도
잔학무도하게 만행을 저질렀지.

그들이 가고 난 몇 시간 후
얼마의 시간이 흘렀는지는 모를 때였지.
저녁 무렵 마을 청년들이 피신해 있다가 내려와서
이 참혹한 광경에 아연실색했지.

이대로만 지켜보며 통곡만 하고 있을 수도 없는 일이었지.
하나 하나 잘 분류하여 그 논에다 임시 가매장을 했지.

나의 어머니와 동생들 할머니 큰어머니 등 여덟 구의 시체들을
큰아버지와 사촌형님이 가매장을 했지.
나와 누나를 짊어지고 임시로 만든 동네 움막에 옮겨 눕혔지.
숨만 깔닥깔닥 곧 죽을 것 같았지.

"형 물 좀 물 좀 물물물 물 좀 주이소.
목이 타 죽겠심더. 물 좀 주이소.
큰아버지예. 제발 물 좀 주이소.
아……아……
어쩌면 이렇게도 물은 안 줍니꺼."
누나와 나는 갈증을 견딜 수가 없어
울면서 물을 달라고 큰 소리 소리 질렀지.

그러나 물을 주지 않았지. 물을 줄 리가 없었지.
어쩔 수 없다 싶으면 더운 물을
숟가락으로 한 번 떠먹이는 게 고작이었지.
물을 많이 마시면 안 된다는 것이지.
그러나 목마름의 고통은 죽는 것보다 더 참을 수가 없었지.

"제발 물 좀 주이소. 죽어도 좋은끼내 물 좀 주이소.
큰아버지예. 물 좀 주이소. 헉헉헉."
애걸복걸해봤자 소용이 없었지. 기진맥진했지.

그럴라치면 마지못해 처량한 표정으로 눈시울 적시면서

겨우 한 숟갈 떠먹여 주는 물
그것은 생지옥이나 다름없었지.

#9

저승군단 3대대는 눈 뒤집힌 살인마

폭군들은 방실마을에 단 한 채의 집도 남김없이 불태워버렸지.
집뿐만 아니라 쌓아둔 볏짚가리도 완전히 불살라버렸지.

엄동설한인데도 집이 100호 이상 되어 있는 마을
단 한집도 남기지 않고 모두 불타 없어졌고
불을 피할 수 있는 볏짚가리마저도 모두 불타버렸으니
그 참담한 실상을 어찌 글로 다 표현할 수 있으랴.
지금 생각하면 꿈같기도 하고
그저 온몸의 피가 역류하는 것 같다.
요즘의 아이들에게 어떻게 설명할 수 있으랴!
그런 악몽 같은 일을 과연 믿기나 할 것이랴!

설마 우리 국군이 평화롭게 살고 있는 벽촌의 양민들을
아무런 이유도 없이 그토록 잔인하고 무자비하게
남녀노소 가리지 않고 죽일 수 있었을까? 하고 의아해 할 것이지.

그러나 이것은 한 올의 머리카락만큼도
보탬이나 뺌이 없는 사실이라는 것을
알아주었으면 좋겠다는 생각뿐이지.

당시 참혹한 현장에서 살아남은 몇몇 사람들을 위시하여
죄 없이 죽어간 양민들의 유가족 대표들은 맹세하노라.

기어코 그 진상을 밝혀야 하고
또한 천인공노할 11사단 9연대 3대대 지휘관
한동석이라는 악당 놈 능지처참해야 한다고.

한동석 그의 가족 중에라도 사건 현장으로 찾아와서
영원히 눈을 감지 못하고 숨져간 아직도 구천을 헤매고 있을
그 영령들에게 사죄하고 용서를 빌어야 한다고.
그래야만 다소의 위안으로나마
영령들이 잠들 수 있을 것이라고.

그렇지 않으면 너희들뿐만 아니라
너희 자자손손 용서 받지 못할
악몽에 시달릴 수밖에 없을 것이라고.
일곱 살 나이였던 나는 칠십 년이란 세월이 지난 지금에야
시집의 책을 통하여 모든 국민
그리고 8,000만 겨레 앞에 그 사건을 공개하고자 한다.

벼르고 벼르다가 만시지탄이긴 하지만
이렇게라도 모든 것을 털어내지 않으면 안 된다는 사명감으로
감히 국민 모두에게 고발키로 하는 것이다.

지나온 정권 때마다 사건의 억울함을 정부에 호소했지만
오히려 불순분자로 간주돼 감옥으로 보내지던 시절이 있었다.

불순분자가 아니라 당연한 권리를 주장했고
그 참혹했던 억울함을 호소한 것이었는데
그 시시비비를 가려줘야 할 정부가
오히려 양민들을 불순분자로 취급해
감옥으로 보냈다는 사실을
우리는 어떻게 받아들여야 할 것인가?

천인공노할 지휘관이
춘천과 속초에서 시장市長을 지냈다는 이야기를 듣던 순간
나는 잠시 정신을 잃기도 했다.

1996년 8월 고인 김성곤 전 유족회 회장으로부터 직접 그 말을 듣고는
넋을 잃었던 것이지. 어찌 이럴 수가 있는가.
정말 그런 일이 있을 수 있는가를 곰곰이 생각해보았지.

그럴 수는 없는 일이었다.
흡사 꿈을 꾸는 것이리라 생각했지.
도무지 있을 수 없는 일이
이 땅에서 자유민주주의를 수호하는 이 나라에서
국민을 위해 국민에 의한 국민의 정치를 한다는 자유대한민국에서
어찌 그런 일이 있을 수 있는가를 생각했지.

그러나 그것은 소문이 아니었다.
엄연한 사실이었지.
나는 지금도 거의 매일 밤을
그때의 악몽에 시달리고 있다.

칠십여 년간 단 하루도
그 고통의 악몽을 떨쳐내지 못하고 있지.
눈만 감으면 꿈을 꾸고
그 꿈은 바로 그때의 악몽으로 이어지는 것이지.

#10

어린 일곱 살배기 나이에
폭군들이 마구잡이로 쏘아대는 총에
세 발을 맞고 살아남았다는 사실은
영원히 잊혀질 수 없는 것이다.

당시에 의약품이 제대로 보급될 리도 없었다.
총알이 뚫고 지나간 배는 고무풍선처럼
곧 터질 것 같은 꼴이었지.
창자가 튀어나올 것 같이 비지직거렸고
창자가 비지직 나올라치면
숟갈로 호박을 긁어서 붙여주곤 했지.

왼쪽 발꿈치는 탄알이 박혀서 옴짝달싹도 할 수 없었으며
허벅지는 칼로 도려내는 듯한 통증으로 견딜 수가 없었지.
일곱 살 어린 생명에게 그런 고통은 가혹한 형벌이었다.
그것을 견딘다는 것이 어찌 쉬우랴.

차라리 죽여달라고 애원하기도 했지.
그러나 그럴수록 사촌형님과 큰아버지는

나를 얼래고 달래며 꺼져가는 목숨을 살려주려고
무던히도 애쓰신 것을 나는 잘 알고 있지.

"조금만 참아라. 춘식아(당시의 이름 재원으로 개명)
수동에서 작은 아버지가 곧 오실게다.
작은아버지가 오모 수동에 가서 치료한다 안카나.
수동에 의사가 있다. 거기 가서 치료하모 곧 나을끼라.
조금만 참아라. 알것제.
우리 춘식이 참 착하기도 한기라. 쯧쯧쯧."

큰아버지는 애처롭게 나를 지켜보며 달래기도 하고
안쓰러워 견디기 어려운 듯 잠시 외면하며
눈시울을 적시던 모습을 내 어찌 잊을 수가 있으랴.

"큰아버지예. 물 좀 주이소.
치료도 좋고 낫는 것도 좋지만 물이나 좀 주이소.
우짜모 그렇게 물을 달라고 하는데도 안 주십니꺼."

당시 정자 누나와 나는
물을 주지 않는 사촌형님과 큰아버지가
원망스럽기까지 했다.
참새가 봉황의 뜻을 알지 못하는 것과 같았다.
큰아버지는 물을 마시면 죽는다는 것을
수없이 상기시키면서
끝까지 고통을 참도록 달랬다.

안쓰럽고 처량하여 돌아서서 눈시울을 적시는 심정을

스스로 달래가면서도 어린 생명들을 살리기 위해
찢어지는 가슴을 스스로 다독거리기도 했지.
정자 누나와 나는 상처가 나오면 우물에 가서
원 없이 물을 실컷 마시자고 말하며
서로 마주보고 엉엉 울기도 했지.

어린 것들의 애처로운 모습을 지켜보고 있던 장식형님도
큰아버지와 마찬가지로 중매재 앞산을 쳐다보며
굵은 눈물을 훔치던 모습이 한두번이 아니었다.
사촌형님은 베개를 등 뒤에 받쳐주며 정성껏 간호했다.
잠시도 옆을 떠나지 않고 지켜주셨던 모습이
지금도 앞을 가려온다.
하루 아침에 천애고아가 된 나는
그 당시로서는 앞으로의 일이 문제될 것은 없었다.

그것까지 생각할 겨를이 없었다.
어머니가 죽었다는 사실도 그 순간은 잊을 수밖에 없었다.
오직 갈증과 통증에 견딜 수 없는
절박한 순간순간을 용케 참아내야만 했지.

아버지는 전시상황이었기 때문에 객지에 나가 계셨는지
한 번도 제대로 얼굴을 본 적이 없었다.
아버지는 얼굴 모습조차 기억에 없었을 정도였기 때문에
아버지의 존재에 대해서는 누구 하나 얘기도 꺼내지 않았다.
그에 따라 아버지에 대해서는
어떤 향수나 부정父情을 느껴본 기억이 없지.

정월 열 나흘날이나 닷새쯤 되었을까
확실한 날짜는 기억이 나지 않으나
아마도 총상을 입은 후 약 2주일 쯤 되었을 때
작은아버지께서 오셨다.
그동안 늦게 도착한 것은
병원과 교섭이 잘 이뤄지지 않았기 때문이라는 것이었지.

나와 누나는 바지개에 실려 병원으로 가게 되었다.
작은아버지는 우리 남매를 싸리바지개에 얹어 짊어지고
30리 이상 되는 수동의 병원으로 옮기는 것이었지.

싸리바지개의 중심을 바로 잡기 위해
머리를 바지개 양쪽으로 두게 하고
시신이나 다름없는 어린 두 몸뚱아리는
포개져 지게에 실렸다.

혹시나 무게중심이 잘못 잡혀 흔들리거나
한쪽으로 기울어지거나 하면
어린 것들의 아픔이 더할 것이라고 생각한 작은 아버지는
지극히 조심스럽게 우리들을 다루었다.

우리들은 죽은 송장이나 마찬가지였다.
어떤 몹쓸 병을 앓다가 죽은
어린 시신을 매장하러 가는 꼴이었다.
아니면 돼지새끼를 짊어지고 시골 장마당으로
팔려가는 모양 그런 꼴과 흡사했지.

#11

폭군들에게 온 마을은 전소당하고
마을 사람들은 모두 다 죽었다.

작은아버지는 어린 조카 두 명을 짊어지고
숨이 차올라도 조금도 평정을 잃지 않으셨다.

지금은 그 많은 세월동안 한으로 뭉쳐진 가슴을 안은 채
하늘나라에 가셨다.
그 날 그 사건으로 말미암아
작은아버지께서 우리들에게 베푸신 은덕은
후일 우리들이 자라고 사회생활을 하는 데
많은 인내와 강인한 정신력을 일깨워준
최고의 교훈이 아니었나 싶다.

"너그들 조금만 참으레이. 이 가엾은 것들아. 조금만 참거라.
그 아픔이 오죽할까. 그러나 참아야 한데이.
그리고 얼른 커서 꼭 원수를 갚아야제. 알것제."
작은 아버지의 분노는 누구보다 더 했으리라.
그러나 내색하지 않았지.
어쩌면 그 억울함을 억지로 참느라
피눈물을 가슴 안으로 깊게 깊게 내쏟았을 것이었지.

어린 것들을 짊어지고 가면서 조금도 힘들어하는 모습을
보이지 않으시던 작은아버지
한걸음이라도 빨리 가서 치료를 해야 한다는 일념이

많이 서려 있었지.

어린 나의 눈에 비친 작은아버지의 모습은
어떻게 하든 꼭 살리고야 말겠다는
신념으로 가득 차 있었지.

아무리 어린 것들이라고 하더라도
둘을 짊어지고 삼십리길 이상을 간다는 것이
어찌 힘들지 않으랴.
맨 몸으로도 삼십리길은 멀고 힘든 거리가 아닌가.
작은아버지는 그 먼 길을 가다가 정녕 힘들면
조그마한 소리로 말하곤 했다.

"이 불쌍한 것들. 자 여기서 조금 쉬어가제이.
너들도 힘들제. 조금만 참자.
인자 얼매 안 남은기라."

마을 어귀에서 잠깐 쉬어간다는 것도
서너번 숨을 돌렸을까 하고는
또 다시 우리를 짊어지고 먼 길을 걸었던
작은아버지였지.

자혜리 마을 앞에서도 잠깐 쉬어가기로 했지.
자혜리 동구 밖에 수백년 묵은 느티나무가
길손의 마음을 다독여 주듯 묵묵히 서 있었지.
긴 인고의 세월동안 숱한 역경들을 지켜봤을 그 느티나무는
그날의 비애와 고통 그리고 한으로 점철된 응어리들을 알고 있었으리라.

우리가 그 느티나무 아래서 잠시 쉬고 있는 동안
소문은 순식간에 퍼졌고
우리를 짊어지고 가는 작은아버지의 모습을
그 마을 사람들은 안쓰럽게 지켜보며 혀를 내둘렀다.

"아이고. 이 일을 우짜모 좋노. 시상에 우째 이런 일이 쯧쯧쯧.
천하에 나쁜 놈들 천벌을 받을끼다. 요 어린 것들이
무신 죄가 있다고 이렇게 총을 쐈노말이다. 천벌을 받을끼다.
천벌을 받아야제. 하모하모. 고런 놈들에게 천벌을 안주고 누굴 주겠노.
아이고 천하에 흉측한 놈들아."

작은아버지는 삼십리 먼 길을 짊어지고 걸어서 수동에 도착했다.
그곳 병원의 의사 선생님과 작은아버지는
평소에 좀 아는 사이였던 것 같다.
작은아버지의 처가妻家쪽으로
가까운 친척이라는 것을 후에 알았다.

우리들을 내려놓고 한겨울인데도 비지땀을 흘리시던 작은아버지는
지칠 줄도 모르고 의사 선생님과 긴밀한 이야기를 주고 받았다.
아마도 그간의 경위에 대한 설명이었을 것이다.
애처로운 눈길로 우리들을 내려다보는 의사 선생님은
혀를 내두르면서 입을 다물지 못했다.
국군이 저지른 만행을 직접 보면서 몸서리를 쳤다.

"세상에 이런 죽일 놈들이 다 있나.
국군이란 것들이 어째서 순진한 양민을
이렇게 만들 수 있단 말인가.

같은 동족을 아니 순진무구한 어린 아이들에게까지
이런 못된 짓을 하다니 이게 무슨 짓이란 말인가.
천벌을 받을 놈들 이 무슨 날벼락이란 말인가.
대명천지에 어찌 이런 일이 있을 수 있단 말인가.
어찌 이게 사람으로서 저지를 수 있는 행위란 말인가."

의사 선생님도 분개한 나머지 온몸을 벌벌 떨면서 몸서리를 쳤지.
어떤 이유로도 용서할 수 없는 행위라고 분개했지.

#12

"살인마 저승군단
11사단 9연대 3대대 지휘관 한동석 놈의 소행이랍니까,
아니면 그 백두산 호랑이라고 소문난
김종원이란 놈이 시킨 것이라고 합니까?"

의사 선생님은 우리의 상처를 살피면서 작은아버지께 물었지.
작은아버지는 의사 선생님이 궁금해 하는 것에는 별 반응이 없었다.

오직 그 순간에는 이 어린 것들의 치료가 급선무였다.
작은아버지의 뇌리에는 분초를 다투는
어린 생명들을 소생시키는 것이 전부였고
고통 속에서 울부짖는 어린 것들의 상처를 낫게 하는 것이
최우선이었던 것이지.
우리들은 의사 선생님의 보살핌과 함께 치료를 받기 시작했지.
2~3일만 늦었더라도 이 아이들은 소생이 불가능했을 것이라고 했다.

불행 중 다행이라고 했지.
치료만 잘되면 생명에는 지장이 없을 것이라는 것이다.

천명을 타고난 아이들인 것 같다고 했다.
어린 것들이 세 발의 총알을 맞고도 살아났으니
어찌 하늘이 돌보지 않았겠느냐고 했지.

작은아버지는 의사 선생님의 설명을 듣고 난 후에
비로소 긴 한숨을 크게 내쉬었지.
다소나마 안도의 한숨이었으리라.

그리고는 커다랗게 충혈된 눈에서
굵은 눈물이 주르르 흘러내리는 것을 나는 보았지.

회한의 눈물이었을까. 안도의 눈물이었을까.
천애 고아로 자라가야 할 어린 조카들에 대한 애처로움
어쩌면 불의의 몸으로 살아가야 할 어린 것에 대한
연민의 정이 곁들인 눈물이었을까?
작은 아버지의 그 눈물은
내 가슴을 온통 갈가리 찢어놓고 있었지.
그것은 먼 훗날 지금까지도
나의 가슴을 송두리째 찢어놓은 그런 회한이었지.

작은아버지는
"의사 선생님 부탁합니다.
우리 이 어린 것들을 병신이 되지 않도록 해주이소.
인자 고아나 다름없는 녀석들입니다.

목숨을 구해주시는 것도 대단히 고맙습니다만
꼭 병신이 되지 않도록 해주이소. 부탁합니다. 선생님.
저는 의사 선생님만 믿겠습니더.
정상적인 놈들도 살기 어려운 시상인데
병신이 된다면 어떻게 이 험한 시상을 살아가겠습니꺼?
제발 잘 좀 도와주이소."

작은아버지는 몇 번이고 허리를 굽신거리며
의사 선생님께 신신당부를 하셨지.

진정으로 가슴 속에서 우러나온 작은 아버지의 심정이
부탁의 말 한마디 한마디에 애절하게 스며있었지.
그 절실한 심정을 의사 선생님도 알고 계신 것 같았다.
의사로서의 사명감도 서려 있었겠지만 애처롭게 꺼져가는
어린 생명에 대한 연민을 느낀 것이다.

나는 찢어지는 듯한 통증을 참으면서
의사 선생님과 작은아버지의 대화를
하나도 빠짐없이 귀담아 듣고 있었지.
"왼쪽 발꿈치에 탄알이 박혀 있군요.
발꿈치가 썩어들기 시작합니다.
왼쪽 발목을 잘라야 되겠습니다.
그렇지 않고는 얼른 치유가 어렵겠어요.
탄알이 뼈 속에 박혀 있기 때문에
뼈를 쪼개야만 탄알을 빼낼 수 있는데
그것은 대단히 위험합니다.
그리고 뼈를 쪼갠다는 것은

어린아이로서는 너무 가혹한 고통일 뿐 아니라
정상적인 치료가 된다는 보장도 없습니다."

작은아버지는
"안됩니더. 선생님. 애미 애비도 없는 아이인데
한쪽 다리를 자르면 어떻게 되겠습니까.
차라리 죽이는 것이 낫습니더.
정상적인 치료가 안 되고 고통이 따르더라도
다리를 자르면 안 됩니더.
치료를 하다가 죽이는 한이 있더라도
다리를 자르지 마이소. 선생님 부탁함니더."

작은아버지는 드디어 꺼억꺼억 통곡을 하기 시작했다.
그것은 울음이 아니라 한으로 점철된 크나큰 절규였지.
내 기억으로는 지금까지 그때 작은아버지의 통곡만큼 애절한 통곡을
어디에서도 들어본 적이 없다.
작은아버지는 원래 음성이 남달리 커서
울음소리 또한 대단히 컸다.
병원이 쩡쩡 울릴 정도였다.

그동안 가슴 속에 묻혀 있던 통한들을
한꺼번에 마구 쏟아내는 것 같았지.
작은아버지의 울음은 그칠 줄 몰랐다.
나를 끌어안고는 울고 또 울었다.

"이놈아. 불쌍한 놈아. 애미 애비도 없는 놈이
다리를 자르면 어찌 되겠노?

차라리 죽든지 할 것이지 한쪽 다리를 자르면
죽은 거나 뭐가 다르겠노? 이 불쌍한 것아."

의사 선생님은 작은아버지의 통한 어린 울음 속에 묻어 있는
혈육의 정을 가슴 깊이 되새기고 있었다.
한동안 아무 말도 없었다.
무언가를 결심하지 않으면 안 되겠다는 묵묵한 표정이었지.

#13

천벌을 받아 마땅한 군인들의 총 세 발 맞아
까닥까닥 숨이 끊어질 위기 직전
그 다음날 의사 선생님은 작은아버지에게
일단은 그냥 치료를 해보다가 정녕 안 되면
자르자는 데까지 의견을 제시했다.

어쨌든 생명을 구해야 하지 않겠냐는 것이었다.
의사로서 최선을 다할 테니까
아무 심려 말라는 얘기까지 했다.

"일단 발꿈치 속에 박혀 있는 탄알을 끄집어내야 합니다.
그걸 끄집어내려면 어차피 발꿈치를 도려내야 하는데
그 고통은 상상을 초월하는 것입니다.
이 어린 것이 과연 참을 수 있을는지 모르겠군요.
아무튼 팔과 다리를 꽁꽁 묶어서 꼼짝 못하게 해 놓은 다음
발꿈치 뼈 속을 후벼내야 합니다.

숙부께서 이 아이 옆에 꼭 지키고 계셔야 됩니다."

일곱 살짜리가 무슨 힘이 있겠는가.
참을성이 있으면 또 얼마나 참을 것인가.

살을 찢는 수술이 아니라 뼈를 후벼파서
탄알을 뽑아내는 수술이 아닌가.
뼈를 깎는 아픔을 진정 체험했던 것이지.

지금이야 의술이 발달하고 의학이 진보되어
마취제를 사용하여 통증을 느낄 수 없도록 한 후
수술을 하지만 그땐 그런 것조차도 없었지.
혹시 도시의 큰 병원에서는 어땠는지 모르지만
작은 시골에 그러한 진보된 시설은
전무하다시피 했던 것이지.

"사촌누나는 양팔과 허벅지 관통상이기 때문에
세 발의 총알을 맞았어도 잘 치료하면
낫는데 큰 지장은 없을 것입니다만
이 아이의 상처는 다릅니다.

허벅지 관통상은 그렇다치고
배를 스쳐지나간 상처도 아주 큽니다. 보십시오.
창자가 비어져 나오고 있지 않습니까?
뱃가죽을 어느 정도 치료한 다음에 꿰매어야 하거든요.

창자에도 다소의 상처가 생겼기 때문에 우선 그 부위를

치료해야 합니다. 만일 이 발꿈치 수술을 하다가
어린 것이 통증에 못 이겨 용을 많이 쓰게 되면
저 창자가 튀어나올 염려가 있습니다.

만일의 경우를 대비해 상처가 낫지 않더라도
우선 뱃가죽을 꿰맨 후에 발꿈치 수술을 해야겠어요.
발꿈치 탄알을 제거한 다음
뱃가죽은 다시 풀어서 치료하기로 하지요.
다행히 제대로 먹질 못하여서 살이 많이 빠진 관계로
뱃가죽이 느슨해 있는 것이 천만다행이군요."

의사 선생님은 작은아버지께
치료 방법과 순서까지 설명해가면서
안심을 시키려고 노력했지.

너무 굶어서 뼈가 앙상하고 뱃가죽이 느슨한 것이
천만다행이라고 말했지. 먹을 수가 없어서 굶은 것이
오히려 천만다행이라고 말할 수 있는 상황이라면
그보다 더한 고통이 또 무엇일까를 생각했지.

배가 고프다고 고함을 질러도
제대로 먹이지 않으시던 큰아버지와 장식 형님

갈증을 견디다 못해 마구 욕을 퍼부어도
겨우 한 숟갈의 물로 생명을 잇게 했던
큰아버지와 장식 사촌형님의 뜻을
그제서야 조금씩 이해할 수 있을 것 같았지.

62

큰아버지의 지혜가 수술에 도움이 되었다는 사실을 느끼면서
갈증의 고통과 쓰라린 통증을 조금씩 참을 수 있었지.
어린 나이에도 나는 조숙한 면이 있었던 것 같지.

물론 정자 누나도 어른스러운 데가 있었지.
나보다는 훨씬 어른스러워 잘 참았던 것 같지.

드디어 내 발꿈치 수술이 시작되었지.
통증에 괴로워하면서도 초롱초롱한 내 눈을 들여다보며
의사 선생님은 애처로운 표정으로 달래듯 말했지.

"남자는 강인해야 하는 거야. 참을 줄도 알고
조금 아프더라도 살기 위해서는 참아야 하는 거야.
그래야 아픈 상처가 빨리 낫게 되는 거다.
알것재? 빨리 나아서 공부 열심히 하여
나쁜 놈들의 원수를 갚아야 하는 거다. 알것재?

이 놈 참 총명하게 생겼구먼.
일곱 살이랬지? 그래. 일곱 살배기가 정말 어른스럽네.
이 놈은 자라서 장차 큰 인물이 되겠구나.
아파도 참아야 하는 거야. 사나이 대장부가 그것도 못 참으면
장차 아무것도 할 수 없는 것이야. 알것재? 참으레이."

#14

천추만대 역사의 장대에 꽂혀
효수되고도 남을
불가마에 처넣어지고도 남을 폭군들아.
일생에 구제되지 못할 영령계의 가장 무서운
천생의 중살을 받게 됨을 경고하는 바이다.

나의 발꿈치 수술을 해준 의사선생님은
앞으로 나타날 어린 것의 행동이
어떨 거라는 것을 이미 알고 있었지.

그래서 달래고 다짐하듯 정신력을 재고해 놓고자
애를 쓰고 있는 것이었지.
나는 팔과 다리를 꽁꽁 동여매인 채 수술대 위에 눕혀졌다.
이미 뱃가죽은 꿰매졌고 간헐적으로 전해져 오는
통증들을 참느라 무던히 애를 썼다.

그러나 상상을 초월하는 그 어떤 무엇으로도
표현할 수 없는 아픔이 발꿈치에서부터 전신으로 퍼져왔지.
어른들 몇 명이 꽁꽁 묶인 나의 팔과 다리를 붙들고 있었고
가슴과 하복부에도 압박대가 동여져 있었다.

꼼짝달싹할 수도 없었지.
발꿈치를 후벼 파는 아픔, 살을 베어내는 아픔 따위는
느낄 수도 없었지. 뼈 속을 후비는 통증은
병실 천장을 온통 노랗게 만들었지.

억센 어른들의 힘에 짓눌려 꼼짝도 할 수 없는 상황에서
시작된 수술은 뼈를 후벼파고 집게로 탄알을 뽑아내는
그 시간이 얼마인지도 모를 정도로 오래 계속되었지.

나는 온갖 욕설을 다 퍼부었지.
의사 선생님이고 작은아버지고 없었지.
누굴 빗대어 퍼부은 욕설이 아니라
그저 통증을 참을 수 없어서 내뱉은 욕설이었지.

그때 내가 퍼부은 욕설은 지금도 기억하고 있으며
그때의 얘기를 나눌 때마다 언제나 양념처럼 회자되곤 한다.

얼마의 시간이 흘렀을까?
참아야 한다는 마음을 다짐하지만
그것도 잠시 뿐.
도저히 참을 수 없었던 것이었지.

엄청난 시련과 고통을 이겨내야 한다는
의사 선생님의 말씀을 알아듣지 못한 것은 아니었지.
그러나 참을 수가 없었지.

"죽여라. 이 XXX끼들아. 죽는 것보다 더 못 견디겠다.
이 XXX끼들아! 아……아…….'

내가 울음과 욕설로 소리지르니
마을 사람들이 개미떼처럼 모였지.
나는 그만 실신하고 말았지.

탄알이 뽑히고 수술이 성공리에 끝남과 동시에
나는 정신을 잃고 말았던 것이지.

내가 깨어났을 때에는 이미 발꿈치의 치료가 끝나고
붕대가 동여매어진 후였지.

그 후에 안 일이지만 내가 정신을 잃었을 때
의사 선생님 작은아버지 그리고 병실에 함께 있었던 모든 사람들은
내가 죽는 것으로 알고 혼비백산하여
발꿈치 수술과 더불어 소생제를 주입시키며
야단법석을 떨었다고 했지.

다행히 마취된 듯이 잠시 실신했을 뿐이었기에
주위 사람들은 안도의 숨을 내쉬며
발꿈치 수술을 순조롭게 할 수 있었다는 것이지.

이것을 두고도 범상한 놈이라느니
천운을 탄 놈이라느니 하며
극찬을 했다는 것이지.

그때의 그 아픔은 그로부터 70년이 지난 오늘까지도
생각만 하면 소름이 끼치는 전율로 다가오곤 하지.
아직도 날씨가 흐리거나 조금 심한 운동을 하면
통증이 되살아나곤 한다.
그리고 조금만 걸어도 통증이 느껴진다.
발꿈치 속을 후비며 가위로 자르는 사각 사각 사각 소리가
귓가에 들리는 것이지.

그 사각 사각 소리를 느끼면 창자가 꼬이고
그때의 아픔이 되살아나
2, 3일간은 그 고통에서 벗어나지 못했지.

아마도 그 아픔은 내 생애가 끝날 때까지
잊히지 않고 되살아날 통증인 것이지.
아니 죽어도 여한이 풀릴 때까지는
그 통증이 영원히 사라지지 않을 것이지.

수술이 완전히 끝났을 때쯤
나는 실신에서 깨어났지.
어렴풋이 무언가 귓가에 들리는 소리가 있어서
내가 깨어난 것 같았지.

의사 선생님은
"수술이 성공적입니다. 하늘이 도운 것 같습니다.
이 아이가 수술하는 동안 잠시 쉬어준 것이 천만다행입니다.
잠시 기절하여 혼비백산했지만 그것은 성공적인 수술이 되도록
하늘이 도운 건가 봅니다. 이제 100%의 성공을 자신할 수 있습니다.
숙부께서 고생이 참 많으셨습니다."

#15

그 아픔은 11사단장 최덕신 오익경 한동석 김종원 등
조폭들이 저지른 만행 때문이었지.
정월 초이튿날

가현마을에서 123명
잔학무도한 학살을 시작으로
방곡에 350여명 학살하고
마을을 모두 전소시키고
점촌마을 서주지역 300여명을 학살한
살인마 저승군단 눈 뒤집힌 짐승 부대들이
일곱 살배기 나에게 퍼부은 충격으로
꺼져가는 나를 살리기 위하여 애쓰신
의사 선생님은 나의 발꿈치 수술이 잘된 것을
오히려 작은아버지의 공으로 돌리려고 했지.

"아닙니더. 의사 선생님께 정말 감사합니데이.
이 은혜는 꼭 갚겠심더.
그리고 저 놈들이 크면
내가 의사 선생님의 고마움을
꼭 말할 겁니더. 정말로 선생님 감사합니더."

의사 선생님과 작은아버지의 대화는
어린 나의 가슴을 찡하게 울리고 있었지.
나도 모르게 두 눈에서 눈물이 핑 돌았지.
그 순간은 아픔도 잊었지.
두 어른의 진정한 대화가
얼마나 고맙게 느껴졌는지 모른다.

지금도 그때의 두 분에게 감사하는 마음을 잊을 수가 없어
열심히 살아야겠다는 다짐으로 일상에 임하고 있지.
잘라야 될 발을 자르지 않고 성공적으로 수술을 했다고

기뻐하던 의사 선생님과 작은아버지의 모습이
눈앞에 어른거릴 때면 나는 또 한 번 창 밖 산을 쳐다보며
벅차오르는 감동의 가슴을 뿌듯이 열어젖히며
붉어진 눈시울을 적시곤 한다.

나중에 안 일이지만 의사 선생님은
함양 수동 사근 작은아버지의 처가妻家
그러니까 숙모님의 가까운 친정 친척이었다고 하였지.

그래서인지 더욱 우리 두 남매를
극진히 치료해 주셨다는 것 같았지.
아니 그 분은 의사로서의 사명감을
미덕으로 사셨던 분이었지.

정말로 우리 두 남매를 돌보시느라
고생을 많이 하셨다는 것을
나는 잘 알고 있지.
의사 선생님은
총 세 발 얻어맞고 호박 속을 배에다 덕지덕지 붙여 놓고
자지러져 죽었다가 겨우 살아난 아이들 수술을
성공적으로 끝을 맺으셨지.

그 후 나는 의사 선생님의 가족 한 분을
우연히 마산에서 만났지.
정자 누나와 같이 만나 그 분의 그간의 소식을 듣고
감사함을 약식으로 답례를 하였지.

재생의 길

#1~6

귓가엔 수백의 원혼들이 울부짖는 통한이
메아리가 되어 윙윙거리고 있었지.
지그시 눈을 감은 꼬마였던 나는
작으나마 강한 주먹을 힘껏 쥐었지.
사는 것은 생각하는 것이라고 했지.
이 세상에서 가장 훌륭한 기술 즉, 가장 배우기 어려운 기술은
바로 살아가는 기술이라고 했지.

#1

지리산 자락 방실마을 앞으로 흐르는 청정수淸淨水만큼이나
맑고 총총한 어린 꼬마 눈방울이 초점 잃은 듯
먼 곳·산 위의 고갯마루를 응시하고 있었지.

수줍은 듯 내민 봄기운이 하늘 가장자리쯤에서
풋풋하게 밀려오고 있어도 반가움을 잃어버린 소년이었지.

진저리 쳐지는 상념들이 가득한 그 병실은
아직도 그날의 통증과 회한이 벽마다 가득가득 배어 있을 것이었지.

운명이 확정되어 있다면 이를 경계한들 무슨 이익이 있겠는가?
또한 만사가 불확실하다면 두려워할 필요가 어디 있겠는가?
공허하게도 자유로운 의지를 가진 사람은
정해진 시각을 앞당기거나 연장할 수 있다고 우리는 생각한다.

우리의 인생기간은 우리의 행동거지에 의존하지 않는 것이지.
우리가 태어나기도 전에 우리의 장례식은 결정지어지지.
어차피 죽어야 한다면 용감히 운명에 따라야 하지.

지혜가 아니라 운명이 사람의 일생을 지배하기 때문인 것이지.
잠시 어제와 오늘 그리고 내일들이
일곱 살 어린 나의 가슴팍을 쫙쫙 할퀴고 있었지.

탕탕 타당탕 죽음, 죽음, 죽음……또 또 천하무적 살인마 군단들.
잔학무도한 국군들의 총탄에 아무 죄도 모른 채

한마디 신음도 내뱉지 못한 채 숨져간
할아버지도 할머니도 큰어머니도 어린 동생들도
그리고 수많은 마을 사람들의 그 죽음, 주검들, 몸서리 쳐지는 광경들이
생생하게 어린 꼬마의 눈앞에 겹쳐지고 있었지.

귓가엔 수백의 원혼들이 울부짖는 통한이
메아리가 되어 윙윙거리고 있었지.
지그시 눈을 감은 꼬마였던 나는
작으나마 강한 주먹을 힘껏 쥐었지.
사는 것은 생각하는 것이라고 했지.
이 세상에서 가장 훌륭한 기술 즉, 가장 배우기 어려운 기술은
바로 살아가는 기술이라고 했지.

인생에서 태어난다는 것은 불행이고 살아간다는 것은 고통이며
죽는다는 것은 비통한 일이라고 했지.

사람들은 그들이 얼마나 고결하게 사는가에는
관심을 두지 않으면서
얼마나 오래 살 것인가만을 염려하지.
고결하게 사는 것은 모든 사람들의 능력 안에 있지만
오래 사는 것은 사람의 능력 안에 있지 않은데도 말이지.

미친 사람이 동쪽으로 뛰어가면
그를 쫓는 사람도 동쪽으로 뛴다.
그러나 동쪽으로 뛰는 것은 같지만
뛰는 동기는 서로 다르지.
깊은 물속에 사람이 빠지면

이를 구하려는 사람도 물속으로 뛰어든다.
물속에 들어간 것은 같지만 그 동기도 서로 다르지.

이와 마찬가지로 성인聖人도 한가지로 살고 죽으면
어리석은 자도 한가지로 살고 죽는 것이지.
그러나 성인聖人의 살고 죽음은 도리道理에 통하고 있지만
어리석은 자는 삶과 죽음의 가치를 몰라서
혼동하고 있는 것이라고 했지.

엄청난 통한이 회오리쳤던 정월 초이튿날은 가고
이월이 시작되었지.
그동안 정자 누나와 나는
작은아버지의 보살핌으로 수동에서 조금 살았지.

앞으로 갈 날을 예측할 수도 없었으며
또한 미래에 대한 어떤 보장도 없었지.
종잡을 수도 없는 하루하루는 시작되고
또 기울고 있었지.
방곡의 큰아버지와 장식 사촌형님은
소식이 끊겼지.

그날 이후 군인들에게 끌려갔다는 소식을 들었지.
그들이 갖다붙이는 이유야 여러가지겠지만
사실은 선량한 양민들일 뿐이지.

2월 중순쯤이었지.
큰아버지와 장식 형님은 처형 직전에

구사일생으로 살아났다는 것이었지.
군인들에게 끌려간 것은
바로 처형되기 위함이었다는 것이지.

하늘이 스스로 돕는 자를 돕는다고 했던가.
양민은 양민을 돕는 데 최선을 다했다.

함양군 금바실이라는 동네에서 이장을 하던 사람이
큰아버지의 처남이었지.

우연히 그 처남을 만나게 되었고 그 사람은 군인에게
이 사람은 나의 매제이고 젊은이는 내 생질이라고 하여
살려주게 되었다는 것이었지.

이장이라는 신분으로 당시 군軍 지휘관에게 건의하여
아슬아슬하게 살아온 것이었지.
말하자면 이장의 신분으로
생명의 보증을 선 셈이 되었던 것으로
처형되지 않고 천운으로 살아 돌아왔지.

#2

살인마 군단은 거동이 조금 수상하다고 생각만 되면
이유 불문코 처형시켜 버리는 것이 다반사였지만

큰아버지와 장식 형님도 천운을 탔는지

그렇게 살아남을 수 있었지.

나는 천애의 고아가 되었지.
어린 나이에 상처투성이인 나는
친척집을 전전할 수밖에 없는 신세가 되었지.

그럭저럭 상처는 나아 작대기를 짚으며
절뚝거리기는 하지만 조금씩 걸을 수 있었지.
이러한 것도 천만다행이라고 위안을 해야 했지.

내가 그만해졌을 때 방곡리 마을에는 갈 수가 없었지.
당시 짚이며 짚가리개까지 모두 불살라버렸기 때문에
제대로 살 수가 없었지.

모두 움막처럼 대충 가리고
겨우겨우 살아갈 채비를 서두르고 있었지.
거의 다 죽었고 어쩌다 잘 숨어 있었던
몇몇의 사람들이 있었을 뿐이었지.

어쩔 수 없이 함양 유림 노루목의 고모님 댁에 가서
머물 수밖에 없었지.
노루목 고모님 댁에서 석 달간 있다가
옥내 장터에 살고 계시는 이모님 댁에 가서 한달 동안 살았지.
또 모실의 외갓집에 가서 한동안 있다가
구아촌의 진외갓집으로 옮겨 또 몇 달을 살아야 하였지.

이렇듯 천애 고아의 얄궂은 인생 역정은

어린 일곱 살 때부터 시작되었던 것이지.

당시 큰아버지는 40대 초반이었지.
가족들이 모두 살인마 군단에게 총살당하고
장식 형님과 나 그리고 겨우 살아남은
정자 누나가 있었을 뿐이지.

가족들의 죽음이 눈앞을 가렸고
한이 응어리되어 일이 손에 잡힐 리가 없었지.

그러나 살아남은 사람은 어떻게 하든 살아야 하는 것이
운명이라고 여기며 새로운 삶을 위해
마음을 가다듬지 않으면 안 되었지.

아내와 가족을 잃은 슬픔과 분노
그리고 외로움이 한꺼번에 엄습해올 때면
견딜 수 없는 진저리가 쳐지곤 했지.
이런 모습을 보다 못해 아는 분이 큰아버지의 중매를 섰지.
신아리에 사시는 분이 중매하여 새 부인을 맞게 된 것이었지.
나에게는 새로운 큰어머니가 되는 셈이었지.
이것은 큰아버지의 편안함을 위해서가 아니었다.
안락한 새로운 가정을 얻기 위한 것만도 아니었다.
살아남은 어린 것들을 키워야했고
또 천애고아가 된 나를
보살피기 위한 의도도 다분했다.

지금 생각하면 그때 큰아버지나 새 큰어머니가

나 때문에 많은 고생을 했다는 것은 잘 안다.
자기가 친히 낳은 자식도 아니고 게다가 고아가 된 조카까지도
보살펴야 했기에 마음고생도 뒤따랐을 것이었지.

그럭저럭 한 해가 저물고 새해를 맞았지.
나는 여덟 살이 되었지. 내 또래의 다른 아이들은
아직도 엄마에게 재롱을 부리며 자라고 있을 나이였지.
그런 것을 볼 때마다 나는 억장이 무너졌고
엄마가 그리워 견딜 수 없었지.
아무리 지나간 일인들 잊어버리려고 해도 잊혀지질 않았지.

죽은 엄마를 내 두 눈으로 똑똑히 보았으면서도
정말 엄마가 죽었을까하고 생각하기도 했지.
그러나 엄마는 죽고 없었지.
하늘을 쳐다보며 통곡을 했지.
엄마를 수없이 찾으며 울부짖었지.
그러나 엄마가 나타날 리 없었지.

때로는 미친 듯이 엄마를 부르며 울었지.
심지어는 구아촌이라는 동네 뒷산까지 걸어가면서
엄마를 부르며 통곡을 했지.

눈물에 가리어 앞도 보이지 않았지.
앞을 볼 겨를도 없었고 앞을 볼 생각도 없었지.
뇌리에는 온통 엄마에 대한 그리움만이
가득 차 있었을 뿐이었지.

#3

가슴에 총을 맞으며 자식들을 살리기 위해
온몸으로 감싸안고 죽은 엄마를 생각하며
나는 정신없이 울며 걷고 넘어지고

오뚝이처럼 또 일어나 걷다가는 또 넘어졌지.
그러기를 수없이 반복하는 동안 무릎은 다 깨지고
새 큰어머니가 사 주신 새 옷의 무릎 부분이 모두 다 찢어져 버렸지.
걷다가 넘어지고 또 일어나 걷다가 넘어지기를 수없이 반복하다가
정신을 번쩍 차린 것은 옷의 무릎이 다 찢어진 것을 안 후였지.

큰일이었지. 정신이 번쩍 들었지. 새 큰어머니가 새로 손수 마련하여
입혀주신 합바지가 아니던가. 야단맞을 일이 걱정이었지.

겁이 덜컥 났지. 그 순간에는 그리운 엄마도 사라졌지.
눈물도 말라버렸지.
오직 옷 찢어진 것에 대한 걱정만이 온몸을 휘어감고 있었지.
그날 집에 들어가질 않았지.
어둠이 깔리는 틈을 타서
동네 종필이란 친구 집에서 하룻밤을 지냈지.
그러고는 안절부절 못하고 있는데
새 큰어머니가 알고 찾아왔지.
오들오들 떨고 있는 나를
새 큰어머니는 회초리로 마구 후려쳐 때렸지.
화가 무척 나 있었지. 얼마를 맞았는지도 모를 지경이었지.

그러나 나는 내 잘못을 알기 때문에 큰 반항을 하지 않았지.
더구나 이제 겨우 여덟 살짜리가 억센 어른의 손아귀에 붙들려
꼼짝할 수도 없는 노릇이었지.

종아리는 퉁퉁 부어올랐고
피가 종아리를 타고 흘러내릴 정도였지.
그 통증 또한 병원에서의 쓰라린 수술 때와 마찬가지였지.
그리고 또 한 번 죽음의 고비를 넘기지 않으면 안 된다고 생각했지.
이제 죽었구나 하는 생각이 들었던 것이었지.

그 회초리가 얼마나 매서웠던지
나는 더 이상 참지 못하고 도망을 쳤지.
뒷산으로 죽어라고 도망을 쳤지.
도망가다가 돌부리에 걸려 넘어지기도 하고
바위 너머로 굴러떨어지기도 했지.

그러나 회초리보다는 아프지 않았지.
아니 아픔이 조금도 없었지.
아픔을 느낄 겨를도 없었지.
오직 살아야 한다는 일념뿐이었지.
나는 뛰고 또 뛰어 산 중턱쯤에서 쓰러지고 말았지.
더 뛸 수도 없었으며 거기쯤이면 새 큰어머니로부터 안전하다고 생각했지.

한참 후 큰아버지께서 나타나셨지.
큰아버지는 조용하게 나를 달랬지.

"이놈아. 네가 도망가면 우짜노. 이리와라. 괜찮으니께이

이리 내려온나. 집에 가재. 큰어매도 용서할끼다.
가서 큰엄마. 지가 잘못했심더 하몬 될꺼 아이가. 어서 이리 온나."

나는 일어서서 큰아버지께 허리를 굽혀 절을 했지.
큰아버지의 인자함에 그만 눈물이 왈칵 쏟아졌지.

엉엉 울음이 터져 나올 것 같았지. 그러나 참았지.
이를 꽉 깨물면서 참았지. 그리고는 글썽여진 눈시울을
손등으로 닦고는 큰아버지를 따라 내려갔지.

내가 큰댁에서 도망쳐 나가본들 어디를 갈 것인가.
내가 갈 곳이 어디 있는가.
아무리 생각해도 내가 갈 곳이라고는 없었지.

그러나 큰아버지의 심중과는 너무나 다른 새 큰어머니였지.
그녀에게는 내가 눈엣가시였지.
큰아버지 때문에 조금 너그러운 것 같았지만
이내 돌변하는 새 큰어머니였지.
결국 나는 쫓겨나다시피 하였지.
내가 갈 곳이라고는 아무 데도 없었지.
여덟 살짜리 소년은 거리로 나설 수밖에 없었지.

구걸을 했지. 배가 고프니 먹어야 했지.
그래서 동냥을 하지 않을 수 없었지.
천애의 고아였고 거지였지.
얻어먹는다는 것은 거지가 아니고 무엇이겠는가.

거렁뱅이가 되어 배가 고파서 어느 집 앞에서 서성거리다가
진외갓집 아저씨에게 들켰지.
그 아저씨는 나를 알아보고는 붙들어 야단을 치셨지.
그리고는 집으로 다시 돌려보내지게 되었지.

그래도 새 큰어머니의 눈총은 이만저만이 아니었지.
눈을 마주치면 흘겼고 나는 새 큰어머니와 부딪치지 않으려고
피해다니듯 했지. 눈이 부딪치는 일은 더욱 두려울 뿐이었지.
그런데 이상한 일이었지.
일부러 피하려고 하면 더 자주 마주치게 되는 것이었지.
눈을 피하려고 내리깔고 있다가도
나도 모르게 올려다보다가는 마주치곤 했지.
곤혹스럽기 그지없는 만남이었지.

"요노무새끼 또 한 번만 그런 짓 하모 내쪼껴부릴끼다.
다시는 그런 짓거리 하지 마래이. 알것재. 니가 울고 불고 부른다고
죽은 니 애미가 다시 돌아온다 카더나. 앞도 안보고 울고불고
야단하다가 자빠지고 이게 뭐꼬. 이기 무신 꼴이고 말이다.
무릎이 다 깨지고 새 옷에 구멍이 안 났나 말이다.
또 한 번 이런 꼴 보모 니는 정말 내 손에 혼날 줄 알아라. 알것재!"
새 큰어머니의 꾸지람에 아무 대꾸도 못하고
고개를 숙인 채 훌쩍이고만 있었지.

#4

폭군들의 총 세 발 맞은 발꿈치는 거의 완치되어
작대기는 안 짚고 다녀도 될 정도였지.
많은 사람에게 아픔은 상처에서 오는 통증만이 아니다.
그리움과 외로움으로 인한 가슴의 더 큰 고통을 동반하게 되지.

어린 몸뚱아리에 가해지는 회초리의 통증은 그런대로 참을 수 있었지.
그러나 이미 죽어 이 세상 사람이 아닌 현실을 알면서도
어머니를 향한 그리움은 어린 가슴을 갈가리 찢어내는 아픔이었지.
내가 여덟 살 때였지.
그 무렵 나는 한 번도 본 기억이 없는 아버지를 처음으로 보게 되었지.
아버지는 우리 가족들이 몰살당한 것을 전혀 모르고 계셨지.

그날 처음 본 아버지는 국군이었지. 산청 함양 양민학살사건이
지상에 보도되지 않았기 때문에 전혀 알지 못했다고 하셨지.
나를 쳐다보는 아버지의 눈시울이 붉게 물들고 있음을 나는 보았지.
아버지는 한참동안 나를 지켜보다가 물었지.

"새 큰어머니가 너에게 잘해주더나? 때리지는 않더나?"
그러나 나는 얼른 말을 하지 않았지. 그저 고개만 끄덕였지.
말을 할 수가 없었지. 어떻게 말하는 것이 옳은지를 몰랐지.
그러나 처음 본 아버지에게 안심을 주고자
그냥 잘해준다고 눈짓으로만 대답했지.

"다행이구나. 잘 있거라.
내 이놈들 11사단 9연대 3대대 놈들을 죽여버릴끼다.

내 가만 안둔다카이."

아버지는 그 한마디를 남기고는
재입대한 후로 영영 소식이 끊어지고 말았지.
그때 아버지에 대한 그리움은 별로 느끼지 못했었지.
나에게도 아버지가 있었다는 사실, 국군이었다는 사실,
그리고 한 번 만났다는 사실 외에는 별 감흥이 없었지.

내가 태어난 것은 분명 아버지가 있었기 때문이라는 사실 외에는
별로 부정父情을 느끼지 못했었지. 그런데도 혈육의 정이란 묘한 것이었지.

아버지가 떠난 후 차츰 혈육에 대한 그리움이 솟아오르기 시작했지.
어머니는 이미 이 세상에서 떠났지만
아버지가 살아있다는 사실은 삶의 의욕을 북돋우는 것이었지.

여덟 살의 꼬마가 가끔 외갓집에 들를 때면
나를 붙들고 우시던 외할머니는 아버지에 대한 말씀을 많이 하셨지.

"니도 커서 니 애비처럼 똑똑한 놈이 될끼다.
니 애비는 가는 곳마다 많은 사람들로부터 환영을 받은기라.
부산이고 대구고 간에 많은 사람들이 모이는 곳이라면
반드시 정찬조 니 애비가 있었다 안카나.
키도 크고 음성도 우렁차며 말솜씨가 대단히 뛰어난기라.
그래서 니 애비는 항상 선두에서 통솔했으며
두뇌가 명석하고 지략 또한 출중했는기라.
매사에 철두철미하고 임기응변도 능해
사람들이 반드시 큰 인물이 될끼라고 했다 안카나.

내가 봐도 그랬을 꺼네 그란께 니 애비는 반드시 크게 성공하여 올끼다.
알것재. 아무 걱정말고 조금만 기다려보몬 기쁜 소식이 올끼다."

나는 외할머니의 말씀을 곧이듣고 기다리기로 했지.
그러나 한 해 두 해 소식이 오기를 기다려도 편지 한 장 없었지.
당시 어린 나로서는 아버지를 찾는 방법을 도무지 알 수 없었지.
산전수전을 다 겪으며 내가 20대에 접어들어 사업을 하게 되었고
다소 경제적인 여유가 생기자
아버지를 찾아야겠다는 생각은 더욱 굳어갔지.
일간지에도 몇 번의 광고도 내고 해봤으나 아무 효과도 없었지.

1979년 8월 24일쯤으로 기억되는 그날
나는 사업차 제주도에 갔다가 서울행 비행기 안에서
잠깐 잠이 든 듯했을 때
어떤 주체 못할 상상이 온몸을 휘감아왔지.

분명히 아버지가 살아계시지 않는다는 느낌이었지.
그것은 나를 한층 더 심오한 생각에 빠져들게 했지.
그 당시 전사를 했다면 분명 본적지로 통보가 왔을 것인데
그런 적이 전혀 없었던 것이었지.
자꾸만 이상한 예감이 뇌리를 스쳤지.
전장에서는 실종될 수 있고 포로가 될 수도 있는 것이지.
그럴 땐 본적지 확인이 안 되는 경우도 생긴다는 것이지.

또한 본적지에 통보가 되지 않고도
국군묘지에 안장은 될 수 있다는 말을 들은 적이 있었지.
그래서 나는 고려대학교 동창이며 육군 중령으로 예편한

동기생에게 부탁하여 찾을 수 있는 길이 없겠느냐고 물었지.

친구는 국립묘지에 가서 한번 찾아보라는 것이었지.
나는 국립묘지 직원에게 사실을 이야기하고 찾아달라고 했으나
군번을 모르면 찾을 수가 없다면서 핀잔을 들었지.

그러나 나는 포기하지 않고 계속 간청을 하였지.
그러기를 일주일.
국립묘지 직원은 나의 애절한 심정을 다소 헤아렸는지
마침내 찾았다고 알려왔지.

국립묘지 10열 311번 육군 소위 정찬조
1954년 3월 3일 양주에서 사망이라고
묘비에 새겨져 있었지.

#5

국군묘지에 사망이라고 묘비에 새겨져 있는 글.
나는 그 묘비를 끌어안고 수없이 울었지.

출세하여 돌아오겠다던 아버지
삼십여 년 간 아무 소식도 없더니
결국 이렇게 국립묘지에 안장되어 있었던 것이지.
땅을 치고 통곡을 한들 소용이 없는 것이지.
아버지의 묘를 찾았으나 주소불명으로 처리되어
나는 유가족으로 인정을 받을 수가 없었지.

국방부 장관에게 수없이 탄원서를 올렸으나
증거 불충분으로 매번 기각되었지.
그러나 이대로 둘 수는 없는 내가
할 수 있는 모든 자료와 증거를 확보하여
소송을 제기해 나의 아버지 정찬조임을 판결 받았지.
유족으로 인정은 받았으나 원호 대상은 되지 않았지.
아버지의 사망에 대한 기록에는 전사가 아니라
자살이라고 되어 있었기 때문이지.

국방 관계에 능통한 사람들에 의하면
당시 상황으로는 자살이 될 수 없다며
조작이니 다시 진상 확인 소송을 제기하라는 권유가
여러 차례 있었지만

지금의 나로서는 명예 회복과 원호 혜택보다는
아버지가 국립묘지에 안장되어 있다는 것만으로도
충분히 만족하고 있지.

희뿌연 안개가 걷히면 태양의 따사로움이
온누리를 생동하게 만든 것이지.
인간사야 어찌 됐든 자연은 지구의 자전과 공전에 따라
한 치의 오차도 없이 순환되고 있지.
산청 금서 방실마을도 여느 벽지 마을과 마찬가지로
자연의 섭리에 따라 꽃이 피고 온갖 산새들이 지저귄다.

짙은 녹음이 싱그러움을 더해주었고
그럴라치면 곧 울긋불긋 결실을 의미하는 단풍으로 물들어 아름다운 자연경관을 이룬 것이지.
아름다운 곳 금서면에서 가장 살기 좋은 곳이라고 지목되던
이곳이 3년 전 피비린내를 진동시킨
양민학살의 현장이라고는 믿기지 않을 정도로
평화로움이 자리잡아가고 있지.

폭도들에 의해 무자비하게 쓰러진 사람은
차츰 잊혀지기 마련이지.
우주의 섭리에 하찮은 인간인들 다를 바 있으랴.

살아남은 사람은 기필코 살아야 하는 생존의 본능 때문인지
이곳 사람들은 모두 열심히들 살고 있었지.

악몽 같았던 세월은 나를 차츰 성장하게 만들었지.
나도 벌써 열 살이 되었지. 긴 3년이 곤혹스럽게 지나갔지.
열 살에 금서초등학교에 입학을 하게 되었지.

11사단 9연대 3대대 폭군들에게 총 맞고
구사일생으로 살아남은 정자 누나는 입학을 하지 못하고
나만 입학을 했지.

나는 열심히 공부했지. 잠시의 시간도 헛되게 쓰지 않았지.
틈만 나면 책을 들여다보고 글을 썼지.
흰 종이만 보면 글씨를 썼지.

함양 유림 모실이라는 곳 바로 아래 갱분마을에서
금서초등학교 4학년까지 다니다가

농사일 때문에 학업을 그만두게 되었지.
그래도 나는 공부를 해야 한다는 마음은 변함이 없었지.
그런 생각이 치밀어오를 때면 나는 다짐을 했지.
스스로에게 맹세하곤 했지.

#6

신동 났다 소문이 자자했지.

내 나이 열 살이던 그 해 옥내장터 이모 댁에
설 세배를 갔을 때의 일이지.
이모 댁 옆에서 이웃집 할아버지가 운세를 보고 계셨지.
동네 사람들이 많이 몰려와서
용케도 잘 맞힌다고 하는 소문이 인근에 자자했지.
이모는 그 할아버지에게 "우리 조카도 좀 봐주이소." 했지.
그 할아버지는 잘 아는 이모님의 말에 못 이긴 듯
내 운세를 상세하게 봐주었지.

한참 후 그 할아버지는 이모에게
저 아이는 부모 형제가 없는 사주팔자라고 말했지.
그러나 천운을 타고 이 세상에 태어났다고 했지.
그래서 총 세 발이나 맞고도 죽지 않았을 뿐만 아니라
아주 총명하고 영특하여 활동적으로 큰일을 할 아이라고 했지.
이모에게 이 아이는 산골에 묻어 두지 말라고 했지.
산골에 묻어 두면 큰일을 할 수 없으니 서울로 보내라는 것이었지.
특히 서울 쪽으로 연고지를 만들어 보내라고 했지.

이런 시골에서 썩어서는 안 되니까
하루라도 빨리 객지로 보내는 것이
저 아이 장래를 위해서도 좋다는 것이었지.

그 할아버지의 말씀을 곧이곧대로 믿은 이모는
갑자기 큰 걱정이 생겼지.
나의 장래를 위해 서울로 보내야겠다는 고민이었지.
어떻게 하면 조카를 서울로 보내
훌륭한 사람이 될 수 있도록 할 것인가가 걱정이었지.

나는 그날 이후 자주 그 할아버지를 찾아가서
운세 보는 법을 익히기 시작했지.
그 할아버지의 설명을 하나도 빠뜨리지 않고 귀담아 들었지.
그리고는 바로 복습을 해보곤 했지.
나는 결국 열 살에 운세 보는 법을 터득한 것이었지.

나이 열 살이지만 겨우 초등학교 1학년이었지.
말하자면 한글도 제대로 다 익히지 못한 주제였지.

그런데 그동안 익혀둔 아라비아 숫자
그리고 학교에 가지 않으면서도
동네 아이들의 책을 틈만 나면 펼쳐보며 독습을 해
한글을 쉽게 익혔던 것이었지.

같은 또래들보다 훨씬 앞선 것이었지.
겨우 한글을 익혔을 무렵에
토정비결과 운세 보는 법을 터득했다는 것은

이웃 사람들을 놀라게 하고도 남았지.
더구나 그것도 그 할아버지의 설명을 단 한 번 듣고
터득했다는 것은 대단히 놀라운 일이었지.

그 소문은 옥내장터 안에서 퍼졌지.
총명하고 영리한 아이라느니 천재가 났다느니
심지어 함양 읍내까지 퍼져 방실에 신동이 났다느니
입소문이 퍼져 야단법석이었지.

이웃 사람들이 나를 보기만 하면
"요놈 참 똑똑하게 생겼네.
다 커서 무엇이 되려고 그렇게 총명하나?"는 등
칭찬이 떠나질 않았지.
어른들도 얼른 배우기 힘든 것을
어찌 단 한 번 듣고서는
척척 모두 풀어나가느냐는 거였지.

때로는 의아한 표정으로
내 얼굴을 찬찬히 살펴보는 사람들도 많았지.

혹시나 이 아이가 인간이 아니라
어디 하늘에서 떨어진 천자天子는 아닌가 하기도 했으며
어떤 때는 아주 비정상적인 아이가 아닌가 하고
열심히 그리고 세세히 얼굴을 뜯어보기도 했지.

이모님 댁 이웃 사람들은 나에게 질문을 하기도 했지.
"니는 커서 대통령이 될끼가?"

그들이 물어오는 것은 분명
나를 놀려주려고 그러는 것이 아니었지.
나의 총명함이 부러워 칭찬을 해주는 것이었지.
그럴 때면 나는 서슴없이 대답했지.

"나는 커서 제일 먼저 산청 함양사건 희생자 돕는 일할 껍니더.
나쁜 놈들을 찾아 혼쭐내고 반드시 벌을 받도록 할 껍니더."

방황의 길

#1~8

예리한 송곳으로 쿡쿡 찔러도
통증마저도 느낄 수 없는 그 덩어리.
그러나 살아남았다는 이유 때문에
삶이 고통스럽더라도
살아가지 않으면 안 되는 현실이었던 것이지.

#1

고통은 모든 생각보다 더 깊고 웃음은 모든 고통보다 더 높다고 했던가.
그리고 눈물은 말 없는 슬픔의 언어라고 하지 않았던가.

그래서 우리는 슬픔과 고통의 내면적 표현으로
눈물을 글썽이기도 하고 웃음을 터뜨리기도 한다.

빠른 일상은 지난 일들을 곧잘 잊게 만든다.
그러나 아물지 않는 상처들은
가슴 깊이 새겨진 채 얼른 지워버릴 수가 없다.

더구나 고달픔이 작은 몸뚱아리를 흠씬 적셔올 때면
더더욱 가슴을 할퀴는 그리움들이 눈앞을 가리는 것이지.

꿈에도 생각하지 말자고 다짐했지만
그날의 원한들은 밤마다 악몽으로 되살아나곤 했지.
아직도 안주할 곳을 찾지 못한 수백의 원혼들이
구천을 떠돌면서 원한을 갚아달라며 윙윙거리고 있지.

피로 물들었던 전답은 수년을 지나는 동안
그날의 악몽들을 다 잊은 듯 다시 문전옥답으로 변해 있었지.

공비들이 난마하던 지리산 계곡에는
예나 다름없이 맑은 물이 쉼 없이 흘렀고

속절없는 세월의 뒤안길에서

소년의 길고 긴 한숨은 응어리로 남은 채
방실마을 앞 중매재 아래 마을에서
한으로 얼룩진 인고의 날들을
묵묵히 지켜본 굳은 문바위 덩어리 마냥
단단히 가슴 속에 박혀 있었지.

예리한 송곳으로 쿡쿡 찔러도
통증마저도 느낄 수 없는 그 덩어리.
그러나 살아남았다는 이유 때문에
삶이 고통스럽더라도
살아가지 않으면 안 되는 현실이었던 것이지.

나는 방곡에서 열다섯 살까지 큰아버지와 농사일을 거들며 살았지.
군대에 입대한 장식 형님의 몫이 나에게 돌아온 것이었지.
나는 그러한 일상이 그다지 싫다고 느끼지는 않았지.
그때로서는 별 대안이 없었지.

열심히 일을 해야 한다는 생각으로
내가 할 수 있는 최선의 노력을 다 기울였지.
그러나 한 가지— 공부를 해야 한다는 일념은
뇌리에서 지울 수가 없었지.
공부를 해야 할 시기에 농사일만 하고 있다는 것은
무언가 잘못 되었다는 생각에 사로잡히곤 했지.

그래서 이렇게 하면 공부를 할 수 있을까를 늘 생각하고 있었지.
날이 밝으면 논밭으로 나가 일을 해야만 했지.
몸이 으스러지도록 일에 파묻혀 혼신을 다했지.

밤이 되면 지친 육신으로 책을 읽으면서
어떻게 하면 공부를 할 수 있을까를 생각하곤 했지.
향학에 대한 집념은 내 모든 것을 사로잡고 있었지.

인생의 가치는 세월이 길고 짧음에 있는 것이 아니라
우리가 그것을 사용하는 척도에 따라 달라지게 마련이지.
그러므로 사람은 오래 산다고해서 무조건 얻는 게 많은 것은 아니지.
얼마만큼 빨리 만족을 찾느냐 하는 것이지.
따라서 몇 살에 의해서가 아니라
그 사람의 의지가 어떤가에 의해 좌우되는 것이지.

그 무렵 나는 이재에도 관심을 가졌지.
말하자면 또래보다 이재에 대해 일찍 눈을 뜬 셈이었지.
돈을 벌어야 되겠다는 생각도 했지.

마침 그때 그런 계기가 생긴 것이었지.
한국전쟁으로 인해 폐허가 된 국토 더구나 도시의 파괴는
수많은 사람들의 기거할 공간을 앗아가 버린 것이었지.

거기다가 남쪽으로 내려온 수많은 피난민들의 살 곳이 있을 리 없었지.
그 피난민들이 모여든 곳이 부산이었지.

#2

휴전으로 인해 고향으로 돌아가지 못한
수많은 피난민들 그들이 살 집이 있을 리 없었지.
그래서 부산 일대에는 수많은 판잣집이 지어졌지.
그 판잣집을 지은 나무들은 지리산 일대의 소나무들이 대부분이었지.

그 당시 방실마을 뒷산의 아름드리 나무들도
판잣집을 짓기 위해 베어지기 시작했지.
판자를 만들 만한 큰 나무들은
비단 소나무가 아니더라도 모조리 베어졌지.

그리고 땔감으로도 작은 나무들이 마구 잘려나갔지.
그래서 그때 산판이라는 말이 유행하기도 했지.
모조리 베어진 나무들이 GMC트럭으로 실려 나갔지.
험한 산길이라 트럭이 닿지 못한 곳에는
사람들이 일일이 지게로 지어다 날랐지.

그것이 나에게 돈벌이의 좋은 계기가 된 것이었지.
어린 나이에 나는 열심히 지어다 날랐지.
그리고 틈틈이 나무장사를 하기 시작했지.

열심히 일했지. 나는 무슨 일이든 시작하면
아주 열심히 노력하는 성미였지.
악착같다는 소리를 주변사람들로부터 많이 들었지.
심지어 악바라지라는 별명이 붙을 정도였지.

그때 나무장사로 인해 돈을 제법 많이 벌었지.
그래서 큰어머니에게 드리기도 하고 내 스스로 모으기도 했지.
그러나 모은 돈을 보관하기가 쉽지 않았지.
숨겨놓을 수도 없고 또한 숨겨놓았다가
들키면 어찌하나 하는 생각이 들기도 했지.

그래서 나는 그 돈을 큰아버지께 드렸지.
말하자면 보관시켜 놓은 셈이지.

나는 산판에서 나무를 지어 나르는 일뿐만 아니고
집안일도 남달리 열심히 했지.

장식 형님이 군대에 입대한 관계로
그 형님의 몫을 모두 내가 해야만 했지.

그러나 공부에 대한 일념이 머리를 떠나지 않았지.
땀을 수없이 흘리며 무거운 짐을 지고 걸을 때도
나는 어떻게 하면 공부를 할 수 있을까를 생각하곤 했지.

공부를 해야 할 시기를 놓치면 안 되겠다는 생각이
머리를 꽉 누르고 있었지.
그래서 생각다 못해 옥내 장터의 이모를 찾아가 의논해 보기로 했지.

"이모. 내 이러다가는 그냥 콱 죽을 거 같아예.
내는 죽어도 공부를 하고 싶은데 공부할 시간이 없어예.
우짜모 조케심꺼. 이모님이 좀 가르쳐 주이소."

나의 의지는 확고했으며
간곡한 나의 마음을 이모는 충분히 헤아리는 것 같았지.
그래서 나는 마음이 괴로울 때나 어려운 일이 있으면
가끔 이모를 찾아가 의논하곤 했지.

"내 니 맴을 모를끼고?
그라고 니는 그 똑똑한 머리를 촌에서 썩여서는 안되는기라.
니는 어데 가도 잘 살 수 있을끼다.
그런까내 무조건 도회지로 나가거라.
아무 소리 하지 말고 무조건 나가거라.
이 이모도 여러 가지 잘 알아볼끼내.
무조건 도회지로 나가서 공부도 하고
니가 하고 싶은 거 한번 해봐라.
그런까내 이모한테는 자주 연락하고
니가 있는 곳을 이 이모는 알고 있어야된끼내.
그리 알아라 알것제?"

이모는 내게 훌륭한 사람이 되어야 한다고
신신당부를 잊지 않으셨지.
이모의 말씀에 나는 용기를 얻었지.
어디든지 나가면 살 수 있을 것 같았지.
공부를 할 수 있는 길이 있을 것 같았지.

나는 방곡에 사는 상호라는 친구와 의논하여
둘이서 방곡마을을 떠나기로 했지.

#3

친구 상호와 함께 난생 처음 버스를 타고 진주를 거쳐 마산으로 갔지.
마산에는 작은아버지가 계시다는 말을 들었지.
수동에서 나의 발 치료를 해주셨던 그 작은아버지였지.
마산에 도착한 나는 그 순간부터 난감했지.

우리 속담에 서울 가서 김서방 집 찾는 격이었지.
작은아버지 주소도 모르고 무조건 찾아 나선 것이었지.
그때는 도회지가 그렇게 넓고 큰 것이라는 생각을 미처 하지 못한 것이지.
그 곳에 가서 사촌 두식이를 찾으면 바로 찾을 수 있을 거라고 생각했지.

어리석기 그지없었지.
이집 저집을 찾아다니면서 두식이란 아이 집을 물으니 가르쳐 주는 사람이
있겠는가?

길을 가다가 "아저씨 여기 마산에 두식이 집이 어뎁니꺼?" 하니
"야 이놈아. 이런 큰 도시에서 주소도 없이 어떻게 찾는다는 것인가?
내 너거 보자하니 집에서 도망쳤고나. 맞제? 내 딱 보모 금방 안다 아이가."

"아니라예. 우리 작은아버지를 찾아왔어예. 내 사촌이 두식이라예."

"야 이놈들아. 그래가지고는 못 찾는다. 요놈들 주소도 없이 너른 천지에서
못 찾는데이. 너그들 잘못하다가는 큰일 난데이. 여기는 깡패들도 많고 도
둑놈들도 많은기라. 잘못하면 너그들 깡패들한테 붙들려 혼쭐나는 줄 알
아라."

친구와 나는 포기하지 않고 이 집 저 집 이 골목 저 골목을 다니다가
그 아저씨의 말대로 불량배를 만났지.
"야 이 촌놈들. 너그 집에서 도망왔제. 가마이 본끼내
저기 해명 산청 쯤에서 온 놈들 같은데 오데 한번 맛 좀 볼끼가?"

눈을 크게 뜨고 우리를 노려보는 그들의 험상궂은 표정은
금방 우리를 낚아채 갈 독수리 모양 같았지.

나는 조그마한 키에 땅땅했으나 친구는 동갑내기인데도
눈이 부리부리하고 키도 나보다 훨씬 컸지.
그래서인지 불량배들은 키가 큰 친구에게는 말을 걸지 않고
나에게만 덤벼들 듯했지.

그러다가는 다시 친구에게로 눈길을 돌리며 그 중 한 놈이 으름장을 놓았지.
"이 쪼깬 놈은 놔두고 요 큰 놈을 조지야 되겠네."
그와 동시에 그들의 주먹이 친구의 안면을 후려 갈겼고
비틀거리는 친구의 복부에 발길이 날아들었지.
어떤 방어자세도 취하기 전에 친구는 이미 꼬꾸라져 멀리 떨어져 나갔지.
그 무슨 큰 원한을 진 원수처럼 오뉴월 개 패듯이 두들겨 팼지.

친구 상호는 반죽음이었지. 온몸이 피투성이였지.
속된 말로 묵사발이 되도록 두들겨 맞은 셈인 것이지.
그렇게 두들겨 팬 후 우리들의 호주머니를 뒤져
가져갈만한 것을 모두 빼앗아가 버렸지.

그날 그 사건이 있은 후 나는 상호와 헤어졌고
60년이 지난 지금까지 소식도 모르다가 지면을 통하여 서울에서 만났지.

얼마나 반가웠는지 지난 세월을 이야기꽃을 피우면서
시간 가는 줄 모르며 며칠을 서로 손을 잡고 놓기가 싫었지.

그때 상호와 헤어지고 나 혼자 작은아버지를 찾아 헤매도 찾을 길이 없었지.
결국 나도 작은아버지 찾는 것을 포기하기에 이르렀지.
3일간이나 찾아 헤맸으니 지칠 만도 했지. 배도 고프고 돈도 다 빼앗기고
빈털터리였지. 배가 고파서 거지가 따로 없었지.

마산역에서 나는 난생 처음으로 기차를 보게 되지.
그것이 기차인 줄도 모르고 엄청나게 큰 쇠 구루마를 본 것이지.
나에게는 신기한 물건이었지.

저렇게 큰 구루마가 있는가도 신기했지만
연기를 풀풀 뿜으며 굴러가는 것이 흡사 괴물 같기도 했지.
나는 신기하게 느낀 나머지 지치고 배고픈 것도 잊은 채
느릿느릿 굴러가는 쇠 구루마를 타기 위해
정신없이 뛰어가 매달리려는 생각이었지.

"야 이놈아 오데 가노? 거기는 위험하다 말이다.
너 빨랑 요리로 안 나올끼가. 빨랑 나오거라."
역무원 아저씨였지. 그는 호통을 치며 나를 불러냈지.
"저 쇠 구루마 탈라꼬요."
"허 참 야 이놈아. 그건 쇠 구루마가 아니라 기차다 기차.
너 그 기차 타겠다고 뛰어가는데 택도 없는 것이다.
우째 저걸 꼬마 니가 탈끼고? 그래 꼬마 니는 어디서 왔는데?"

"내는 방실에서 왔어예. 우리 작은아버지 집에 왔는데 지금꺼정 찾지 몬하고

있어예. 3일 동안이나 찾아봤는데 도저히 찾을 수가 없어예."

"니 주소는 가지고 있나?"

"아임니더. 주소는 안 가지고 있고 두식이 집이 오데 있나하고 찾아다니는 중입니더. 두식이는 나와 사촌지간이거든예."

역무원은 어이없다는 듯 내 머리에 꿀밤을 한 방 놓았지.
"예끼 이놈 그래가지고 우째 찾는다 말이고? 그래가지고는 못 찾는다. 택도 없는 짓을 하고 아인나. 너 그라모 지금 잠잘 데도 없제? 그라지 말고 우리 집에 가서 살아라."

"아입니다. 내는 공부를 해야 합니더. 공부 더 할라꼬 여기꺼정 안왔습니꺼."

"우리집에 가모 니한테 공부도 시켜주고 먹여주고 입혀주고 다 할끼다."

"정말입니꺼? 정말로 공부를 시켜줄낍니꺼?"

"그래. 그래. 내가 와 니한테 거짓말 할끼고?"
나는 역무원 아저씨가 공부를 할 수 있게 해주겠다는 말에 홀리고 말았지.
다른 것은 별로 관심이 없었지. 오직 공부를 할 수 있다는 것이 기쁘기 한량 없었지.
마치 훨훨 날 것 같은 기분이었지.

102

#4

나는 공부를 더 할 수 있다는 희망으로
역무원 아저씨 집으로 따라가기로 마음을 정했지.
그 역무원의 집은 진양군 이반성면 용암리에 있었지.
그 때 내 나이는 열다섯이었고 그 해 봄 3월 11일이었지.

그날 나는 역무원 아저씨와 함께 기차를 타고 그 아저씨 집으로 갔지.
기차가 신기하기도 했지. 마냥 즐거운 마음이었지.
며칠 동안 마산에서 고생했던 기억은 금방 잊어버렸지.
공부를 더 할 수 있다는 희망에 가슴이 뛰었지.
그러나 꿈은 현실과 같질 않았지. 반성에 도착해보니
내가 상상하며 희망에 부풀었던 그런 곳이 아니었지.

더군다나 동네 아이들의 놀림이 무척 성가셨지.
곤혹스러웠지. 또래의 아이들은 애미 애비도 없는 자식이라고 놀려댔지.
마산역에서 주워온 놈이라고 놀려댔지. 천애의 고아라고 놀려댔지.

애미 애비도 없는 자식임은 사실이었지.
마산역에서 주워온 자식이라는 말도 틀린 말은 아니었지.
그러나 아이들의 놀림은 견딜 수 없는 수모였지.
그들이 놀려댈 때면 더욱 슬픔이 엄습했지.
그리움이 한꺼번에 밀려와 견딜 수가 없었지.

미칠 것만 같았지. 역무원은 약속도 지키질 않았지.
공부를 할 수 있게 해준다는 약속은 꾐이었다는 것을 차츰 느낄 수 있었지.

공부는커녕 잠시 놀 수 있는 시간도 주질 않았지.
맨날 일만 시켰지. 힘든 일을 새벽부터 밤늦도록 시켰지.
영봉산 능선을 매일 두 번씩 오르내려야 했지.
땔감 나무를 매일 두 짐씩 해야 했지.

그 집 아주머니는 나에게 일만 열심히 하면 곧 학교에 보내준다고 했지.
그래서 열심히 일했지. 고달픔도 내색하지 않았지.
열심히 일을 하면 학교에 보내줄 것이라고 믿었기 때문이지.
모두가 꾐이었지. 일을 시키기 위한 꾐일 뿐이었지.
열심히 일만 하면 학교에 보내준다는 것이었지.

한 달이 지나고 두 달이 되어도 학교라는 말은
점점 꼬리를 감춰가고 있는 눈치였지.
꾐에 빠졌다는 생각이 들자 또 다시 서러움이 밀려왔지.

엄마가 무척 보고 싶었지.
부모 형제에 대한 그리움이 복받치도록 엄습해 왔지.
견딜 수 없는 고통이었지. 나는 영봉산 골짜기로 들어가 통한의 울음을 터
뜨렸지.

엉엉 큰 소리로 울었지. 대성통곡에 가까운 울음이었지.
골짜기가 쩡쩡 울릴 정도의 큰 소리로 울었지.
울음은 그치질 않았지. 무슨 눈물이 그렇게도 많은지 모를 지경이었지.
눈물이 한없이 쏟아져 나왔지. 그렇게 울어도 결과는 마찬가지였지.
뭔가 속이 후련해지지도 않았지. 오히려 가슴은 더욱 답답한 것 같았지.

지게에 가득 실은 나무를 힘들게 가져다 날랐고

어두움이 깔리면 한 그릇 주는 밥을 먹고
또 다시 날이 밝으면 산으로 들로 일을 하러 나가야 하는 머슴 꼴이었지.

어린 머슴에 불과했을 뿐이었지. 모두들 그렇게 취급하며 일을 시켰지.
그럴 때면 역무원 아저씨가 괘씸하기 짝이 없었지.
어떤 대안이 있을 때까지 이런 일상으로 지내야만 하겠구나 생각했지.

그러나 공부를 해야 한다는 생각에는 변함이 없었지.
어떤 고난이 닥치더라도 반드시 공부를 해야 한다는 마음만은 버릴 수가 없
었지.

차츰 동네 사람들과 가까이 하게 되었고
공부를 할 수 있다는 꿈에 빠져 여기까지 오게 된 동기를 이야기하다보니
한학자 어른이 계시다는 것을 알게 되었지.
그래서 밤늦은 시간에 한학자 어른을 찾아갔지.

그 분에게 그간의 정황을 말하고 공부를 할 수 있는 방법을 여쭈었지.
나는 애걸하다시피 한학자 어른에게 매달렸지.
애걸복걸하는 나를 한참동안 쳐다보던 한학자 어른은
입가에 미소를 머금으며 나의 머리를 쓰다듬었지.
"니 정말로 그렇게 공부가 하고 싶나?"
"예. 정말임니더. 지는 공부하는기 제일 좋심더. 꼭 좀 가르쳐 주이소."
"그래. 이 놈이 보아하니 참 총명하구나.
그래 우째서 여기까지 왔는지 상세히 말해 보거라."

한학자 어른의 긍정적 눈치를 느낀 나는
그 동안의 경위를 전부 털어 놓았지.

내 설명을 들은 한학자 어른은 눈시울을 적시며
내 머리를 또 한 번 쓰다듬어 주셨지.
"그래. 내가 너에게 공부도 가르쳐주고 한문도 가르쳐주마.
잘 가르쳐 줄 테니까 열심히 해 보거라. 장차 너는 훌륭한 사람이 될 것 같
구나."

그 날부터 나는 공부를 시작했지.
낮에는 죽어라 일을 하고 밤이 되면 한학자 어른을 찾아갔지.
나의 열성이 한학자 어른을 감동케 한 것이었지.

나는 1년 만에 4~6학년 과정을 완전 습득했지.
한학자 어른께서 구해주신 교과서를 외울 정도로 마스트해 버린 것이지.
그런 나에 대한 한학자 어른의 칭찬은 혀가 마를 정도였다.

#5

용암리 김원준 한학자 어르신 말씀이

"춘식(春植 지금 재원으로 개명)이 이 놈은 천재야.
천재가 따로 있는기 아니고 바로 네 놈이 천재란 말이다.
그래. 그래. 넌 반드시 큰 인물이 될끼다."

그의 칭찬은 온 동네에 퍼졌고 한학자 어른은
내가 살고 있는 주인집 아주머니를 찾아가 상의했지.

"아주머니. 이 아이는 보통놈이 아니오. 이렇게 여기서 썩어서는 안 되겠어요.

장차 큰 인물이 될 놈이니까 학교에 보내 공부하도록 하는 것이 좋겠소. 1년 만에 초등학교 전 과정을 모두 떼었어요. 요놈은 천재란 말이오. 중학교에 보냅시다. 그래야 훗날 아주머니도 복을 받게 될깜더."

그러나 주인집 아주머니가 한학자 어른의 말씀을 들어줄 리 만무했지. 우선 일을 시켜야 하기 때문에 낮에 학교에 보낸다는 것은 호박에 대침도 안 들어가는 꼴이지.

더군다나 친척도 아닌 나를 학교에 보낸다는 것은 있을 수 없는 것이지. 그날 이후 나는 더욱 호된 일을 하게 되었지. 심지어는 밤에 한학자 어른한테 가는 것조차도 못하게 되었지.

"네깟 놈이 공부는 무신 공부가? 이놈이 멕이주고 입히 준끼내 인자 엉뚱한 짓을 하고 아인나. 니가 그 어른한테 그렇게 해달라고 말했제? 다시 한 번 더 그런 말을 들으모 그냥 안 둘끼다. 각오해라. 알것제?"

주인 아주머니의 꾸지람이나 호통 따위에 기가 죽을 내가 아니었지. 공부를 중단할 수는 없었지. 그래서 낮에는 주인 아주머니의 마음에 들도록 더욱 열심히 일을 했고 밤이면 또 열심히 공부를 했지. 밤에 몰래 한학자 어른한테 가다가 들켜 붙들리면 집으로 와서 책을 읽고 글을 썼지. 호롱불을 켜놓고 공부하면 기름을 쓰지 말라는 것이었지. 불도 켜지 못하게 하였지. 그러나 공부를 해야 한다는 나의 일념은 쉽게 꺾일 수는 없는 것이었지.

나는 동네 어른들과 부족함 없이 대등하게 일을 열심히 하였지. 그러한 모습은 동네 사람들의 입으로 회자되었고 많은 사람들이 나를 탐내고 있었지.

그러므로 나를 그냥 그대로 둘 리가 없었지.

"애미 애비도 없는 놈이 우짜모 그렇게 예의도 바를까? 참으로 용하네. 정말 아깝다카이. 어린 나이에 우짜모 저렇게 일도 잘하고 밤에는 공부를 또 열심히 하고 한학자 어른이 천재라 안카나. 이런 촌에서 썩어서는 안된다카이. 인성이 밝고 일 잘하고 뭐하나 나무랠 게 있어야제. 참으로 용타 용해."
남녀를 막론하고 동네 어른들은 한결같이 나를 칭찬했지.

심지어는 내가 일하는 모습을 한참이나 서서 쳐다보기도 하며 한마디씩 칭찬을 아끼지 않았지. 그해 12월경 나는 한학자 어른을 찾아가 큰절을 하고는 의논을 하였지.

"어르신, 지는 우짜든지 공부를 계속해야겠심더. 우짜모 좋겠심꺼? 주인 아주머니는 나를 마산역에서 주워온 놈이고 오갈 데 없는 놈을 키워논께내 인자 뱃대지가 부르냐고 야단합니더. 우짜모 좋겠심꺼?"

한학자 어른은 나의 말을 듣고는 한참 생각하다가 가만히 입을 열었지.
"애야. 조금만 참아 보거라. 내 무신 방법을 한번 찾아볼끼내. 그래 공부하겠다는 마음은 조금도 버리면 안 된다 알것제?"

어르신의 말씀에 감동한 나는 눈물이 왈칵 치솟는 것을 억지로 참았지.
"고맙심더. 어르신. 지는 커서 어르신의 은혜 꼭 갚을 낍니더. 고맙습니더. 어르신."

나에게 칭찬을 아끼지 않는 동네 유지 분들은 하나같이 나보고 그 집에서 나오라는 것이었지.
그 집에서 나와 자기네한테 오면 공부도 시켜주고 일한 새경도 많이 주겠다며 제의하였지. 동네에서 악질이라고 소문난 그 집을 나와야겠다는 생각이 치밀어 올랐지.

나는 주인 아주머니에게 "저는 공부하기 위해 여기까지 왔심더. 아저씨하고 마산역에서 약속했다 아입니꺼. 공부시켜 준다고 해서 여기꺼정 온긴데 우째서 일 년이 넘도록 공부는커녕 일한 대가도 안 줍니꺼. 와 약속을 안 지킵니꺼. 죽어라 일만 열심히 하고 밤에 공부 좀 하는 것도 몬하게 합니꺼. 아무리 올 데 갈 데 없이 길을 헤매다가 아저씨와 만났더라도 약속은 약속임니더." 라고 했지.

내 말을 듣고 있던 아주머니는 얼굴이 붉으락 푸르락 하면서 어쩔 줄 몰라 했지.
갑자기 이렇게 따지리라고는 상상도 못했을 것이었다. 어쩔 줄 몰라 안절부절 못하던 아주머니는 지게 작대기를 들고는 사정없이 후려쳤지.
어깨며 머리며 가릴 틈도 없이 마구 두들겨 패는 것이었지.
나는 그 길로 그 집을 나와 동네 김영돌 씨에게로 가서 그간의 사정을 얘기하며 하소연하였지. 함께 있던 동리 유지 권익현 씨와 김영돌 씨는 그 여자는 악질이라며 그 집에 다시 들어갈 생각 말라고 했지.

권익현 씨는 좋은 집을 소개해 주겠다고 했지. 그 집에 가면 공부도 마음껏 할 수 있다고 했지. 나는 그러겠노라고 했고 권익현 씨는 이삼일만 기다려 보라고 했지. 악질 아주머니를 설득하기 시작했지. 권익현 씨는 나를 이반성 면장 안병두 씨 댁으로 소개했지.

당시 안병두 면장의 부친은 인자하기로 소문난 학자였지.
이반성면 뿐만 아니라 멀리 진주에서도 그의 인품을 칭송했을 정도로 훌륭한 분이었지. 권익현 씨 소개로 나는 그 집에 들어가게 되었고 인자하신 분의 도움으로 열심히 일하며 중학교 과정을 공부하게 된 것이지.

그 집에 큰 머슴이 있었고 나는 작은 머슴이었지. 그 집은 양돈과 양계를
겸하고 있었지. 그래서 내가 주로 하는 일은 가축을 기르며 돌보는 것이었
지. 그 곳에서도 나는 열심히 일했지. 일이 무척 고되기도 했으나 많은 일을
하면서도 싫다는 생각을 하지 않았지. 즐거운 마음이었지.

때로는 내가 가는 곳마다 일이 너무 많다는 생각을 하기도 했지.
그럴 때 나는 일복을 타고 난 놈이구나 생각하며 열심히 일했지.
그것은 나에게 주어진 운명일 거라고 생각했지.
내가 일하는 모습을 지켜본 그 집 식구들은 모두가 칭찬이 자자했으며
머슴이 아니라 한 식구처럼 따뜻하게 대해 주었지.

한학자 어른께서는 중학과정 공부도 하면서
시간이 나면 한문공부도 열심히 하라고 말씀하셨지.

밤이면 손수 한문을 익히는 법을 가르쳐 주셨지.
친손자 대하듯 살뜰하게 가르쳐 주셨지.
그 집에 손자가 세 명 있었고 한 명은 고등학교 1학년이었고 두 명은 중1,
중3이었지.

#6

한학자 어른께서는 손자들의 중학과정 교재로 나를 가르치셨지.
인자하신 성품으로 가르쳐 주시는 어른께 보답하기 위해서라도
열심히 공부해야 한다고 다짐하곤 했지.

나는 공부하면서 가끔 눈물을 글썽이곤 했지.
한학자 어른의 가르침에 대한 감동의 눈물이었지.
한학자 어른의 칭찬은 나를 감격하게 했지.

당신 손자들은 학교에서 선생님에게 정상적으로 배우고
나는 한학자 어른의 가르침과 내 스스로 독학에 가까운 공부를 하는데도
친손자들보다 월등히 공부를 잘한다고 칭찬하셨지.
칭찬만 하는 것이 아니라 머리도 쓰다듬어 주며
이다음에 훌륭한 사람이 되라는 격려도 아끼지 않으셨지.
그러면서도 인생에 대한 얘기도 빼놓지 않았지.
젊을 때의 한번 고생은 앞으로 살아가는 데 큰 도움이 될 거라고 말씀하시
기도 했지.

어린 내가 그 어른으로부터 감동을 받은 것은 한두 가지가 아니었지.
한학자 어른뿐만 아니라 면장 어른께서도 나를 종종 지도해 주셨지.
면장 어른은 중학교 교재를 전부 다 주셨고
나는 중학교 3년 전 과정을 1년 만에 습득했지.
습득뿐만 아니라 완전히 외우다시피 했지.

일 년 만에 중학과정을 끝낸 나를 한학자 어른은 본격적으로 가르치기 시작
했지. 3개월 만에 천자문을 떼고 명심보감을 익혔으며 또 3개월 만에 소학

대학 중용을 완독했지.

"가히 천재가 따로 없는 거여. 바로 춘식이가 천잰기라. 너무 아까운 놈이야.
우리 형편으로 이 아이를 끝까지 공부시키도록 하는 게 좋겠구나."
아들인 면장에게 한학자 어른께서 말씀하셨다.
"네, 아버님. 그렇게 하도록 하겠습니다."

한학자 어른과 면장의 의견은 일치했고 나를 이반성 중학교를 거쳐 월반시
키고 진주고등학교에 입학시키기로 결정하였지.
내가 그토록 원했던 정상적인 학교 공부를 하게 된 것이지.
나는 소원이 이루어진다는 생각에 밤잠을 설치며 잠을 잘 수가 없었지.
얼마나 고대했던 일이던가.
잠 못 드는 밤이면 나는 어머니에 대한 그리움에 흠뻑 젖곤 한다.
그리고 고향에 대한 향수가 온몸을 휘감곤 한다.
그럴 때면 언제나 고향으로 달려가고 싶은 심정을 억제하느라 가슴을 조인다.

사람이 갖는 슬픔 중에서 가장 견디기 어려운 것은 자기만이 겪는 슬픔이라
고 했다. 내가 갖고 있는 이 슬픔의 심연을 알 수 있는 사람은 아무도 없는
것이다.
그런 생각들이 물밀 듯이 밀려오면 더더욱 고향과 어머니
그리고 여러 친척 형제들이 그리워지는 것이지.
그날따라 고향에 가고프다는 생각은 그칠 줄 모르고 엄습하고 있었지.

인정 많고 훌륭하신 한학자 어른과 면장 댁 식구들의 표나지 않는 마음 씀
씀이가 더욱 향수에 젖게 하고 어머니에 대한 그리움이 한없이 쏟아지게 했지.

따지고 보면 고향 방실마을이 그리 먼 곳은 아니었다. 지척이었다.

그러나 그때는 지척이 천리였다.
고향에서는 내가 집을 나간 지 2년이 되도록
아무런 연락이 없었으니 차츰 잊혀가고 있을 때였지.

나는 그 2년 동안 전혀 연락을 하지 않았지.
다시는 돌아가지도 않을 것이고 연락조차도 하지 않겠다는 결심을 했었지.
새 큰어머니의 혹독한 냉대가 그렇게 싫었기 때문이었지.
그것은 어린 나의 가슴에 못으로 단단히 박혀 뽑힐 수 없는 것이었지.
그때 새 큰어머니는 나를 눈엣가시처럼 생각했었지.

그렇지 않았다면 그토록 잔악하게 나를 대하지 않았으리라 여겼지.
혹독하게 일을 시킨 것만이 아니었다. 자기 비위가 조금만 뒤틀려도
모든 화풀이는 나에게로 돌아왔지.
어느 날은 마루에 앉아 밥을 먹고 있는 나를 느닷없이 밀어버려
나무 아래로 나뒹굴었고 이마가 깨져 여러 날을 세수도 제대로 못하기도 했다.

이런 일이 비일비재했다. 나에게 아무 잘못이 없는데도 자기 심사가 불편하면
곧바로 나에게 화풀이를 했던 새 큰어머니였다.

면장 댁에서 진주고등학교에 보내주신다는 약속을 받고
나는 산청 고향에 한번 다녀오겠다고 말씀드렸지.

고향에 가서 큰아버님께 그 동안의 사정을 말하고
내가 죽지 않고 살아있음을 알리려는 것이었지.

그러면서도 새 큰어머니에 대한 앙갚음이라도 하고 싶은
심사가 내재되어 있기도 했지. 내가 그토록 냉대를 받았으나

이제는 떳떳하게 진주고등학교에 들어가게 되었다는 것도 자랑하고 싶은 심정이었지. 내가 고향 큰집에 도착하자 모두들 깜짝 놀라는 것이었지.

#7

나는 종종 고향 소식을 접할 수가 있었다.
나를 면장 댁에 소개해 준 권익현 씨를 통해서였다.
그러나 나의 소식은 일절 고향 쪽에 알리지 말도록 권익현 씨에게 부탁했다.

그렇게 2년을 지내다가 그리움을 참지 못해 잠시 고향을 찾은 것이었다.
다시는 고향엘 가지 않겠다고 수없이 다짐했건만
고향은 영원한 곳이라고 했듯 그렇게 잠시 다니러 간 것이다.

그런데 그것이 잘못이었다. 내가 2년 만에 큰집에 나타났을 때
눈물을 흘리며 자신의 잘못을 뉘우치기라도 하듯
용서를 빌다던 새 큰어머니의 마음은 금방 바뀌는 것이었다.
나를 또 다시 나가지 못하게 한 것이다.

결국 나는 진주고등학교에 들어가는 꿈도 포기해야만 했다.
그 곳 큰댁에 붙들려 아무 곳에도 갈 수가 없었다.
새 큰어머니의 간교로 큰아버지의 엄명이 너무나 강했기 때문에
방실에서 꼼짝을 할 수가 없었다.

아침을 맞고 저녁을 맞으면서 한 달 두 달 시간은 흐르고
또 다시 일과 혹독한 냉대에 묻혀 억울하게 살아야 했다.

1년이란 세월을 허송했다. 죽어라고 일은 했지만 나에게는 보람이 있을 수 없었다. 나에게는 오직 공부를 하여 훌륭한 사람이 되겠다는 일념 뿐이었다. 그러던 어느 날 이모가 또다시 나를 부추겼다.

"객지로 떠나거라. 어디든 객지로 나가서 하고 싶은 공부도 하고 성공하도록 해라. 너는 여기 묻혀서는 안 되느니라."

이모의 말씀은 나에게 용기를 북돋아 주었지. 그리고 그 용기에 힘 있는 날개까지 달아주었다. 객지에 나가는 방법도 가르쳐 준 것이지.

절대적인 사람은 자기가 좋아하는 일은 얼마든지 할 수 있지.
자기가 좋아하는 일을 할 수 있는 쾌락을 즐길 수 있다.
쾌락을 즐길 수 있는 사람은 더 이상 갈망하지 않는다.
그리고 갈망하도록 남겨진 것이 없을 때에 문제는 끝난다.

스페인의 소설가 세르반테스는 절대적인 사고와 주저하지 않는 용기를 북돋아주는 명언들을 많이 남긴 사람이었지.

이모의 현명한 판단은 갈피를 못 잡는 나에게 한껏 용기를 일으켜 주었지.

방실에서 1년이 지난 그해 3월 초순 나는 새 큰어머니께 거짓말을 하고 집을 나섰지. 뒷산에 고사리를 꺾으러 간다고 했지.
그리고는 동정을 살피다가 새 큰어머니께서 집을 비운 사이
개 한 마리를 끌고 나갔다.

비참하다고 생각하지 않는다면 아무 것도 비참한 것이 없다.
그와 같이 어떠한 상태에서도 만족스럽다고 생각하면

그것으로도 충분히 행복할 수 있으리라.

나는 내가 키우던 개 한 마리를 데리고 뛰다시피 내달렸다.
함양시장까지 잠시도 쉬지 않고 내달렸다.
방곡에서 함양까지의 거리는 약 15km.
뛰다시피 해도 몇 시간이 걸리는 곳이었다.

함양 장마당에서 3천원을 받고 정 들었던 개를 팔았다.
곧바로 부산釜山으로 향했다.
향년 111세 작고하신 이모님이 나에게 용기를 주며
날개를 달아준 방법과 행로行路였다.
그 곳을 찾아가기 위한 발걸음이었다.

강원도 화천군 상서면 봉오리 당시 15사단 주둔지 근처였다.
그곳에 군인주부라고 하는 매점이 있는데
그 매점 뒤에서 장사를 하는 사람을 찾으라는 것이었다.
거기 가면 우리 동네에서 자란 사람이 그 곳으로 시집을 가서 잘 살고 있으며
그 사람의 수양아들로 들어가라는 것이었다.

그 사람은 재산도 많이 물려주고 공부도 끝까지 시켜준다고 했다는 것이다.
내가 잘하고 못함에 따라 나의 운명이 달라지겠지만
잘하면 횡재를 한거나 다름없다는 말로 타일렀다.

이모로부터 받은 쪽지 하나로
난생 처음 들어보는 강원도 화천을 향한 시동을 걸었다.
나는 지금도 이모님을 잊지 못한다.
그때 나에게 베푼 인정과 용기 그리고 모성애를 잊을 수가 없다.

행여 꿈에 다시 나타날까봐서 두려움이 앞서는 그 곳에서 가족들을 다 잃었고
원수 같은 땅에서 피멍이 들도록 두들겨 맞으며 혹독하게 일을 했다.

그런 것을 이모는 잘 알고 있었다.
그런 나를 안타깝게 여긴 분은 오직 이모뿐이었다.
게다가 동네 한학자 분의 말씀을 귀담아 들은 것이다.
나의 사주팔자는 장래에 큰일을 할 것이기 때문에 하루빨리 객지로 보내
고 하셨다. 객지에 가서 공부하여 훌륭한 인물이 되도록 하라는 말씀을 하
셨다.

부산에서 서울까지 무임승차를 하기로 하고 숨어서 열차에 올랐다.
지금과는 달리 그때는 무임승차하는 사람들이 상당히 많았다.
내가 무임승차하지 않으면 안 될 이유도 엄연했다.

내가 갖고 있는 돈은 5,000원 뿐이었다. 부산에서 서울까지 그리고 강원도
화천까지 가야하는데 수중에 돈이 없으면 안 된다는 생각을 한 것이다.
만일의 경우를 생각했던 것이다. 서울까지 차비를 내고 나면
밥을 사먹을 돈마저 없어질 것이라는 계산이었다.
목적을 위해서 최선의 방법과 수단을 동원하지 않을 수 없었던 것이다.
그때로서는 그 방법밖에 다른 도리가 없었다.

#8

부산에서 서울까지 가는 열차 안에서 차표 검사가 시작되었다.
나는 열차 의자 밑으로 숨어들었다.
겨우 역무원의 눈을 속여 위기를 면하기는 했으나
얼마 안 가서 또 차표 검사를 하곤 했다.

완행열차라 느리기도 했거니와
중간 중간에 사람들이 많이 타고 내리고 했기 때문에
수시로 차표 검사가 있었던 것이다.

몇 번의 위기를 넘기기는 했으나 꼬리가 길면 잡히듯
결국 차장에게 들키고 말았다.

아마 그 곳이 대전쯤이었을 것이다.
그 곳에 내린 나는 역무원에게 인계되었고
어쩔 수 없이 사정을 털어놓으며 용서해달라고 애원했다.

역무원이 묻지 않는 내용도 털어놓았다.
어쩔 수 없이 이런 행동을 한 것에 대한 용서도 구했다.
잘못인 줄 알면서도 그렇게 하지 않을 수 없었던
그간의 사정들을 다 털어놓은 것이었다.
그 역무원은 애처롭게 나를 쳐다보다가 간이 매점으로 데리고 들어갔다.
그리고 국수를 한 그릇 사주면서 얼른 먹으라고 했다.

배가 고파도 돈을 쓸 수 없었기에 배고픔을 참아 오던 나는
그 국수를 보는 순간 허기가 금세 치밀었다.

고마움도 그 순간에는 생각할 겨를이 없었다.
눈 깜짝할 사이에 국수 한 그릇을 먹어치운 후에야 그 역무원에게 인사했다.

"고맙습니다. 아저씨. 정말 배가 많이 고팠거든요.
배가 고파도 무엇 하나 사먹을 수 없어 굶고 왔거든예. 정말 고맙습니다."
나는 그 역무원의 고마움에 그제서야 인사를 했고
그 순간 눈물이 두 뺨으로 흘러내림을 느꼈다.

역무원은 인자했다. 나의 머리를 쓰다듬으며
나무라는 게 아니라 오히려 달래주는 것이었다.
"이것을 가지고 가거라. 혹시 다른 차장이나 역무원에게 들키면 이것을 보여
주거라. 그러면 너를 끌어내리거나 야단을 치지 않을 것이다.
네 놈 보아하니 대단한 놈이구나. 그래. 나는 너를 나쁘게만 보지 않는다.
잘 가거라. 그리고 열심히 살아서 크게 성공하여라. 솔직한 것이 맘에 드는
구나. 그리고 너의 범상치 않은 용기도 칭찬해주고 싶구나."

야단을 치는 것이 아니라 오히려 칭찬을 늘어놓는 그 역무원에게
무슨 말로 고마움을 표해야 할지 몰랐다.
그 고마움에 감격한 나는 연신 눈물을 주르르 흘렸다.

나에게 역무원은 자기의 주소를 적어주면서
혹시 무슨 일이 생기면 연락하라고 하였다.
자기가 도와줄 수 있는 일이라면 도와주겠다는 것이었다.
그리고 후에 성공하여 연락하라고 하였다.

하지만 그날 이후 나는 단 한 번도 그 역무원에게 연락을 하지 못했다.
수십 년이 지난 오늘날까지도 그 분을 잊어본 적이 없다.

그때의 그 고마움은 내가 험준한 고비를 넘는 동안
굳건한 힘과 용기를 준 큰 교훈으로 남아 있다.

강원도로 가는 도중에 그 쪽지를 잃어버려
지금까지 항상 마음 속에만 남아있는 채 회상만 할 뿐이다.
지금이라도 만날 수만 있다면
진정코 그때의 고마움을 보답할 수 있으련만…….

내가 용산역에 도착한 것은 다음날이었다.
긴 긴 시간을 완행열차에 시달린 나는
얼굴이 꾀죄죄했다. 그러나 기백만은 당당했다.

무임승차로 부산에서 열차에 올라 차표 검사를 할 때
의자 밑에 숨어들던 때와는 완연히 달랐다.
떳떳한 것이었다.
대전에서 역무원의 쪽지를 지니고 있다는 것이 너무나 떳떳했다.
당당하게 개찰구를 빠져 나오면서 검표원에게 그 쪽지를 내밀었다.

그랬더니 다른 사람에게 대하는 것과 달리
그 검표원은 나를 가만히 쳐다보더니
빙긋 웃으면서 잘 가라는 시늉을 하는 것이었다.

용산역 광장을 나오면서 나는 길고 큰 숨을 내뱉었다.
안도의 한숨이었으리라.

길고 긴 터널을 벗어나 찬연한 햇살을 받은 황홀한 한숨이었을 것이다.
다소의 난관들이 없진 않았으나 무사히 서울에 입성했다는 안도감이었으리라.

또 다시 강원도 화천으로 가야 한다는 것은 별 문제가 아니었다.
여기까지 왔는데 그까짓 앞으로의 길이야 별 것 아니라는 안도감 때문이었다.

인내의 길

#1~8

나는 괴롭고 슬픈 마음으로 뒷산에 올랐고
거기서 한없는 눈물을 흘리며 울부짖었다.
내색하지 않는 괴로움들이 통곡 속에 휩쓸려
모두 날아가기를 바라면서 울고 또 울었다.

#1

인내忍耐란 무거운 짐을 지고 빨리 걸으면서도
말이 없는 나귀의 미덕美德이라고 했다.
슬프면서 침묵하는 것은 강하고
끈질기게 참는 것은 존엄하다고까지 말한다.

한 송이의 포도나 한 개의 사과가 그러하듯이
위대한 것이 갑자기 만들어진 적은 없다.
잘 익은 포도나 사과를 갖기 위해서는 상당한 시간이 필요한 것이다.

우선 꽃을 피워야 하고 열매를 맺게 하여
온갖 풍상과 뜨거운 햇살을 받으며 자라서 알차게 여물기를 기다려야만
훌륭한 결실이 이뤄지는 것이다.

그럴진대 사람이 살아가는 노정路程인들 어찌 평탄할 수만 있으랴.
거기에는 험준한 산과 험난한 계곡도 있을 것이고
또한 가파른 언덕길이 있는가하면 건너기 어려운 강江도 있을 것이다.

나에게 주어진 지금의 고통스러움이 진정 내 운명적 삶이라면
기필코 그런 난제들을 풀어헤치며 목적을 향해 내달릴 수밖에 없는 것이다.
내가 강원도 화천 땅에 당도한 것은 부산을 출발한 지 이틀만이었다.
말하자면 하루 한나절이 걸린 셈이었다. 길고 먼 여정에 굶주리며 시달렸으
나 피로를 잊은 채 이모가 찾아가라고 했던 분을 만나게 되었다.

그 분은 이미 연락을 받았던지 나를 반갑게 맞아 주었다.
"그래 잘 왔구나. 네가 춘식이냐후에 재원으로 개명?"

그 분은 나의 머리를 쓰다듬어 주면서 잘 왔다는 말을 몇 번이고 했다.
"그래. 그래. 네 이모한테 얘기 잘 들었다. 그렇게 영특하다면서?
요 놈 참 잘 생기기도 했네. 우리 집에 조금 있다가
내가 어디로 보내줄 테니께 며칠만 기다리거라.
남의 집이라 생각지 말고 푹 쉬거라. 먼 길 오느라 고생도 많이 했겠네."

나는 그날부터 그 곳 매점에서 장사는 것을 거들기도 하고
여러 가지 잔심부름도 마다하지 않았다. 천성은 버릴 수가 없었던지
그 곳에서도 열심히 일했으며 시키지 않는 일까지도 척척 알아서 해냈다.

덕분에 그 집 식구들뿐만 아니라 주위 사람들에게까지 칭찬을 받았다.
매점에서 장사하는 것도 배우고 허드렛일은 말할 것도 없이 내가 알아서 해
냈다. 15사단 부대 안에도 들락거리면서 군인들과도 어울렸다.
그러면서 많은 사람들과 사귀었다.

그렇게 한 5개월이 지났다. 나는 내가 목적했던 것이
따로 있다는 생각으로 기다렸으나 주인 아주머니는 아무런 언질이 없었다.
며칠만 기다리면 어디 다른 곳으로 보내준다더니
5개월이 지나도록 아무런 말이 없기에 은근히 독촉하듯 말했다.

"아주머니. 나는 어디 수양아들로 보내주신다는 말을 듣고 왔는데도
아무런 언질이 없으니 궁금하네예."

내가 말을 꺼낸 다음 다음날
나는 봉오리 삼거리에 있는 한일식당의 주인에게
양자로 들어가게 되었다.
그 식당의 남자 주인은 황해도 사람으로 1·4 후퇴 때

멀리 부산까지 피난 갔다가 고향을 찾아 올라가던 중
휴전 협정으로 38선을 넘지 못하고
강원도 화천에 눌러앉게 된 실향민이었다.

그리고 양모라는 아주머니는 딸아이 하나를 데리고 와서 같이 살고 있었는데
더 이상 아이를 낳지 못했다.
그래서 그 집에는 아들이 없고 무남독녀만 있는 셈이었다.

그래서 양자를 원했다는 것이었다.
나는 그 집에 들어간 첫날부터
아버지 어머니 누나라고 부르며 아들 행세를 시작했다.

예의 바르게 또 총명하게 한 식구로
새 삶의 보금자리에 안착한 셈이었다.
그런데 하루가 지나고 이틀이 지나면서
그것은 나의 착각이었다는 생각이 들기 시작했다.

그들이 나를 대하는 태도는 날이 갈수록 확연하게 달랐다.
양부모가 아니었다.
한집 식구로 맞은 것이 아니었다.
일꾼으로 부려먹기 위한 것이 확실했다.

그 집은 종합식당이었다.
종업원이 여러 명인데 고급요리사가 한 명
심부름하는 종업원이 세 명이었다.

부대 지역이라 군인들이 많이 들락거렸다.

장사가 매우 잘되는 편이었다.

힘든 일은 대부분 내가 맡아서 했다.
기술을 요하지 않는 일은 거의 내 차지였다.
나는 가끔 주방에 들러 요리사가 시키는 대로 요리를 하기도 했다.

그러기를 한 달 정도쯤 되었을 때
그 식당의 메뉴는 못하는 것이 없을 정도로 익숙해졌다.

요리사는 내가 자기보다 더 잘한다는 칭찬을 아끼지 않았다.
그러는 동안에도 나는 주인집 식구들의 눈치가 다름을 파악할 수 있었다.

나를 양아들로 데려왔다면 무언가 달라야 할 것인데
그들은 종업원 취급을 하는 것이었다.
오히려 다른 종업원들보다도 더 혹독하게 일을 시키곤 하였다.

#2

무언가 분명히 잘못되었음을 직감한 나는
내가 배울 수 있는 기술은 무조건 습득해야겠다는 생각이 들었다.
그렇게 하여 다시 마음을 고쳐먹고 서울로 갈 생각을 하면서 열심히 일했다.

그럴 즈음 5·16 군사쿠데타가 터졌다.
온 나라 안이 시끌벅적했고 군인들은 대부분 부대를 이탈하지 못하게 되었다.
군부대 지역에서의 장사는 군인들이 나오지 않으면 당장 타격을 받을 수밖에 없다.

그러니 그때부터 나를 대하는 양부모의 태도도 더욱 노골화되어 가고 있었다.

나는 차츰 아버지 어머니라는 말이 잘 나오지 않았다.
그렇게 부르고 싶지가 않았다.
그렇게 불러줄 이유가 없다는 생각이 든 것이다.

양아들이라는 미명으로 나를 이용하려 한 의도가 분명하다는 것을 안 이상
굳이 그럴 필요가 없다는 생각이 불쑥불쑥 치밀어 올랐던 것이다.
더욱이 속은 것에 대한 열화도 불끈불끈 솟아올랐다.
요지경 세상이었다. 사람의 마음도 요지경으로 속이며 이용하려는 것이었다.

일을 시켜먹기 위해서 양자라는 이름으로 나를 끌어들인 것이었다.
멀리서 온 놈이니까 얼른 도망을 가지 않을 것이라고 생각한 것이다.
도망을 가려해도 갈 곳이 없을 거라는 생각을 했을 것이다.

나는 눈만 뜨면 물지게를 지고 물을 길어야 했다.
큰 드럼통이 서너 개 있었는데 거기에 언제나 물을 가득 채워놓아야만 했다.
그 물로 식당 일이며 다용도로 사용했던 것이다.

그러니 하루에도 수십 번 지게를 져 날라야 했다.
조금이라도 게을리 했다가는 야단을 맞는 판이었다.

꾸지람 정도가 아니었다. 노골적인 욕설이 마구 쏟아졌다.
견딜 수 없는 모욕적인 말들도 마구 튀어나왔다.

특히 겨울철에는 고달프기 짝이 없었다.
영하 25도를 오르내리는 혹한에도 물을 길어 날라야 했다.

영하 25도 정도면 물기가 약간만 묻어도 그대로 얼어버리는 강추위였다.

물을 수십 번씩 길어 나르다보면 다니는 길에 물이 엎질러지게 되고
얼어붙은 길을 걸으면 미끄러워 넘어지기가 일쑤였다.
물지게를 지고 가다가 넘어지면 온통 물을 뒤집어쓰게 되고
옷이 꽁꽁 얼어버릴 수밖에 없었다.

장갑도 끼지 않은 손은 얼어 동상에 걸렸고
물에 젖은 신발은 영하 25도의 강추위를 견딜 재간이 없었다.
그러나 어쩌랴. 이 가혹한 형벌을 누구에게 원망할 것이랴.

참아야만 했다.
참아내지 않으면 안 되었다.
어떤 대안도 없었으며 특별한 방법도 없었다.
인내는 쓰나 그 열매는 달다고 하지 않았던가.

물지게를 지고 가다 넘어진 나에게 양모라는 주인 아주머니는
입에 담을 수 없는 욕설을 퍼부었다.

"이 병신 같은 새끼야. 니는 눈깔도 없냐?
벌건 대낮에 왜 자빠지고 야단이냔 말이다.
요 호로놈의 새끼가 밥 쳐먹이고 입혀놓으니까 이게 무슨 꼴이고.
이 빌어먹을 놈의 새끼를 죽여버릴까보다."

그렇게 심한 욕설에도 분을 삭이며 참아야만 했다.
그러나 자존심까지도 상할 때는 한마디 변명도 안할 수 없는 것이었다.

"너무 심하지 않습니까? 난들 우째 넘어지고 싶어서 넘어졌습니까?"

나의 한마디 대꾸가 나오면 금방 장작개비가 날아들곤 했다.
그 큰 장작개비로 사정없이 후려쳤다.
어깻죽지며 다리며 닥치는 대로 사정없이 때렸다.

그럴 때면 흡사 악마 같다고 생각했다.
악마가 따로 없었다.
그 여자가 바로 악마였다.
뻐드렁니에다 금이빨이 툭 튀어 나왔고 광대뼈가 불거진 몰골이었다.
거기에다 머리는 산발인 채 흐트러져 있고
눈알은 시뻘겋게 충혈되어 흡사 흡혈귀처럼 달려들었다.

장작개비는 여자 같지 않은 그녀의 손에서 마구 휘둘려
내 몸 어디든 닥치는 대로 두들겨 팼다.
장작개비에 얻어맞은 머리는 깨져 선혈이 흘러내리곤 했다.

그런 일이 한 두 번이 아니었다. 흡혈귀처럼 피를 보고 난 후에야
장작개비를 내려놓는 그런 성미를 가진 악마였다.
나는 가는 곳마다 일복이 터졌고 만나는 사람마다 악한이라는 생각이 들기
도 했다.

이반성 면장 댁에서 그 훌륭하고 덕망 높은 어른들 밑에서 열심히 일하며
공부나 할 걸 하는 후회가 치밀 때마다 눈물이 솟아오르곤 했다.
그럴 때면 또 어머니가 보고 싶었고 형제들이 한없이 그리워졌다.

나는 괴롭고 슬픈 마음으로 뒷산에 올랐고

거기서 한없는 눈물을 흘리며 울부짖었다.
내색하지 않는 괴로움들이 통곡 속에 휩쓸려
모두 날아가기를 바라면서 울고 또 울었다.

그럴 때면 가끔 안면 있는 군인들이 와서 달래주곤 했다.

"애, 애. 너 왜 그리 슬피 우노? 무신 일인지 한 번 얘기해봐라.
내가 도와줄 수 있는 일이모 내 도와줄꺼만 퍼뜩 얘기해봐라카이.
내가 도와준다 안카나. "

경상도 출신의 그 군인아저씨는 내가 서럽게 울고 있는 것이
못내 안쓰러웠던 모양이었다.

#3

나는 그 군인에게 그 동안의 경위에 대해 사실대로 얘기했다.
꼭 도움을 받겠다는 것보다는 누군가에게 모든 것을 털어놓으면
답답한 가슴이 좀 뚫릴 것 같다는 생각에서였다.

내 얘기를 들은 자가 상사에게 그간의 경위를 얘기했고 나는 그 상사에게
불려갔다. 거기서 다시 그간의 경위에 대해 상세히 이야기했다.
나를 양아들로 삼겠다고 해서 왔는데 밤낮 없이 죽어라 일만 시키고
영하 25도가 오르내리는 강추위에도 산에 가서 땔 나무를 해 와야 했으며
500미터도 더 되는 곳에서 물을 길어 나르는 것이
하루에도 수십 번이라는 것도 이야기했다.

그러다가 미끄러져 넘어지기라도 하면 장작개비로 때려
피를 봐야만 그만둔다는 말까지 해버렸다.
양모라는 그 여자는 그 곳 군인들에게까지도 악녀라고 소문이 나 있었다.
그러니 그 곳 군인들도 그 여자를 나쁘게 보고 있던 참이었다.

그 군인은 15사단 포사령관이었다. 계급은 대령이었다.
내 이야기를 한참 듣고 있던 대령은 내 머리를 한번 쓰다듬으며
그 집을 나가라고 했다.

화천읍까지 데려다 줄 테니까 미련 갖지 말고 멀리 가버리라고 했다.
그리고는 양아버지에게 가서 야단을 쳤다.

이 추운 겨울에 양말도 제대로 신기지 않고 옷도 낡아서 헤진 걸 입혔으니
오죽이나 추울 것인가 하고 말했다.

저러다가 어린 것이 얼어 죽으면 어쩔 것인가 하며 다잡기도 했다.
그러면서 그 부대장은 군용 양말과 내의를 한 벌 내게 주는 것이었다.

그 대령이 야단을 친 후로는 나에 대한 태도가 조금 달라졌다.
웬만한 일에도 핀잔을 주거나 호된 꾸지람을 했었는데
그 날 이후로는 거의 간섭을 하지 않았고 또 나무라지도 않았다.
눈총도 덜 주었으며 태도가 많이 온순해졌다.
나는 그 무렵 동네에서 박민준이란 친구를 사귀게 되었다.
지금은 서울에서 건설업을 하며 큰돈을 벌어
사회에 봉사를 많이 하는 친구이다.

나는 박민준과 친하게 지내면서 그동안 내가 겪었던 일들을

소상히 얘기하게 되었고 그는 나를 안쓰럽게 여기며
그 곳을 떠나도록 종용하였다.

얼마간의 용돈까지 쥐어주면서 하루빨리 그 곳을 떠나라고 했다.
그 친구는 나에게

"너 여기에 있어봐야 아무 이득 없어. 한일식당 주인은 소문난 사람이야.
별명이 왕대포라고 거짓말쟁이로 소문났고 신용도 없어서
많은 사람들에게 손가락질을 당하는 놈이야.

너를 양아들로 삼은 것이 아니고 머슴으로 데려온 것이야.
내가 곁에서 봐도 너무 지나치다는 생각이 들어.
그러니 아무 생각 하지 말고 하루라도 빨리 이곳을 떠나는 게 옳을 것이야."

민준이는 얼른 결정을 하지 못하고 머뭇거리는 나를 재촉했다.
"그 사람 밑에서 죽어라고 일해 봐야 월급도 주지 않을 것이고
결국은 너만 바보가 되는 것이야. 양아들이라는 사탕발림으로
너를 묶어 놓으려는 것이야. 여기서 화천까지는 불과 삼십 리밖에 안 돼.
걸어서 간다고 해도 두세 시간이면 충분해.
마침 포사령관님이 너를 도와주려고 하니 이 기회를 놓치지 마라."

나는 민준이의 충고를 받아들이기로 했다. 민준이가 준 돈과
그동안 군인들의 심부름을 해주고 조금씩 얻어 모아둔 돈 1천원을
혁대 안주머니에 끼워 넣고는 삼거리를 나섰다.

한일식당 사람들에게는 아무 말도 하지 않았다.
누구에겐가 얘기했다가는 곧바로 왕대포나 악마 아주머니에게 알릴 것이다.

그러면 그들이 내가 그냥 가도록 가만 둘리 만무했다.

그러나 상점 아주머니에게 얘기해야겠다는 생각이 들었다.
내가 이 곳 화천에 와서 처음 만난 사람이며
그동안 나를 다소나마 보살펴준 사람이기 때문에'
최소한의 예의는 보여야겠다는 생각에서였다.

"아주머니. 그동안 고마웠습니다. 저는 이제 이곳을 떠나야겠습니다.
여기서 도저히 살 수가 없어요. 죽어라고 일만 하고
그러면서도 맨날 얻어맞아야 할 이유가 없습니다.
이대로 있다가는 정말로 죽을 것 같습니다.
도저히 더는 못 참겠기에 이곳을 떠나기로 작정하였습니다."

상점 아주머니는 한일식당과 서로 거래관계로 제법 친하게 지내는 사이였다.
갑자기 그곳을 떠나겠다는 내 말에 아주머니는 의아한 눈으로 나를 쳐다봤다.

"그 집에서는 일 잘하고 착한 양아들이 들어왔다고 자랑이 대단하던데
이렇게 아무런 말도 없이 훌쩍 떠나버리면 어떡하느냐?
서운한 일이 있으면 내가 얘기해 줄 테니 조금만 더 참고 견뎌 보거라.
조금 참으면 곧 좋은 일이 있을 것이야."

"아주머니 말씀은 고맙습니다만 이제는 더 참을 수가 없어요.
양부모가 아니라 웬수 같은 사람들이구요.
인간미라곤 손톱만큼도 없는 냉혈동물이라구요.
특히 주인 여자는 악마예요. 그 여자의 이빨만 봐도 정나미가 뚝 떨어져요.
꼭 드라큘라 같아요. 이젠 진저리가 납니다."

"내가 듣기로는 무척 잘해주고 있다던데 그럼 그게 모두 거짓이었나?
나에게는 네 자랑을 하면서 양아들로 잘 키워 재산을 물려주겠다고 하던
데?"

#4

"모두 거짓이에요. 영하 25도가 되는 혹독한 추위에도
나는 맨날 나무를 해 날라야 하고 물지게를 져다 날라야 해요.
그것도 한두 번이 아니고 하루 종일 져다 날라야 해요.
자기네들은 내가 해다 준 장작으로 불을 때 따뜻한 방 안에서 히히덕거리면서
내가 조금만 쉬어도 야단을 칩니다. 물을 길어 나르다가 너무나 추워서
잠깐 난롯불을 쬐기만 해도 난리법석입니다. 문에 조그마한 구멍을 뚫어놓고
나를 감시하고 있다구요. 잠시만 몸을 녹여도 그냥 두질 않는데
그런 사람을 어떻게 양부모라고 하겠어요?
내가 이곳을 떠나는 줄 알면 나는 매를 맞을지 모릅니다.
그러니 아주머니는 모른 척 해주십시오. 그동안 고마웠습니다.
서울 가서 성공하여 찾아뵙도록 하겠습니다."
상점 아주머니에게 작별인사를 하고는 곧바로 삼거리를 벗어났다.
차비를 아끼기 위해 걸어서 가기로 작정하고 빠른 걸음으로 내달렸다.
뒤도 돌아보지 않고 걸었다. 그런데 십리 정도 갔을까 했을 때
왕대포가 나타난 것이다.
차를 타고 잡으러 온 것이다.

그가 느닷없이 나타나자 나는 당황했고
결국 그 큰 손에 귀를 붙들려 되돌아 와야만 했다.
무슨 큰 죄를 지은 것처럼 왕대포와 악마는 나를 끌고 들어갔다.

내가 주인집에 알리지 않고 떠난다고 하니까
상점 아주머니는 무슨 나쁜 짓을 하고 도망가는 것으로 생각한 것이다.
그래서 내가 떠난 후 곧 한일식당으로 달려가서 알렸던 것이다.

나에게는 아무런 죄가 없다. 아무 잘못도 없다.
참고 참다가 도저히 더는 견딜 수가 없어서 떠나려는 것일 뿐이었다.

혹독한 냉대를 감내하기도 힘들었고 인간 이하의 대우에 진저리가 났던 것이
었다.
그러나 나는 억센 그들의 손아귀에 붙들려
죄 없는 잘못을 용서해 달라고 애원해야만 했다.

"아버지 잘못했어요. 한번만 용서해주세요.
다시는 안 그럴게요. 잘못했습니다."
아버지라는 말이 스스럼없이 튀어 나왔다.
그 억센 손아귀에 허리춤을 붙잡힌 나는 꼼짝할 수도 없었다.
험상궂은 그들의 얼굴은 흡사 도깨비 같았다.

"잘못했습니다. 아버지.. 한번만 용서해주세요. 다시는 그런 짓 안할게요."
나의 애절한 말은 오히려 그들의 기세를 더욱 돋우는 꼴이었다.
내가 잘못했다고 용서해달라고 애원하면 할수록
더욱 기고만장해진 그들의 억센 주먹이 내 얼굴을 강타했다.

"이 버러지 같은 놈아. 오갈 데 없는 놈을 먹이고 입히고 해놓았더니
나를 배신하고 도망쳐? 이 나쁜 놈의 새끼를 당장 죽여 버리고 말 테다.
나는 황해도 사람이다. 네깟 놈 하나 죽이는 건 문제도 안 된단 말이다.
너 오늘 내 손에 한번 죽어봐라."

그의 성난 얼굴은 혹시나 꿈에 나타날까봐 무서울 정도로 험상궂게 일그러져 있었다. 금이빨의 악마도 합세하여 나를 윽박질렀다.

"네깟 놈 하나 죽여 버리는 건 식은 죽 먹기란 말이다.
죽여 파묻어 버리면 쥐도 새도 모른단 말이다.
이 간나새끼가 나를 배신하고 도망을 쳤단 말이지?
이 버러지만도 못한 호로놈의 새끼!"

억센 팔에 끌려 골방에 처넣어진 나는 그 큰 주먹에 무수히 얻어맞았다.
얼굴이고 몸통이고 가릴 것이 없었다. 닥치는 대로 마구 얻어맞을 수밖에 없었다.
무방비로 두들겨 맞으면서도 나는 잘못했다며 용서를 빌 뿐이었다.
무서웠다. 정말 죽을 것만 같았다.
그의 말대로 내 작은 몸뚱아리 하나 죽여서 뒷산에 파묻어 버리면
정말 쥐도 새도 모를 것이라는 생각이 들었다.

이 사람이면 능히 그러고도 남을 수 있을 거라는 생각이 들었다.
그렇게 하고는 내가 언제 도망갔는지 모르겠다고 말해버리면
그만일 거라는 생각이 들었다. 그런 생각이 치밀자 소름이 끼쳤다.
온몸이 부르르 떨렸다. 수많은 고통의 세월을 보내면서
꿋꿋하게 살아온 내가 여기 화천 땅에서 쥐도 새도 모르게
죽어 없어질지도 모른다는 생각이 머리에서 떠나질 않았다.
나는 엉엉 울면서 빌고 또 빌었다.
두 손을 싹싹 비비면서 죄 아닌 죄를 떠올리며 빌고 빌었다.

"큰 죄를 지었습니다. 한번만 용서해 주십시오.
앞으로는 다시 이런 일을 하지 않겠습니다.

아버지 어머니 누나 말씀 잘 듣고 열심히 일할게요.
한번만 용서해 주십시오."

그들의 위협과 매질이 겁이 나서 용서해 달라고 했을 뿐이었다.
용서해 달라고 애원하면서도 본심이 아니라는 것을 마음속으로 다지고 있
었다.

'자기들에게 무슨 큰 죄를 지었단 말인가.
왜 자기들에게 용서를 빌어야만 하는가.
무슨 죄를 지었기에 죽여 버리겠다는 것인가.
죽을 만큼의 죄를 지었단 말인가.
굳이 죄라고 따진다면 양아들로 알고 들어왔다가
양부모라는 사람들의 혹독하고 비인간적인 행위를 견딜 수 없어서
말없이 떠나려던 것일 뿐이다. 그것이 그토록 큰 죄란 말인가.
죽어야 할 만큼의 죄란 말인가.
장작개비에 머리를 맞아 피를 흘리는 것은 다반사이고
골방에 처넣고 옷을 벗겨 알몸인 채 가죽 혁대로 수없이 맞아야 하는 벌罰!
이것이 과연 무슨 죗값이란 말인가.'

"이 도둑놈의 새끼를 당장 경찰서로 끌고 가서 유치장에 처넣어 버려라.
이런 놈을 그냥 둘 수는 없어. 콩밥을 먹여도 단단히 먹여야 한단 말이다."

경찰서로 보낸다는 것이었다.
도둑놈의 새끼란다. 왜 내가 도둑놈이란 말인가.
왜 내가 경찰서에 끌려가야 한단 말인가. 나는 서러움에 견딜 수가 없었다.
인간으로서 견딜 수 없는 크나큰 모욕이고 혹독한 유린이었다.

그러면서도 그 협박이 겁을 주기 위한 것만이 아니라
어쩌면 실제로 그렇게 할지도 모른다는 생각이 미치자
또 다시 겁이 덜컥 났다.

#5

그 당시 곳곳에 파견 나온 경찰이 있었는데
그는 이 집 식당에 자주 드나들었고
왕대포와 가깝게 지내는 것을 여러 번 본 적이 있었기 때문에
충분히 그럴 수도 있으리라는 생각이 들었다.

순진무구하게 자라온 시골 아이였던 나는
그런 협박이 실제가 될 수 있다는 생각에 두려웠다.
나는 매를 맞으면서 수없이 빌고 빌었다.
매가 아프다는 느낌보다는 협박이 더 무서웠다.

왕대포는 겁에 질려 부들부들 떨고 있는 나를 끌어내어
알몸으로 만들어놓고는 가느다란 철사를 가져왔다.
그 철사로 나의 고추를 동여매어 기둥에 묶어 놓았다.

약간만 움직여도 아파서 견딜 수가 없었다.
그런 잔악한 짓을 해도 나는 반항하질 못했다.
무조건 잘못했으니 용서해달라는 말만 되풀이하고 있었다.

내가 어리석었던 것일까.
아무 것도 모르는 바보였던 것일까.

지나치게 순진한 탓이었을까.

그토록 모진 고문을 당하면서도
그저 잘못했으니 용서해 달라고만
애원했다.
철사로 동여매인 곳이 아파서 견딜 수가 없었다.
장작개비로 두들겨 맞는 것은
별 것 아니었구나 하는 생각이 들었다.

가죽 혁대로 휘갈겨 맞는 것도 그보다는 나았다.
철사에 묶인 그 곳은 팽창되면
곧 끊어질 것 같은 고통을 주었다.

오줌이 마렵다고 해도 풀어주질 않았다.
충혈되어 곧 터질 듯해도 풀어주지 않았다.
오줌이 곧 나올 것 같다고 하면 요강을 갖다 주었다.

그러나 묶인 상태에서 오줌이 나올 리가 없었다.
방광이 터질 것만 같았다. 잔악한 고문이었다.
인간이 아니라 짐승에게도 이보다 더한 유린은 없을 것이었다.

인내忍耐는 힘보다 더 많은 것을 성취한다고 했던가.
쓰러지면 일어나고 좌절되면 더 잘 싸우고
자고 나면 깨는 것이 우리들 인간이라고 했던가.

참고 버텨라!
그 고통은 차츰차츰 너에게 좋은 것으로 변할 것이라고 했던가.

나는 인내와 힘이 얼마나 큰 것인가를 생각하게 되었다.
이 글을 쓰는 지금의 나는 그때의 심정을
어떻게 표현해야 할까를 망설이기도 했다.

꿈에라도 나타날까봐 몸서리치며 두려워하면서도
그때를 회상하지 않을 수 없다.

소름이 끼치고 온몸에 전율을 느끼는 그때의 일들은
나의 가슴을 또 한 번 갈가리 찢어놓곤 한다.
그때의 생각이 떠오르면 온몸이 비비 꼬이고
일주일간 밥맛을 잃어버리게 된다. 그것은 악몽이 아닌 현실이었다.
산청 함양 양민학살사건 때 세 발의 총알을 맞고
천애 고아가 된 나였다.
11사단 9연대 3대대 악당들과
조금도 다름없는 그 왕대포를 저주하기도 했다.

부모형제를 잃고 천애의 고아가 되어
수년간 온갖 풍상을 겪으며 살아남아
인간답게 살아보고자 먼 곳까지 왔는데
이 꼴이 뭐란 말인가.
이것이 나에게 주어진 운명이라면
너무나도 가혹한 형벌이라는 생각이 들었다.
전생에 무슨 죄를 많이 지었기에
이토록 가혹한 형벌을 어린 내가 감내해야 하는가.
서러움이 복받쳐 오르고 눈물이 마구 쏟아졌다.

돌아가신 할머니 어머니 동생들과 함께
차라리 그때 죽어버렸다면
이런 수모와 고통은 당하지 않았으리라는 생각으로
더욱 슬프기 짝이 없었다.

그럴 때면 누구에게인지도 모르게 원망을 하곤 하였다.
원망을 해본들 아무 소용이 없는 줄 뻔히 알면서도……

그날 이후 나는 3일이 넘도록 잠도 못자고 대소변도 볼 수 없었다.
먹는 것도 없었다. 먹이지도 않았다.
하루에 찐빵 한 개와 물 한 컵이 먹는 것의 전부였다.
죽지 않을 만큼만 주었다.
허기가 져 견딜 수 없어도 먹을 것을 달라는 말을 할 수가 없었다.
그저 그만큼 주는 것으로도 고맙게 여겨야 했다.

"네 이놈 진정으로 너의 잘못을 뉘우친단 말이지?"

무엇을 잘못했는지는 알 수 없다.
아니, 잘못한 것이 없다.

#6

험상궂은 얼굴을 이글거리면서 왕대포와 악마는
칼날이 시퍼런 식칼을 들고 위협했다.
가끔씩 내 머리 끝을 살짝 찔러보기도 하고 머리카락을 휘어잡고는
목에 칼을 갖다 대는 시늉을 하면서 위협하기도 했다.

완전히 주눅이 든 나는 겁에 질려 아무런 말도 못하고
눈물만 주르르 흘리고 있었다.
그들의 가혹한 위협은 나를 완전히 압도하기 위한 수단이었을까?
악마는 칼로 위협하고 있는 왕대포 옆에다 가마니를 한 장 갖다 놓았다.

그러자 왕대포는 더욱 기고만장한 말로 나를 위협했다.

"이놈아. 이것이 무슨 가마니인줄 알기나 하냐?
이것은 바로 너 같은 놈 하나 죽여서 둘둘 말아
파묻기 위해 준비해 둔 것이란 말이다. 알겠냐?
나는 그들이 나를 죽여 파묻어 버릴지도 모른다는 생각에
그만 실신해 버렸다. 내가 진짜로 실신한 것을 확인한 그들은
바가지에 물을 떠다가 얼굴에 끼얹으며 야단법석을 떨었다.

이러한 내용을 기술한다는 것은 내 자존심이 허락지 않음을 안다.
그러나 모든 창피스러움도 감수하면서
진실을 그대로 적나라하게 고발하고자 함이다.
이 땅에서 인간의 탈을 쓰고
어찌 이런 혹독한 행위를 저지를 수 있는가.

내가 실신하여 깨어나지 않자
그제서야 왕대포와 악마는 조금 당황하기 시작했다.
그래서 나를 화천 병원에 입원시켜
응급조치를 하고 주사를 맞혔다.

나는 그로부터 10여 시간 만에 깨어났다.
눈을 떠보니 병원 입원실이었다.

실신한 그 여남은 시간에 나는 꿈을 꾸었다.
꿈이었는지는 모르지만 너무나 생생하게 나타난 현몽이었다.
누군지 모습은 보이지 않았으나 그 말소리는 너무나 분명했다.

"너는 아직 죽을 때가 아니니라. 어서 깨어나거라.
너는 할 일이 너무 많으니라.
어서 깨어나 그 일을 찾아야 하느니라.
그러기 위해서는 빨리 그 집에서 벗어나야 하느니라."

나는 실신에서 깨어난 후 그 음성이 무엇을 의미하는지
어렴풋이 짐작할 수 있었다.
나는 평소에도 내가 할 일이 많다는 것을
항상 염두에 두고 있었기 때문에 어떤 고통이 따르더라도 기필코 살아남아
야 한다고 다짐했다.

그런 일이 있은 후 나는 사람들로부터
왕대포와 악마를 고발하라는 말을 여러 번 들었다.
그간의 사정과 사연을 모두 상세히 기술하여 경찰서에 보내라는 것이었다.
그들은 나에게 경찰서에 고발하는 방법까지 가르쳐 주었다.

그러나 그때의 내 소견으로는 그들이 말하는 고발을 해봤자
소용이 없으리란 생각을 했다. 경찰과 친밀하게 지내고 있는
왕대포이기 때문에 오히려 역효과만 낳을 것이란 생각이었다.

현재와는 달리 그 당시에는
힘이 있고 권력과 밀착되어 있는 사람들이

모든 것을 좌지우지할 때였다.
그런 현실에서 아무리 고통을 받고
도저히 묵과할 수 없는 행위가 있었다 할지라도
그들이 우선일 수밖에 없는 것이었다.

병원에서 퇴원 후 지옥 같은 한일식당으로 되돌아왔다.
초췌해진 내 몰골을 쳐다보던 왕대포와 악마는
다소 누그러진 투로 달래듯 말했다.
"지금까지 있었던 일은 모두 잊어버려라.
그리고 전과 같이 일만 열심히 하면
공부도 시켜주고 또 유학까지 보내줄 테니까 그리 알아라.
지난 일들은 누구에게도 발설하지 않아야 한다.
만일 그런 얘기를 아무에게나 말하면
이젠 정말 너하고 나하고는 끝장이다. 알았지?"

또 다시 그들은 나를 이용하기 위한 방법을 강구하고 있었다.
그들의 수작을 내가 모를 리 없다.
그 집 일은 전적으로 내가 맡아하다시피 하였다.
땔감에서부터 물을 길어 나르는 일
거기에다 장사까지 내가 도왔기 때문이다.
심지어 요리사가 나간 뒤로는 직접 요리까지도 내가 했던 것이다.

그런 나를 보낸다는 것은 언어도단이다.
내가 없으면 아무 것도 할 수 없는 지경에 놓일 것이 뻔하기 때문에
어떤 수단과 방법을 가리지 않고 나를 이용해야만 하는 것이었다.
그런 중에서도 그 식당과 왕대포, 악마를 미워하는 모든 사람들은
내가 그 집에서 빨리 나가기를 바랐다.

나를 눈여겨 지켜본 김영석씨는
"화천에 큰형님이 자전거와 오토바이 수리점을 운영하는데
그리로 보내줄 터이니 빨리 왕대포, 악마 집을 나오거라.
그곳은 자전거와 오토바이 수리를 전문으로 하는데 거기 가서 기술을 배워라.
거기서 일 년만 배우면 일류 기술자가 될 것이야.
너같이 총명한 아이가 왜 그런 곳에서 썩고 있느냐 말이다.
요즘 세상에 그런 기술만 가지면 얼마든지 잘 살 수가 있단 말이다."

나는 그의 말을 고맙게 받아들이기로 했다.
왕대포와 악마의 공부를 시켜주고 유학을 보내준다는
꾐에 빠져 있을 수만은 없었다.

#7

유학이 아니라 천금을 준다 해도 그 집에서는 살고 싶지 않았다.
모든 것이 꼴불견이었다. 그 집의 모든 것이 싫었던 것이다.
그래서 나는 결심을 굳혔다.

지난번처럼 몰래 도망갈 것이 아니라
정면승부를 해야겠다는 생각을 한 것이다.
내가 잘못한 일이 아무 것도 없는데
어찌 잘못했다고만 말해야 하는가.

내가 무엇을 잘못했기에 걸핏하면
얻어맞아야 하고 욕을 먹어야 하는가.
이제 그럴 수 없는 일이었다. 나는 용기를 내었다.

이젠 그들과 싸워서 질 수만은 없었다.

만일 내가 그만둔다고 말을 했을 때
저번처럼 나를 혹독하게 한다면
오히려 내 쪽에서 가만두지 않겠다는 결심을 한 것이다.
자기들이 아무리 경찰과 내통하며 가깝게 지낸다 할지라도
편지로 상세히 기술하여 경찰서장 앞으로 부칠 각오를 한 것이다.

그럴 생각으로 나는 며칠을 두고 준비를 했다.
친인척 등 20군데 부칠 편지를 쓰고
이종사촌형님은 서울대경상업학교 교사 등에게
지금까지의 지내온 일들을 소상히 적어서 폭로할 요량이었다.

그래서 똑같은 내용의 편지를 25통을 썼다.
그 편지를 쓰는 데 상당한 시일이 걸렸다.
왕대포와 악마가 모르게 써서 보관해야 했기 때문이다.
그 당시 이종사촌형님은 나의 친형제보다 더더욱 신경을 써가며
나의 장래에 대하여 무척 신경을 쓰셨던 분이다.
인하대학교 학장으로 정년퇴임하셨다.

나는 25통의 편지를 써서 우표까지 붙여서
우체통에 집어넣을 준비를 단단히 해놓았다.
그러면서도 친척들에게 보내는 것은
차츰 좀 더 깊이 생각하기로 하였다.
나 하나만 고통을 참고 이겨나가면 될 일을 친척들에게 알려
충격을 주어서는 안 되겠다는 생각으로
결국 나는 친척들에게 전혀 알리지 않았다.

친척들에게는 그저 잘 지내고 있다는 소식만 전했을 뿐이다.
이제서야 이 장편 서사시에 공개하는 것은
나의 진실을 조금도 꾸밈없이 그대로 밝히고자 함에서이다.

나는 왕대포와 악마에게 나의 생각을 이야기했다.
옆집에 살면서 나를 도와준 강씨 아저씨와 포사령관의 엄호가
용기를 더욱 북돋아준 것이다.

당시 포사령관은 하루라도 빨리
그 집을 떠나라고 했으며
자신의 군용차로 화천읍까지 태워다주겠다고까지 했다.

그러면서 만일 왕대포가 말을 들어주지 않고 또다시 때린다거나
고문과 협박을 하면 알려달라고 하였다.
내가 얻은 용기는 가상했다.

왕대포와 악마에게 나의 생각을 조금도 흐트러짐 없이 용기 있게 말했다.

"이제 저도 다른 길을 찾아야겠습니다.
그동안 여러모로 돌봐주신 건 고맙습니다만
저도 이대로는 더 발전할 수가 없을 것 같습니다.
제가 할 수 있는 힘껏 열심히 일했다고 생각합니다.
저는 처음부터 이 집에 머슴으로 들어온 것이 아닙니다.
종살이하러 들어온 것이 아니라는 겁니다.
이용만 당하고 살아야 할 이유도 없다고 생각합니다.

두 분께서도 한번 생각해보십시오.

여태껏 그 많은 일을 밤낮없이 시켜 먹고 그것도 모자라 매질까지 했습니다.

그동안 내가 얻어맞은 것이 얼마나 되는 줄 압니까?

하나도 빠짐없이 기록해 놓았습니다.

내가 지금 말씀드리는 것은 두 분에게 협박하고자 하는 것은 아닙니다.

장작개비로 머리를 수차례 때려 피를 흘린 것이 한두 번입니까?

칼을 목에 갖다 대면서 죽인다고 하고 가마니에 싸서

쥐도 새도 모르게 파묻어 버린다고 협박했습니다.

그때 정말 그럴 수 있는 사람들이라는 생각도 들었습니다.

철사로 내 그것을 꽁꽁 묶어서 꼼짝 못하게 하였습니다.

하루에 빵 한 개로 살게 했습니다.

그것도 모자라 잠도 자지 못하게 하지 않았습니까?

그런 사람들과 어떻게 함께 살 수가 있다고 생각합니까?

사실 쥐도 새도 모르게 죽여서 파묻어 버릴 것 같아서 잠도 제대로 못 잤습니다.

겁이 나서요. 내가 어리고 시골 촌놈이라 내 뒤에는 아무도 없는 줄 압니까?

나를 아무렇게나 부려먹고 고문을 하며 개작살을 내듯 했습니다.

그때도 나는 죽는 줄 알았습니다. 이대로 죽을 수는 없는 놈입니다.

내가 해야 할 일이 너무 많기 때문입니다.

나는 내가 결심한 그 일을 해놓지 않고는 도저히 죽을 수 없는 몸입니다.

내 목에 시퍼런 식칼을 들이대었을 때 나는 열 시간 이상 실신을 했고

결국 병원에서 살아나지 않았습니까?"

차근차근 사실대로 이야기했다.

나의 느닷없는 반발에 왕대포와 악마는 아무 대꾸를 못한 채

입만 헤하며 벌리고 서 있었다.

어이없는 표정을 지으며 얼굴이 붉으락 푸르락 어쩔 줄을 몰라 했다.

" 나는 그 동안 여기서 일하며

얻어맞은 것들을 모두 일기로 써두었습니다.

그리고 편지로 25통을 써서
친척들과 경찰서장에게 보내려고 준비해 두었습니다."

#8

25통의 편지를 친척들과 경찰서장에게 보낸다는 말을 듣는 순간
왕대포와 악마는 얼굴이 새하얗게 질리면서 깜짝 놀라는 것이었다.

그리고는 둘이서 달려들어 내 안주머니에 넣어둔 편지를 빼앗아 불태워버렸다.
그러면서도 겁이 났던지 전처럼 윽박지르거나 심한 욕을 퍼붓지는 않았다.

"그까짓 거 태우면 뭘 합니까? 그것은 또 쓰면 되는 거 아닙니까?"

혼비백산이 된 듯 두 사람은 어쩔 줄 몰라 안절부절 못하였다.
큰 낭패를 당하겠다 싶었던지 나를 어르고 달래기 시작했다.
왕대포와 악마는 나에게
"이봐. 가만 생각해보니 우리가 잘못한 것 같은데 사실 그것은
전부 너 잘되라고 한 것이지 미워서 그런 것은 절대 아니라니까?
그리고 아무렴 사람을 죽이려고 가마니와 식칼을 가지고 위협했겠냐?"

그들은 나에게 씨알도 먹히지 않을 잔꾀를 부리려고 했다.
"그리고 거기다가 철사로 묶고 하루에 빵 한 개씩 준 것도
일부러 널 죽이고 골탕 먹이기 위한 것이 아니라
네가 얼마나 참을성이 있는가 하는 시험을 해 본 것이야.
이다음에 커서 훌륭한 사람이 되려면 참을성을 길러야 하고
위험을 극복할 수 있어야 하거든.

너를 훌륭한 사람으로 만들기 위해서 한번 시험해본 것이야.
그게 잘못되었다면 용서해라. 네가 그렇게 오해할 줄은 몰랐다카이."

나를 어르고 달래는 시늉이었다.
아무리 어린 나이라도 내가 그걸 모를 리 없었다.
나는 기가 차서 말이 나오지 않았다.

그러면서 그들의 음흉함과 간교하기 짝이 없음을 알아차렸다.
그들의 말 한마디 행동 하나하나는 그날따라 왜 그리도 비굴하던지
차마 눈 뜨고 볼 수 없는 꼬락서니였다.

나는 더 이상 말을 해봤자 득 될 게 없다고 생각했다.
이제 떳떳하게 떠날 수 있겠다는 생각이 들었다.

그들이 더 이상 강제로 붙들 수는 없을 것이라고 생각했다.
그들이 나를 대할 면목이라고는 손톱만큼도 없을 것이었다.

원래 그런 꼬락서니들은 약자에겐 강하고 강자에겐 약한 것이었다.
내가 강하게 나서니까 바로 그들의 본성이 나타나는 것이었다.

"그동안 있었던 일 아무에게도 말하지 않았으면 고맙겠네.
내 가만히 너의 얘기를 들어보니
내 생각이 좀 부족했던 것 같기도 하네."
왕대포는 뒤통수를 긁적거리면서 겸연쩍은 듯
자신의 과오를 숨겨달라고 신신당부를 하였다.
"나는 창피스러워서 말하지 않으려고 합니다.
그런 얘기를 해서 나에게 득 될 것이 뭐겠습니까?

누가 그런 발설을 하라고 해도 하지 않을 것입니다."
창피스럽고 굴욕적인 내 과거를 누구에게 말할 수 있겠는가?
그럴 수 없었다. 차마 내 입으로는
다시 꺼내고 싶지도 않은 처절한 과거인 것이다.

그러나 그 동네 사람들은 웬만하면 다 알고 있는 사실이었다.
특히 포사령관인 대령님과 군인들은 상당 부분을 알고 있었다.

그 곳 삼거리에는 군부대가 많았다.
주민들의 90% 이상이 군인가족이었다.
군부대에서 영업을 하는 사람들은
그들의 고객이 대부분 군인들이기 때문에
군부대에 그 집이 나쁘다는 소문이 나면 장사는 커녕
그곳에서 쫓겨나야 할 형편에 놓이게 된다.
그것을 아는 왕대포가 혹시나 소문이 더 나쁘게 날까봐 두려워
나에게 신신당부를 하는 것이었다.

그런데 그날 이후 포사령관이 모든 군인들에게
한일식당에 가지 못하도록 명령을 내린 모양이었다.
다른 사람들보다 대령은 나의 사정을 세세히 알고 있었다.
그가 나를 귀여워해줬기 때문에
나의 모든 것을 다 털어놓았던 적이 있었기 때문이다.
나는 어렵고 괴로울 때면
그 대령님의 자문을 얻곤 했던 것이다.

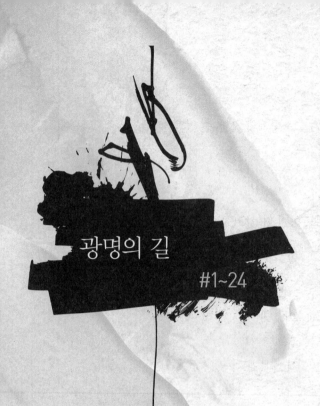

광명의 길

#1~24

그 많은 일들을 내가 하지 않으면
안 된다는 생각을 했다.
공부를 깊고 넓게 하여
세상을 깜짝 놀라게 해야 한다고
결심하였다.

#1

드디어 화천 땅으로 왔다.

영광은 짧고
이 넓은 세상의 영광에는
언제나 슬픔이 따르기 마련이라고 했다.

강물이 대양大洋으로 흘러가는 동안
그늘이 산골짜기에서 움직이는 동안

하늘이 별에게 먹이를 주는 동안
언제나 너의 명예 너의 이름 너의 영광은
남을 것이라고 했다.

나는 마침내
지옥의 문을 빠져 나오게 되었다.

지긋지긋했던
그 지옥의 문턱

그 문턱을 넘기 위해
온갖 고문과 위협으로부터
인내하는 미덕을 기른 셈이었다.

지옥의 문을 나서니
온 세상천지가 광명이었다.

찬란한 햇살이
온통 나에게만 비추는 것 같았다.
온갖 만물이 나를 반기는 듯 했다.

오랫동안 우리에 갇혀있던 호랑이가
우리를 박차고 튀어나온 기분이었다.

싱그러운 날개를 퍼덕이며
찬란하고 광활한 하늘로
마음껏 솟아오르는 기분이었다.

#2

자유와 광명을 함께 얻은 나는
지난날을 반추해 본다.

왜 나는
그토록 많은 험로를 걸어야 했던가.
참으로 고난의 행로를 많이도 걸었다.

열 살 때
토정비결과 운세를 보았던
기억을 더듬으며

이모님의 이웃에 사시던
할아버지의 말씀을 회상했다.

그때 그 노인의 말씀에 의하면
내 운명에는 이미
굴곡이 드리워져 있었던 것이다.

그날 내가 지옥의 문턱을 넘어
광명의 길로 나선
1년쯤 후의 소식에 의하면
그 지옥은 완전히 파멸되었다고 한다.

내가 그 집을 나온 날로부터
손님이 다 끊겼고
결국 영업을 못해
그 곳에서 살지 못하고
어디론가 떠나버렸다는 것이었다.

#3

하늘은
스스로 돕는 자만을
돕는 것이었다.

악랄하고 남에게 가혹한 짓을
많이 한 사람에게는

절대 복을 주지 않는다는 것을
깨닫게 되는 것이다.

나는 화천에서도
공부를 더 하기 위해
서비스 공장에 취직하였다.

내가 공부를
할 수 있는 여건이 주어진 것이다.

그 서비스 공장의 조건은
밥을 먹여 주는 것이었다.
월급은 없는 것으로 했다.

산소용접과 각종 공구를 다루는데
하루 다섯 시간만 일하기로 하였다.

그러나 공부를 해야 하므로
책을 살 돈이 필요했다.

그래서 식당에서 바쁜 시간에만
일을 하기로 했다.

돈을 벌기 위해
나머지 시간을 할애하는
기본생활계획을 세웠다.

나에게 맡겨진 일을
훨씬 초과하여 일했다.

그 공장 주인은
열심히 일하는 나를 몹시 좋아했다.
내가 하는
일이나 행동에 대해
흡족해 했다.

#4

가는 것이 있으면
오는 것도 있는 법이다.

내가 열심히 일하는 만큼
그 주인도 나에게
무엇이든 도와주려고 했다.
자기 자식처럼 잘해 주었다.

혹시 손님이 와서
나를 쳐다보며
이 아이는 누구냐고 물으면
나를 자신의 둘째 아들이라고
농 섞인 대답을 할 정도였다.

주인 아저씨의 말을
농담으로 알아듣지 못한
손님들은 몹시도 궁금한 모양이었다.

그곳 공장에서의 하루 일과는
점심시간까지만 일하는 것이었다.

오후에는 서점에 들르고
필요한 책을 구입해서
열심히 공부했다.

저녁 무렵 식당에 가서
4시간을 일하고

잠자는 시간 4시간을 빼고는
모두 공부하는 시간이었다.

열심히 공부하는 나에게
주변 사람들은
고등고시를 준비하고 있느냐고
묻기도 했다.

그럴 때면 빙그레 웃으며
고개만 끄덕이곤 했다.

#5

소문은 발이 없어도 쏜살같다.

입에서 입으로 번져가는 소문은
잡을 수 없는 빠른 속도로 퍼져갔다.

아무개 첩의 아들이
고등고시 준비를 하고 있다는
소문이었다.

누군가는 그 소문이
진짜인지 확인을 하러
일부러 들르는 사람도 있었다.

그럴라치면 서비스공장 주인 아저씨는
조금도 스스럼없이
그렇다고 대답해 버렸다.

사실 아닌 사실로 확인된 나의
고등고시 준비는 온 읍내에 퍼졌고
칭찬과 더불어 부러움을 함께 받기도 했다.

그 당시 화천에서는
고등고시 공부를 하는 사람이
두 명 있었는데

한 사람은 두 번째 낙방하고
세 번째 도전을 기다리고 있었고
또 한 사람은 한 번 낙방했다는
소문이 있었기에
나에 대한 주변 사람들의
기대 섞인 칭찬은 대단했다.

열심히 공부하여
우리 화천에서 처음으로
판검사가 나왔다는
말을 듣도록 해달라는
격려를 곁들이기도 했다.

그들은 하나같이
내가 공부하여 성공하는 것을
자신들의 일처럼 자랑스러워했다.

#6

화천읍 사람들의 기대와는 달리
나는 그때부터 다시 주역 공부를 했다.

자못 오해가 생길 소지였다.
그곳 사람들의 기대를
저버리는 일이 벌어져서는
안 된다고 생각했다.

그래서 어느 날
끈질기게 궁금하여 못 견디는
이웃집 아저씨에게
사실대로 털어놓았다.

"아저씨 내가 공부하는데
뭐가 그리도 궁금하십니까?
그저 공부 열심히 하는구나 하고
생각하시면 될 일이지.
사실은 고등고시 공부하는 게 아니고
주역 공부를 하고 있어요.
어둡게 살고 있는 세상 사람들을
일깨워 주기 위해
주역 공부를 하고 있단 말입니다."

아저씨는 내 말을 듣고는
더욱 놀라워했다.
어린 사람이 무엇이 되려고
그 어려운 주역 공부를 하느냐는 거였다.
이렇듯 나에게 지대한 관심을 베풀어 준
화천의 고마운 사람들이 많았다.

그곳 사람들은 심성이 곱고
인심 또한 후했다.

좋은 사람을 만나게 되어
별 어려움 없이

공부를 하게 된 것이다.

#7

큰 고난과 슬픔으로 얻는 그 깨달음에서
온정과 관용을 아울러 지닌
철학적 너털웃음이 우러나는 법이라고
린 위탕(林語堂 임어당)이 말했듯이

어려움을 겪고 난 후라야
진정한 자신을 완성시킬 수 있는 것이다.

그래서 인내는 희망의 기술이라고 했다.
인내는 분명히 고귀한 덕德이라 했다.

그럴 즈음 고향에서는
큰아버지를 비롯한 친척들이
애비 애미도 없이 천덕꾸러기로 자라다가
객지로 나가 죽었는지 살았는지

소식이 없는 나를 찾으려고
백방으로 수소문했으나
찾을 수가 없었다고 한다.

고향을 떠난 지가
그 해로 4년째였다.

옥내 장터의 이모는
내 소식을 알고 있었지만
아무에게도 말하지 않았던 것이다.

시간이 흐르고 세월이 지날수록
내가 할 일은 태산 같이 쌓여갔다.

그 많은 일들을 내가 하지 않으면
안 된다는 생각을 했다.
공부를 깊고 넓게 하여
세상을 깜짝 놀라게 해야 한다고
결심하였다.

돈도 많이 벌어서
어려운 사람들을 도와
사회봉사에도 힘쓰겠다는
포부도 가졌다.

#8

원대한 꿈을 이루기 위해서는
여러 가지 요소들이
밑바탕에 깔려 있어야 한다.

그런데 나에게는 뿌리가 없었다.
뿌리가 없다는 것이 아니라

너무나 보잘 것 없이 미약했다.

그러한 바탕에서
큰 포부를 이루기 위해서는

아무튼 열심히 공부하고
일하는 수밖에 없었다.

그러면서 주위사람들로부터
인정을 받아야 하는 것이다.

내가 갖고 있는 투지와 성실로
많은 사람들에게
신뢰의 토대를 구축하는 것이
내가 하고자 하는 의도의
첩경이었던 것이다.

나는 내가 살아온 날들을
반추할 때마다
대견스럽다는 생각을 하곤 한다.

어떤 곳 어느 집에서든
신뢰를 얻는 데는
일가견이 있었다.

모든 것이
내가 할 탓이라고 여기면서

열심히 일하고
구김 없는 행동을 했기 때문일까.
어느 집에서든 단 며칠만 지나면
한결같이 칭찬을 아끼지 않았던 것이다.

열심히 일을 했고
조금의 시간여유만 생겨도
공부를 하며
목적을 향해 쉬지 않고
내달렸던 것이다.

역경을 딛고 일어서서
끊임없이 도전의 고삐를
늦추지 않았던 것이다.

#9

원대한 인내에 대한 어떤 위안을
찾을 수 없다면
그보다 더 괴로운 일은
없다고 했다.

그러나 그 당시
나에게는 어둠이 걷히고
여명과 함께
광명이 펼쳐지기

시작한 것이다.

내 나이 열아홉일 때
나는 우연한 계기로
강원도 영월군 북면
마차리에 갈 기회가 있었다.

그 당시 마차 광업소는
무연탄을 채굴하고 있었으며
그 일대는 무연탄을 채굴하는
광원들로 북적이고 있었다.

나는 마차에서
락임이라는 유흥주점을
알게 되었다.

그 곳은
종업원 60명이나 되는
대단히 큰 접객 업소였다.

나는 웨이터 겸
총 책임자로 일하게 되었다.

내 나이 19세인데 주인에게는
25살이라고 말했다.
주인은 나를 신임했고
열심히 일해 달라고

긴히 부탁의 말까지 했다.

나는 거기에서도
역시 열심히 일했고
많은 사람들로부터
두터운 신임을 얻었다.

특히 그 주인은
모든 것을
나에게 일임할 정도로
신뢰했다.

내가 하는 일거수일투족 모두가
모든 사람들에게
신뢰와 선망으로
자리잡혀갔다.

#10

마차리 락임 접객 업소에서의 생활은
마냥 즐거운 한 때였다.

주인으로부터의 신뢰와
60명의 종업원들로부터의
선망을 한 몸에 받았으며
모든 일은 내 책임 하에

이뤄졌기 때문에
어느 누구한테도
눈치 보일 이유가 없었다.

오히려 주인도
혹시나 내가 불만스러워할까봐

근심을 할 정도로
나의 권위는 치솟아 있었다.

그러니 시간을
활용하는 것도 충분하였다.

마차에서 정선 쪽으로
얼마 안 가서
조그마한 사찰이
하나 있었는데
경내의 뜰로 가보니
스님은 계시지 않았다.

나는 법당으로 들어가
난생 처음으로
부처님께 큰 절을 했다.

절을 삼배하고 나오는데
출입구 왼쪽에
책이 한 권 있음을 보았다.

책이라면 사족을 못 쓰던 나였다.
그 책을 얼른 집어 들고
한 장 한 장 넘겨보았다.
그리고 문장들을
읽어가기 시작했다.

거기서 나는
새로운 것을 발견하게 된다.
여태껏 한 번도
읽어보지 못한
희귀한 글귀가
인쇄되어 있던 것이다.

대단한 발견이었다.

갑자기 심장의 맥박이
강하게 울려왔다.
내 눈은
그 책에서
떨어질 줄 몰랐다.

주역에서 많이 나오는
8쾌 보는 법이었다.

#11

나는 스님이 오기를 기다렸다.
어둠이 깔리고 적막한 산사에
스산한 바람이 스치고 있었다.

먼데서 부엉이 울음소리도 들렸고
알 수 없는 산짐승들의 울음소리가
적막한 산사에 앉은
나의 귓전을 흔들 뿐이었다.

그 곳 노스님이 나타난 것은
밤이 꽤나 깊은 시간이었다.

나는 하룻밤을 꼬박 새면서
그 책을 읽었다.

어려운 문맥들이 많아
얼른 이해되지 않는 부분도 있으나
그 책을 탐독하고
얻은 것이 대단히 많았다.

그것은 『월령도』라는 책이었다.

스님과 나는
이내 친분이 오랜 사람처럼
대화를 나눌 수 있었다.

나는 스님에게
양해를 구하듯 말했다.

"스님. 이 책 저에게 빌려주시면
안되겠습니까?"

스님은
나의 애절한 눈빛을 보고
한참 생각하는 듯했다.

"안되지. 그 책은 귀한 책이야.
아무 데서나
구할 수 있는 것이 아니야."

#12

"저도 좀 배우면 안 될까요?
스님께서 좀 가르쳐 주십시오.
열심히 배우고 싶습니다."

"그게 어디 생각처럼
그리 쉬운 건 줄 아나?
그렇게 쉽게 배울 수 있다면
누군들 못하겠는가?
누구나 할 수 있다면
어째서 귀한 것이라고 하겠나?"

하지만 나는 떼를 쓰다시피 하여
부적 작성법을
가르쳐 달라고 졸랐다.

"정녕 배우고 싶으면
자네가 이 절에 들어오게나.
여기에 와서
내 뒤를 이어가겠다고 한다면
내 기꺼이 가르쳐 줌세.
그렇지 않으면
가르쳐 줄 수가
없는 것이야."

당시로서는
그것을 배우는 것보다
나에게 주어진 상황 상
우선 락임의 업무를
게을리 해서는 안 되었다.

60여 명의 종업원들을
관리해야 하고
모든 업무를
내가 직접 챙겨야만 했다.

"스님. 지금은
제가 해야 할 일이
너무 많습니다.

지금도 그러하지만
앞으로의 꿈이
너무 큽니다.

세상에서
제 1인자가 되고 싶을 만큼
큰 꿈을 가지고 있습니다.
스님께서 좀 도와주십시오.
그래서 뭐든지 알려고
열심히 공부하고 있습니다."

#13

가만히 나를
지켜보던 스님은
입가에 잔잔히 미소를 머금으며
흡족한 표정을 지었다.

"그 놈. 참 기특한 생각을 하는구먼.
자네 올해 몇 살인가?"

"열아홉 살입니다."

"자네의 범상치 않은 기백이
마음에 드는구먼.
그래. 어떤 것에

제 1인자가 되겠다는 건가?"

"어떤 것이 아니라
모든 것에 1인자가
되고 싶습니다."

"내 자네의 용기가
맘에 들어
몇 가지라도
가르쳐 줘야겠구먼."

나는 그날부터
스님으로부터
많은 것을
배우고 익혔다.

손금 보는 법
손가락의 지문 보는 법
엄지손가락 좌우를 통하여
수명운과 재물운을 보는 법을
정확히 배웠다.
한 가지라도 더 배우고자
노력하는 나에게
노스님은 정성껏
가르쳐주었다.

그 후

사회생활을 하면서
가끔 사람들에게
손금과 엄지손가락의 지문을 보고
수명과 재물에 대한 이야기를 하면
이구동성으로 탄복을 하는 것이었다.

심지어는 나를 보고
신들린 사람이라고
말하기도 했다.

나는 그 스님으로부터 배운
지문 보는 법을
내 스스로 착안하고 공부한
생년월일시의 사주팔자와 대입시켜
일치와 불일치를 살펴보고
불일치했을 경우
그 편차에 따라
정확하게 판단했다.

#14

그 무렵 스님은
그 곳 마차리에서
일 년만 더 있으면
자신의 모든 비법을
다 가르쳐 주겠다고 했다.

그래서 나를
매일 절에 오라는 것이었다.

그때 스님께
여러 가지 비법을 배우면서
그 무엇 하나도 시주를 하지 않았다.

심지어 불을 밝힐
초 한 자루도
사가지 않았다.

스님은 나더러
재복財福이 크게 있어
장차 재벌이 될 것이라고 했다.
그러면서
크나큰 시련도
당할 것이라고 했다.

그러나 그 시련을
반드시 이겨내야만 하는
운명을 타고 났으니
좌절하거나 용기를 잃으면
안 된다는 것이었다.

그러한 기백을 살리고
시련을 이겨내기 위해서

열심히 공부하라는 당부를
몇 번씩 했다.

그리고 그 해 스님은
나에게 한 말이
유언이나 되듯이
입적을 하고 말았다.

스님의 입적으로
나는 한동안 실의에 빠지기도 했으나

유언 같았던 그 말씀을
진리로 받아들이고
더욱 열심히 공부하며
정진하였다.

인간에게 유익한 것은
무엇이나 진리眞理이다.

인간 속에서
모든 자연自然이 이해되고

모든 자연 속에서
인간만이 창조되었고

모든 자연이
인간만을 위해 창조되었다.

인간은 모든 사물의 척도이며
인간의 복지는 유일하고 단일한
진리의 기준인 것이다.

#15

징집 문제 때문에
어쩔 수 없이 나는

그 동안 정이 들었던
마차리를 떠나야만 했다.
주인 아저씨께
사실대로 얘기했다.

"혹시나 하고
4년 만에 고향에
편지를 했더니
징집 문제로
많은 걱정을 했다더군요.

남자가 군대를
기피할 수는
없는 것 아니겠습니까?"

내 말을 들은
주인 아저씨는

무척 놀라는 것이었다.

청천벽력이라도 맞은 듯
얼른 말문을
열지 못했다.

"아니, 나이가 몇인데
이제사 징집인가?
지배인의 나이가
스물다섯이라면서?"
그로서는 당연히
놀랄 일이었다.

당장 일에 대한 걱정도
태산 같지만
그는 내 나이를
스물다섯으로
알고 있었기 때문이다.

그 집에 들어갈 때
나이를 속였다.
나이를 사실대로 밝히면
어리다고 업신여김을
받게 될 것이고

또 여접대부들이 나보다
나이 많은 사람들이

많았기 때문에
다스리기가 거북해지는 것을
미연에 방지하기 위함이었다.

#16

주인은 오히려
나를 위로하고
칭찬을 아끼지 않았다.

"아니 그 나이에 어디서
그런 노련함이 있었나?

자네는 보아하니
더욱 대단한 사람이야.

어린 나이에 어른들보다
더 큰 일을 해내지를 않나.

책임감 또한 누구와 비교도
안된단 말이야.

그 뿐인가.

아랫사람들
다독거리며 이끄는

훌륭한 리더십

게다가 그 많은 종업원들
하나하나 체크하면서
잡음 없이 일 처리해 나간 것을
어찌 내가 모르겠나?

생각할수록 자네는
대단한 사람이야.

이 사람이 또 한 번
나를 감동시키는구먼."

그의 입에서는
놀라우리만큼
칭찬이 자꾸만
튀어 나왔다.

나는 할 일이
태산 같았다.

공부도 많이 해야 하고
또 돈도 많이 벌어야 했다.

그래야만 내가 꿈꾸는 것이
이뤄지는 것이다.

마차리에서 떠나기 3일 전
나는 전 종업원들에게

그 사실을 알리지 않을 수 없었다.

아무도 모르게
휑하니 그냥
떠나버릴 수 있는
그런 처지도 아니었다.

#17

락임의 종업원
60여 명의 아가씨들은
한결같이 나를
오빠라고 불렀다.
그들의 나이는
18세에서 25세였고
나는 25세로
알려져 있었기 때문이다.

내가 그 곳에서 일한 지도
만 1년이 되었다.

1년 동안 그 곳에서
흡족한 대접을 받은 셈이다.

돈도 제법 모았으나
그것보다는 인간적인 대우가 좋았다.

그 동안 20년을 살아오면서
가장 흡족한 것이었다.

그러나 이는
내가 할 일이 아니라는 생각도
버리지 않았다.

언젠가는 이곳에서
떠나야 한다고 마음먹었다.
그 날이 언제가 될지는 모르지만
주어진 일에는
조금도 소홀하지 않았다.

주인은 나를 위해
송별회를 준비했다.
그날은 전 종업원이
한 명도 결근하지 못하도록
엄명하였다.
거창하게 상다리가 부러지도록
상을 차리라고 지시했다.

60여 명의 종업원들이
춤을 추며 놀 수 있도록
자리를 만들었다.

주인은 목이 멘 듯
그러나 힘 있게
인사말을 하였다.

"여러분. 오늘은
우리 모든 식구끼리
파티를 열겠습니다."

#18

"오늘 이 자리는 서운하게도
지배인과의 송별파티
자리가 되겠습니다.

여러분이나 나도 지배인도
매우 서운하고
안타까운 일이지만

군대를 가야하니까
어쩔 수 없지 않겠습니까?

일 년 동안 우리 업소를
아무런 잡음 없이
잘 운영해 주었고

또 60여 명의 종업원들과도

두터운 친분으로
잘 지냈습니다.

서운한 마음 가라앉히고
기분 좋게 석별의 정을
나누도록 하십시다.

머지않아 또 만날 것을
기약하면서 우리 지배인 앞날에

무궁한 발전이 있기를
기원하는 뜻에서 건배를 듭시다."

건배! 건배!
지배인 건배!
오빠 만세!

건배의 아우성이 쩡쩡 울렸다.

잠시 소란했던 분위기가
다소 잠잠해지고
주인은 다시 말을 이어나갔다.

"여기서 내가 그동안
보고 느낀 점을 말하겠습니다.
직원 여러분들도
잘 알고 느꼈겠습니다만

우리 지배인은
보통 사람이 아닙니다.

여러분도 알다시피
여기 60여 명의 미모의 아가씨들
오래된 사람이 많지 않습니다.

지배인은 노련하고
기술이 남달리
매우 우수합니다."

#19

"전에 있던 지배인은
나이 서른이었어요.

여기에서 1년 동안
일했지만

아가씨들하고
마찰이 심했어요.
하루가 멀다 하고
티격태격했단 말입니다.
그러면서 자기는 한나절이 되어야
잠자리에서 겨우 일어나서는
종업원들을 윽박지르고

186

쥐 잡듯이 했어요.

심지어 주인인 나에게도
불만이 많았던지
맨날 불평을 터뜨리곤 했어요.

걸핏하면 어린 아가씨들을
윽박지르고 야단을 하니
어린 아가씨들이
어찌 견디겠어요?

그러니 아가씨들은
사흘이 멀다 하고 가버리고
나는 또 다른 아가씨를
구해오느라고 정신이 없었어요.

그런데 지금 이 자리에 있는
지배인은 나이도 어리고
경험도 없는 것 같았는데
어디에서 그런 비범한 통솔력과
인간미를 배웠는지
어디 잡음 하나 있었습니까?

솔선수범하여
모든 일을 척척 해내고

새벽 5시면 일어나서

손수 마당을 쓸고

집안 구석구석을 점검하고
피곤한 아가씨들 잘 자는지
일일이 체크하면서

인간적인 관심을 쏟으니
서로의 관계가 원만했지요."

#20

"여러분. 이 지배인한테서
많은 것을 배웠을 겁니다만
주인인 나도 많이 배웠습니다.

내 나이가 50살이 넘었는데
이런 젊은이는 처음 봤어요.

아니, 정 지배인은 무엇을 한들
앞으로 틀림없이
큰 사람이 되리라고 믿습니다.

그러니 여러분들도 정 지배인의
지도력과 인간성을 잘 익혀서
훌륭한 사람이 되도록
노력하시기 바랍니다."

주인아저씨의 긴 인사말이
비로소 끝났다.

60여 명의 미모의 아가씨들이
찬물을 끼얹은 듯
가만히 듣고 있다가
주인의 말이 끝나자
무슨 약속이나 한 것처럼
일제히 일어나
나에게 덤벼들었다.

그들의 포옹으로 인해
어리둥절하기도 했다.

잠시 후 주인 아저씨의 소개로
자리에서 일어난 나는
차분하면서도
카랑카랑한 목소리로
인사를 했다.

"이제야 내 나이를 밝혀
대단히 미안하게 생각합니다.

물론 여러분들 중에는
나보다 어린 사람도
몇몇 있는 줄 압니다만
대부분 나에게는

누나뻘이 되는데
오빠처럼 행세하여
더욱 미안합니다.

그러나 그것은
모두가 서로 사이좋게

지내기 위한 것이었다고
생각합니다."

#21

"마차리 락임 주인을 비롯하여
60여 명의 미모의 여 종업원들
일 년여 동안 여러분 전부를
사랑했어요.

누나로서도 사랑했고
동생으로도 사랑했고
형제로서도 사랑했습니다.

나는 외로운 사람이기 때문에
모든 사람들과 조금만 친밀해지면
금방 사랑하게 되거든요.

그동안 너무나

사랑해 주신 데 대해서
감사하게 생각합니다.

내 인생이 끝나는 날까지
여러분 전부를 사랑합니다.

오늘 여러분들의 사랑을
영원히 잊지 못할 겁니다."

나의 인사말이 끝나자
신체검사에서 불합격하여 다시 오라는 소리가
여기저기서 들려왔다.

그것은 모두의 진심이었으리라.
그것은 그동안 그들과 나
그리고 정의롭고 진실했던
인간관계의 숨김없는 마음들이
일시에 표출된 것이었으리라.

송별파티 3일 후
나는 마차리를 떠났다.
경남 산청군 금서초등학교
징병 검사장으로 향했다.

버스에 앉은
나의 심정은 착잡했다.

지난날들이 영상처럼
펼쳐지기도 했으며

또한 앞으로 나에게 주어질
운명적인 일들이
아련하게 다가오기도 했다.

어떻게 어떤 일들이 닥쳐올지는
확실치 않으나 수많은 일들과
난제들도 기다리고 있는 듯했다.

#22

이제부터
돈을 벌어야 할 때라는
생각에 머릿속이 어수선했다.

중요한 시기에
군대에 가서 3년을
보내야 한다고 생각하니
착잡한 마음이 들기도 했다.

그러나 어쩌랴.
국민의 의무가 아닌가.

하지만 생각할수록

군에서 3년을 보내고
제대를 했을 때
과연 내가 해야 할 일들이
쉽게 와줄 수 있을까?
불안했다.

군대를 가지 않을 수 있는 방법을
골똘히 생각하기도 했다.

군대에 가기 싫다는 것이 아니라
사회에 발을 내딛은 후
가장 활발하게 일할 수 있는
토대가 마련되려는 시기였기 때문에
그 기회를
놓치고 싶지 않았던 것이다.

깊은 생각에 사로잡혀 있던
내 머릿속에 불현듯 스치는 게 있었다.

그것은 다름 아닌
내 나이 일곱 살 때
나를 죽음 직전까지 끌고 갔던
양민학살 사건이었다.

그때 나는 총을
세 발이나 맞았다.
허벅지며 발바닥이며

배의 관통상 흔적이
그대로 남아있었다.

그 통증으로
걸음을 제대로
걸을 수가 없었다.

#23

나는 검사장에서
검사원에게 사실대로
설명을 했다.

1951년 정월 초이튿날
산청 함양 양민학살 사건 때
국군 11사단 9연대 3대대
소속 장병들에 의해
총을 세 발 맞았으며
지금도 완쾌되지 않은
상태라는 것을 진술했다.

그러나 그것으로
징집 면제가
확실한 것은 아니었다.
어쩌면 가능성이 있을 것이라는
막연한 기대를 했을 뿐이다.

당시에 징집 대상자의 숫자가
모자라는 형국임을
듣고 있었기 때문이다.

징병 검사 결과는 무종이었다.
내년에 징병 검사를
다시 받아야 한다는 결과가 나왔고

다음해에는
병종불합격으로
면제 확정을 받았다.

다시 영월의 마차로 갈까 하는
마음도 있었다.

그러나 그것은
일시적인 안위에
불과할 뿐이었다.

장래의 큰일을 찾아야지
당장 편하고
대접 잘 받는 것만이
능사는 아니었다.

#24

순간의 안락을 위해
큰 뜻을 저버리는 우愚를
범해서는 안 될 것이며
일신의 평안을 위해
주위를 살피지 못하는 것 또한
우를 범하는 것이나 다름없다.

나는 나에게 주어진
크나큰 사명감이 있다.

그것을 이루기 위해서는
좀 더 큰 뜻을 가지고
다른 일을 찾지 않으면
안 되는 것이다.

영월의 마차에는
가지 않기로 했다.

나는 고향마을을
한 바퀴 돌아보고
산청을 떠나기로 했다.

수년이 지났건만
고향은 예전과 다름이 없었다.

깊은 산골짜기의
맑은 물은
한으로 점철된
내 가슴의 응어리를
한 겹씩 씻어 내리듯
유유히 흐르고 있었다.

그러나
아픈 기억의 뒤안길에는
언제나
서글픈 그림자가 드리워지듯

남쪽 하늘자락 멀리
중매재를 쳐다본 순간

귀청을 찢는 그날의 총성과
아우성들이 환청으로
나를 괴롭혔다.

더 이상 생각하지 말자고
수없이 다짐해 보건만
그것은 영원히 잊을 수 없는
원혼들의 처절한 통한의 절규였다.

그러한 절규들이
속속들이 가슴에
배어있기 때문이다.

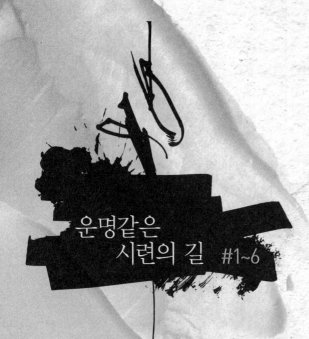

운명같은
시련의 길 #1~6

나는 무일푼으로 출발한 인생이 아닌가.
지나간 일에 얽매이다 보면
앞으로의 일을
제대로 할 수 없게 된다는 것으로
위안을 삼고자 했다.

#1

넘어지면 일어나고 어려우면 더 잘 싸우고
자고나면 깨는 것이 우리들 인생이라고 했던가.

한번 뛰어서 하늘에 도달하지는 못한다.
그러기에 우리는 낮은 땅에서
둥글게 하늘로 올라가는 사다리를 만들고

그 둥근 사다리를 타고
돌고 돌아서 결국 그 꼭대기에 이르는
감격을 얻는 것이다.

작은 일이라 하여 쉬이 하지 않으며
어떤 일에 실패를 한 경우에도
좌절하거나 자포자기하지 않는다면

비로소 확고한 대장부로
탄생하게 되는 것이다.

둥근 사다리를 타고 돌고 돌아서
꼭대기에 이르고 그러는 동안
온갖 난간들을 헤치며 정진했을 때

대장부가 고대하는 성공의 길에
들어서게 되는 것이다.

성공의 재능이란
바로 자기가 잘할 수 있는 것을 하는 것이고
또한 자기가 하고자 하는 일을
기꺼이 해내는 데 있다.

나는 영월 마차리 탄광지대로 가는 것을 포기하고
서울행을 결정했다.
더 넓은 곳에서 꿈을 실현시켜야겠다는 것이
최후의 결정이었다.

그 당시 서울에는 이종사촌형님이
대경상업고등학교에 선생님으로 계셨다.

형님이 반가워 해준 건 말할 것도 없고
이모도 무척 반겨주셨다.

이모님의 애정은 유별나
어머니를 만나는 것처럼
숭고한 모정의 본보기라 해도
과언이 아니었다.

나는 그동안의 일들을 설명했다.
그러나 지나치게 곤혹스러웠던 일들은
말하지 않았다.

이모는 내 손을 잡으면서
대견하다는 칭찬을 몇 번이고 했다.

내가 워낙 총명하여 어딜 가든
잘 적응하리라 믿었다는 칭찬도 아끼지 않았다.

나는 반드시 크게 성공할 것이라고도 했다.
요즘의 젊은이들도 갖는 꿈이기는 하지만
당시 나도 영화배우가 되겠다는
포부를 갖고 있었다.

그 당시 신영균 김지미 박노식 등의
대스타들을 동경했고
그들처럼 훌륭한 배우가 되겠다는 꿈을
갖고 있었기에 사촌형님께 말했다.
형님은 영화배우가 되는 것은
쉽지 않다고 했다.

내가 충무로 바닥을 헤매는 동안
맨 처음 만난 분이 허장강 씨였다.
지금은 고인이 되셨지만
그 당시 그분의 인기는 대단했다.

그 분이 나를 알든 말든
나는 그에게로 달려가 반갑게 인사를 했다.
다짜고짜 엎드려 큰절을 하고
"방곡에서 왔습니다.
영화배우가 되게 도와주세요."

그는 처음 보는 나 때문에 어리둥절한 채

힐긋 힐긋 보더니 따라와 보라고 했다.

이제 됐구나. 나의 배우의 꿈이
허장강 선생님으로부터
이루어지는구나하는 꿈에 부풀었다.

허장강 씨는
"총명하게 생겼구면."
하면서 나의 머리를 쓰다듬었다.

나는 금방 영화배우가 되는구나하는
생각에 기뻤다.
공중을 날아오르는 기분이었다.

"이 친구 총명하게 생겼어.
영화배우가 되겠다고 촌에서 올라왔다네.
또랑또랑하고 대견스러워.
어디 한번 잘 도와줄 수 있는지 신경 써 봐."

허장강 씨는 나를 그 사무실 사람에게
소개시켜주고는 어디론가 가버렸다.

나는 영화사 직원인 듯한 그 사람에게
꾸벅 인사를 하고는 다짜고짜 물었다.

"영화배우가 되려면
어떤 절차가 필요합니까?

나는 꼭 영화배우가 되고 싶습니다."

나의 느닷없는 물음에
그는 입가에 조소를 띠우며 힐난하듯 내뱉었다.

"야. 이 촌놈아. 영화배우를 아무나 하냐?
네깟 놈이 영화배우가 되겠다고?
꿈 깨라. 꿈깨."

#2

그가 나에게 핀잔을 주며 힐난했지만
별로 악의는 없어 보였다.

허장강 씨가 소개했기 때문에
막무가내로 대할 수는 없었던 모양이었다.

사무실 청소는 물론 하찮은 심부름에서부터
궂은일까지 내가 맡아서 했다.
굴욕스러운 일이 있어도 참았다.

그러나 나에게는 잠을 자고 밥을 먹을
어떤 길도 없었다.
아무런 보상도 없었다.

영화배우가 되는 길이 곧 열려

머지않아 유명한 배우가 된다하더라도
당장의 허기를 때워야 했다.
배가 고파서 견딜 수가 없었다.
영화사엔 그날부로 종지부를 찍었다.

돈마저 다 떨어지고 빈털터리가 된 상태에서
장충단 공원 앞에 동화장이란
중국식당에 눌러 앉았다.

막상 식당일을 하면서 공부를 하려고 하니
시간적 여유가 너무 없었다.
공부를 하기 위해서는
시간적 여유가 있어야 했다.

시간도 활용하고
돈도 벌 수 있는 방법을 생각하다가
신문팔이와 구두닦이 장소로
남산 장충단공원을 선택했다.
그 세계는 불량배 소굴로 간주되었고
그런 아이들이 우글거렸다.
그 곳에서는 주먹질을 잘해야
살아남을 수 있었다.

불량배의 똘마니들로부터
묵사발이 될 정도로 수없이 얻어맞았다.

살아남으려면

태권도를 배워야겠다고 생각했다.
내가 얻어맞은 만큼
그들을 두들겨 패줘야겠다는 생각도 했다.

매일 새벽 5시에
태권도장에 가서 훈련하여
1년 만에 검은띠
2년 6개월 만에
3단이 된 나는 두려울 게 없었다.

남산공원 주변 불량배 정도는
거뜬히 이길 수 있다는 자신감이 팽배해 있었다.
게다가 나는 정식으로 수련을 하였기에
싸움의 요령도 충분히 숙지했다.

평소 여러 번 싸워본 경험이 있기 때문에
그들의 실력을 잘 알고 있었다.
그들의 조직과 한 판 세게 붙어야 한다는 생각으로
충분히 대비를 하고 있었다.
그들이 내가 태권도 3단의 실력인 것을
모르고 있을 때였다.

드디어 힘의 균형을 깨뜨릴 그날이 왔다.
결판지게 한번 겨뤄야 할 기회가 주어진 것이었다.
KBS라디오 방송국이 남산 기슭에 있을 때였다.

방송국 건물 좌측 골목에서

떡발이 3명을 상대로 싸움이 벌어졌다.

키는 작았으나 몸집은 당당했던 나는
그들보다 기술뿐 아니라 힘도 셌다.
그날 3명은 나에게 거꾸로
묵사발이 될 정도로 얻어맞고는
빌다시피 했다.

다시는 나의 자리를 넘보지 않겠다고 했다.
그 후 누구도 나에게 덤벼서는
이길 수 없다는 소문이 퍼졌고
어느 누구도 내 주위를 침범하지 못했다.

나는 구두를 닦고 신문을 팔면서
시간만 나면 공부를 하는 데
게을리 하지 않았다.

열심히 구두를 닦고 신문을 팔아
정당한 생활을 했고
학원에 나가 공부도 열심히 했다.

열심히 공부하는 나를 본 학원 원장이
칭찬을 하기 시작했다.
구두 닦고 신문 파는 일을 그만 두고
아예 학원으로 들어오라고 했다.

#3

나는 학원에서
열심히 일을 하며 공부도 했다.
도랑치고 가재 잡고였다.

그렇게 학원 원장님의 배려로
어렵지 않게 공부를 할 수 있었고
대학에도 갈 수 있는 학습을
충분히 마스터했다.

하지만 대학은 포기해야 했다.
돈을 벌기 위해서
하루 잠자는 시간은 불과 너댓 시간이었다.
돈 버는 일이면 무엇이든 가리지 않고
주인의식을 가지고 열심히 일을 하며
5만 원을 모았다.

그 돈 5만 원으로 난생 처음
금호동 고수부지 30평 정도의 가게

3만 원 보증금에 월 3,000원짜리
월세를 얻어 본격적으로
장사를 시작한 것이다.

다행스럽게도 식품공장에
납품할 수 있는 기회가 주어졌다.

1965년 3월 21일이었다.

한강이 내려다보이는
금호동 산비탈의 달동네
그곳은 나를 안도하며
열심히 살게 해준 아늑한 곳이었다.

그곳 한강 주변에 민수편직공장이 있었고
나는 그 공장에서 각종 물품을 납품하기로
계약을 맺었다.
납품하는 품목은 일반 식품에서부터
사소한 소모품까지
내가 독점 납품하게 된 것이다.

그 당시 나에게는 밤낮이 없었다.
그들이 요구하면
밤이든 새벽이든 가리지 않고 배달했다.

그 공장에서 제조되는 상품들은
대부분 외국으로 수출을 했기 때문에
대단한 호황을 누리고 있었다.

그래서 그 공장에서 발행하는 종이딱지는
현금처럼 거래되기도 했다.

지금 말하자면 종이딱지가 가계수표였다.
외상으로 납품을 하고 가계수표를 받아

한 달 만에 현금으로 교환하는 식이었다.

민수편직공장은 신일 기업사로서
정부가 인정하는 모범업체로
선정되었기 때문에 신뢰도는 대단히 높았다.

개업한 지 두 달이 되던 그해 5월 11일
중간결산을 했더니 두 달 만에 무려
20여만 원의 순수익을 올릴 수 있었다.

그 금액은 큰 액수였다.
당시 금호동 앞 한강 건너편에
배, 호박 넝쿨밭이 있었는데
평당 30원 할 때이니까
중개업자들이 신발이 닳도록 찾아와
땅만이 재산이오. 물건 나올 때 사두시오.
압구정동 1만 평이 매물로 나왔으니
그것을 구입하라며 수없이 드나들었다.

나는 그 땅 만 평을 사기 위해
계약금 3만 원을 지불했다.

잔금 27만 원은 3개월 내에 주기로 하고
일단 계약을 한 것이다.

그때 가지고 있는 현금이
20여만 원이 되었고

또 한달이면 10여만 원이 들어오기 때문에
그 땅값 30만 원은 한 달 이내에

충분히 지불할 수 있으나
기한을 조금 멀게 잡은 것이다.

#4

이종사촌형님이 근무하던
학교의 증축자금으로
개인 사채 4부씩 이자라
교장선생님의 허락하에
서무주임이 책임을 지고
형님이 권유를 해왔다.

압구정동 땅 만 평 계약금
3만 원은 포기하기로 하고
돈 20만 원을
학교 서무주임에게 빌려주었다.

20만 원에 대한 이자가
월 8,000원이었기 때문에
그 돈이면 제법 큰 액수였다.

일년이면 이자만 해도
9만6,000원 그러니까

거의 10만 원이라는
이자가 붙게 되는 것이다.

그것이 땅을 사는 것보다
훨씬 나을 것이라는
계산을 한 것이었다.

당시 나에게 20만 원이면
대단히 큰 돈이었다.

대경상고에서 두 달에 한 번씩
이자를 받기로 했기 때문에
돈을 준 두 달 후인 7월 30일경
이자를 받으러 학교에 갔더니
부도를 낸 상태로 이자는커녕
월급도 못 받을 지경에 놓인 것이 아닌가!
날벼락이었다.

부도를 내고 교장 등 서무주임이
도망을 간 것이다.

선생님들 돈을 다 떼어먹고
지역 유지와 학부형 돈을 거둬들여
야반도주한 사건.
금호동 파출소에서
아무리 호소해본들 소용이 없는 일이었다.

허둥지둥 몸도 제대로 가누지 못한 채
집으로 돌아온 나는
어처구니없는 사기에 말린 신세가
안타깝기 짝이 없었다.

나의 간절한 애소에 경찰관들도 울먹였다.
그 나쁜 놈들. 사회를 좀먹는 놈.
나는 다 잊어버리자고 다짐했다.

새벽 4시에 잠에서 깨어나
금호동 시장에 가서 싼 물건을 찾았다.
같은 물건이라도
좀 더 싸게 살 수 있는 곳을 찾았다.

도매 시장에서 구입하여
신일기업사에 납품을 하였다.
나의 처지를 안 신일기업사에서는
적극적으로 나를 신임했다.
나는 그들이 신임하는 것 이상으로
신속하게 좋은 물건을 공급해주었다.

개업을 한 후 많은 시련을 겪었지만
지성이면 감천이었다.

신일기업에 납품을 시작한 지
13개월이 되던 1966년 5월경에
결산을 해보았다.

50만 원이라는 돈을 번 것이었다.
대경상고에서 떼인 돈을 제외하고도
그만큼 벌었으니 큰 금액이었다.

그 돈이면 압구정동의 호박 넝쿨밭
고수부지 2~3만 평을 살 수가 있었다.
땅을 사기 위하여
복덕방을 찾아갔더니
때마침 3만3,000평이 있었다.

지난해보다 땅값이 조금 올라
115만 원이라는 것이다.
너무 큰 액수였다.

"나는 돈이 50만 원뿐인데요."

"엇따. 이사람. 돈 다 갖고
땅 사는 사람이 어디 있는가?"

#5

복덕방 아저씨는
무조건 땅을 사두라는 것이었다.

"그럼 일단 계약을 해놓고
중도금을 일부만 주고

나머지 잔액을 5~6개월쯤 후에
건네는 방식을 의논해볼 테니까
그렇게 하도록 하지."

계약금 10만 원을 건네주었다.
중도금은 1개월 후에 지불하기로 하고
잔금은 5개월 후에 지불하기로 했다.

나는 신일기업사에 물품을 납품해야 하고
가계수표도 할인해주는 일까지 했다.

한달짜리 가계수표 월 5%의 수수료를 떼
할인해주니 그 이자가 수월찮았다.

15개월이 되던 날 결산을 해보니
150만 원 정도의 돈을 번 셈이었다.
대경상고에 떼인 것을 제외하고도
상당한 금액의 돈이 남았다.

한 달에 30~40만 원 이상 벌어들인 셈이었다.
차츰 신일기업사에서 가계수표가 많이 나왔고
내가 납품하는 물건대금 외에
직원들이나 간부들이 가져와서
할인해가는 액수가 자꾸만 늘어갔다.

신일기업 총무과장이 찾아와
10만 원을 할인해갔다.

그 후 사장이 지나는 길에 들렀다며
한번 찾아와서는
자기네 가계수표를 할인해 주는 것이
너무 고맙다는 말을 몇 번이고 했다.

그 당시 신일기업사는 직원
300~400여명 중견기업치고는
상당한 알짜기업이었다.

어느 날 사장이 직접 와서
오십만 원을 할인해갔다.

정미년 3월 11일 아침
예감이 이상했다.

나의 사주팔자
갑신甲申 신미辛未 무자戊子 계해癸亥이다.
그해 3월 11일 갑술일甲戌日.
그것은 내가 총으로 난타를 당하는 것으로
해석이 되어 섬뜩한 예감이 스쳤다.

예감은 무시할 수 없는 것이었다.
특히 주역을 익혀온 내 예감은
무언가 특이한 점을 암시해주는 것이었다.

나는 북쪽으로 향해 정좌한 채 명상에 잠겼다.
신일기업사 사장이 스크린에 들어온다.

포승줄에 묶여 경찰서로 들어가는 모습이
희미하게 흐르다가 갈수록 분명해졌다.
총무과장의 눈가에 바르르 바르르 경련이 일어났다.

오후 8시쯤 총무과장이 난데없이
"사장님 심부름이오. 50만 원 할인해 주시오."

전에 없던 적군에 쫓기는
패퇴 직전의 장졸 모습이었다.

"지금 돈 하나도 없습니다.
엊그저께 사장님이 몽땅 다 가져가셔서서 없습니다."

사장한테서 아스토리아 호텔 301호로 오라고 연락이 왔다.
아스토리아 호텔 301호실에 들어서니 사장이 앉아 있었다.

"어서 오게. 여기까지 오라고 해서 미안하네."

"아닙니다.
괜찮습니다. 그간 안녕하신지요?"

"그래. 이봐.
오늘 총무과장 얘기를 들으니
자네가 무슨 명상을 했다고?"
"네. 제가 느낀대로 얘기했을 뿐입니다.
어젯밤 꿈이 하도 이상하고 기분이 나빠서
새벽에 명상을 했더니

사장님 모습이 나타난 겁니다.
두 손이 묶인 채로 경찰서로 가는 모습이었어요.
깜짝 놀라 눈을 떴어요.
그래서 더 이상 명상은 하고 싶지도 않았습니다.
제가 가지고 있는 가계수표가 사장님과 총무과장이
바꿔간 것만 해도 250만 원입니다.
직원과 간부들 것까지 합치면
350만 원이나 되는 거금이거든요."

"그래. 그게 어찌됐단 거야?"

사장의 음성이 차츰 높아지고 있었다.
화가 난 얼굴이었다.

"그래. 자네가 받을 돈이
350만 원이나 된다고? 그까짓 거
얼마 안 되는 걸 갖고
뭘 그리 걱정을 하는가?"

당시 350만 원이면
압구정 땅이 평당 30원할 때이니까
11만5,000천평 대금이었다.

"저는 신일기업 사장님을 위해
열심히 노력했습니다.
압구정동의 땅을 사기 위해 계약을 했거든요.
3만3,000평이었어요.

계약금 10만 원 걸었는데 해약해 버렸습니다.
계약금도 떼이면서까지
몽땅 사장님한테 다 드렸습니다.
신일기업이 잘못된다면 저는 죽습니다."

내 말을 가만히 듣고 있던 사장은
별다른 표정이 없었다.

"이보게. 젊은이. 그동안 고마웠네.
우리 회사를 위해 도와준 것 진심으로 고맙네.
아무 걱정하지 말고 10일간만 전과 다름없이
정상적으로 거래를 해주게나."

"네. 그럼 350만 원을 현금으로 주시면
10일간 정상적으로 할인해 드리겠습니다."

사장은 황당한 표정을 지으며
아무 말을 하지 못했다.
나는 사장의 돈을 받을 목적이었다.

"이 사람. 자꾸 억지 쓰지 말고
10일간만 별도로 처리해주게."

사장은 나에게 호통을 쳤다.

#6

사장은 윽박지르기까지 하면서
험상궂은 얼굴로 변했다.

내가 비장한 각오로 덤비고 있음을
알아챈 사장은
아무 말도 하지 않은 채
나를 빤히 쳐다보고 있었다.

나는 사생결단으로
돈을 받아야겠다는 각오로 졸라댔다.
사장이 슬그머니 일어나
자리를 뜨려고 하기에
나는 사장의 허리띠를 거머쥐었다.

"내 돈 주고 가시오.
이대로는 못 갑니다." 하며
소란을 피우니
호텔 지배인이 와서
내 손을 떼려고 했지만
그래도 내가 떨어지지 않으니까
나를 걷어차기도 했다.

하지만 나는
사장의 허리띠를 놓지 않은 채
지배인에게 덤벼들었다.

경찰에 신고한다는 말에도
나는 "마음대로 하시오.
차라리 경찰이 왔으면 좋겠소." 라고 했다.
나는 같이 태권도를 수련했던
동기생을 전화로 불렀다.
동기생은 나와 친한 친구였고
둘이 밤새 사장을 지켰다.

호텔의 신고로 경찰에 연행되고
내부갈등 처리되어 방면이 되는데
조폭 5명이 나와
우리 앞을 가로막아 섰다.
이 조무래기들이
신일기업 사장을 지키고 있었다.

1967년 3월 13일 신일기업사는
부도를 내고 말았다.
사장은 행방불명된 채
나타날 기미가 보이지 않았다.

직원들은 회사에서 성토를 했고
간부들은 이리 뛰고 저리 뛰고
허탈감으로 야단법석이었다.

나는 무일푼으로 출발한 인생이 아닌가.
지나간 일에 얽매이다 보면
앞으로의 일을

제대로 할 수 없게 된다는 것으로
위안을 삼고자 했다.

신일기업에서 얻은 부는
신일기업으로 되돌려주기로 했다.

나는 결국 신일기업 사장으로부터
받지 못한 나머지 돈을 다 떼이고 말았다.
한 푼도 건지지 못하고 알거지가 되었다.
그것은 또 다시 새로운 시작의
매서운 채찍으로 받아들여야 했다.

파릇파릇 새싹이 돋고
버들가지는 물이 올라
샛노랗게 물들어가는 봄날
나는 강가를 거닐다가
건너편 압구정동의
호박밭을 응시하고 있었다.

3만여 평의 그 밭에는
눈부신 햇살이 쏟아지고 있었다.

아득히 먼 하늘 가장자리에는 바랜 듯한
하얀 구름조각들이 널려있고
그 사이사이로
노고지리는 힘차게 비상하고 있었다.

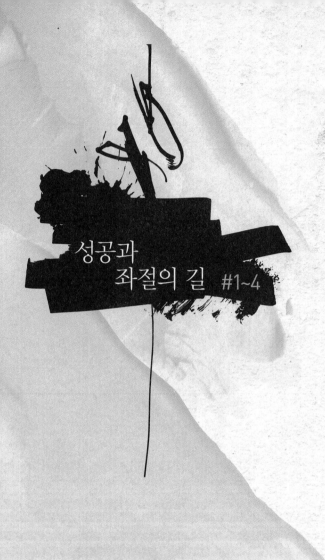

성공과
좌절의 길　#1~4

나는 그때 지난 과거의 어려웠던 시절을 잠시 잊어버리고 회사의 내부에 대한
감독을 소홀히 했다. 외부로부터 자금을 끌어들이는 일, 그리고 많은 물량
을 확보하고는 좋은 마진을 남기고 파는 데만 정신을 쏟고 있었다. 나의 감
독 소홀로 경리 담당자들에게 엉뚱한 마음을 가지도록 도와준 것이나 다름
없었다. 분명히 많은 흑자를 냈는데도 어딘가 모르게 자금이 달리는 부분이
상당히 눈에 띄는 것이었다.

#1

원래 어리석은 사람은 때때로 어려운 것을 쉽게 생각함으로써 실패를 하고 현명한 사람은 때때로 쉬운 것을 어렵게 생각하기 때문에 실패를 한다. 그래서 자기를 아는 사람은 남을 원망하지 않으며 천명天命을 아는 사람은 절대 하늘을 원망하지 않는다.

복福도 자신으로 인해 싹이 트며 화禍도 자기로부터 나오는 것이다. 불길이 아무리 거세며 무섭게 타올라도 끄는 방법이 있고 물결이 하늘을 뒤덮는다 해도 막는 방법이 있게 마련이다. 화는 항상 위험할 때 있는 것이 아니고 복도 경사가 있을 때 있는 것이 아니라 근심할 때 있다고 했다. 용기勇氣는 악운惡運을 깨뜨리는 유일한 무기다. 모든 것을 정복할 수 있으며 우리의 육체에 크나큰 힘을 실어주는 것이다. 그래서 용기가 있는 곳에는 언제나 희망의 아름다움이 있는 것이다.

나는 내 인생의 새로운 출발로 구두통을 둘러멨다. 구두닦이를 하고 신문팔이를 해야만 했다. 한 푼 없는 나에게 가장 손쉬운 돈벌이였다. 하루에 수십만 원을 만지던 손은 겨우 하루 수십 원 수백 원을 얻는 조막손으로 변했다.

3개월 정도 구두를 닦다가 어느 날 귀인을 만나게 된다. 그의 도움으로 식품가게를 차려 열심히 일했다. 처절했던 과거는 잊은 지 오래였고 주어진 일에 최선을 다한 덕택이었는지 상당한 발전을 하게 되었다.

사랑하는 아내와 몇 년간 식품업을 하다가 우리 업소에 납품하는 주병덕朱炳德씨를 만나게 되어 수산물 도매업을 동업하기로 하였다. 거기에서 제법 자금도 모으게 되었다. 그것은 나에게 새로운 도약의 계기를 만들 수 있는 큰 힘이 되었고 꿋꿋한 용기를 북돋아주었다.

나는 온갖 고통과 처절한 핍박 그리고 참을 수 없는 분노를 삼키며 살아남았다. 살아남았다는 것은 나에게 큰일을 하게 하는 소임으로 여겨졌다. 찬란한 태양을 향한 마음, 그리고 강한 집념이 응집된 나의 결심은 희망봉을 바로 눈앞에 두고 힘차게 정진하는 것뿐이었다.

내 이름 정춘식鄭春植. 나의 조부께서는 경남의 학자 어르신 중에 가장 뛰어난 한학자 중의 한 분이셨다. 1967년 4월 6일 나의 큰아들이 출생하여 이름을 지으러 작명소에 들렀더니 대뜸 하는 소리가 춘식春植이라는 이름의 자字는 음양 원칙에 맞지 않아 부모형제가 산산조각난다 하였다.

鄭	19	28	水	天
春	9		金	人
植	12	21	木	地
		40		

28의 숫자는 조난 자초. 40의 총수는 파란과 쇠퇴 흉험. 작명가의 말을 듣고 불안하여 대들보라도 빼어 팔아 이름을 바꿔야겠다는 결심을 하였다.

1968년 3월 나는 동업형태를 청산했다. 1968년 3월 11일 동양물산이라는 상호로 직원 3명으로 출발했다. 지금은 노량진 시장, 가락동 시장으로 나눠져 있지만 그때는 서울역 뒤편 서소문 공원 자리에 수산물시장이 크게 형성되어 있었다.

그 시장 사장은 함양 출신 일본 거류민단 단장 출신 노용한 씨였다. 나는 노 사장의 후광으로 어렵지 않게 성장일로를 걷게 되었다. 금세 수산시장 안에 소문이 퍼졌고 누구하나 나에게 감히 대적할 수 없을 정도로 힘을 구축했다.

당시 노 사장은 박정희 대통령의 큰 신임을 등에 업고 엄청난 위력을 과시했다. 노 사장은 나의 이모부와 밀접한 관계를 맺고 있었다. 그는 그의 직원들에게 나를 소개하면서 조카라고 불렀다. 자신의 친조카나 다름없으니 사업에 지장이 없도록 잘 돌봐주라는 지시를 했다. 그곳 직원들 모두가 나의 수산물이 시장에 출하하면 서로 도와주었다.

나는 전국을 무대로 사업을 넓혀갔다. 전국 각지를 다니면서 수출상품 외는 몽땅 내가 구매하여 냉동창고에 보관하여 마진율 500%를 달성했다. 백여 명씩 서로 구매하려고 야단법석일 때가 많았다.

1968년 늦은 가을 여수에는 냉동수산물가공업체가 8개뿐이었다. 수출가공물량은 90%가 일본으로, 10%가 미주지역으로 수출됐다. 여수에서 수출하고 남은 것을 처분하는 것이 골칫거리였다. 일부는 사료공장으로 가기도 했고 남은 것은 폐기처분했다.

#2

나는 궁리 끝에 여수의 수출등외품을 몽땅 서울 시장에 내놓을 생각으로 20kg들이 수천 상자를 심지어 상차비만 주고 냉동창고에 보관하였다. 그리고 실험을 하였다. 동해안 수출가공공장 오징어 재고 300t을 사들였다. 회사를 이제 정비해야겠다는 생각으로 법인회사를 설립했다. 직원을 50명으로 늘려 본격적인 재벌이 되는 사업으로 달리기 시작했다. 조달청에 아는 사람이 있는 관계로 군납을 할 생각이었다.

시청 앞 백남빌딩에 큰 사무실을 마련해놓고 군장성 및 관계 인사들을 만났다. 당시는 꿈에 부풀어 있었다. 전모 씨를 알게 되면서 당장 군납이 이뤄지는 것으로 착각하고 있었다. 전무 감사 이사 등 노련한 로비스트들을 소개해 주었고 그들은 어리석은 나를 마음대로 요리했다.

나는 그들이 요구하는 엄청난 자금을 서슴없이 내놓았다. 최고위층 로비를 한다는 것이다. 사무실운영비 등으로 그동안 벌어놓은 많은 돈이 거의 다 들어갔다. 어느 날 최고책임자를 만나게 해준다는 전갈이 왔다.

그날 저녁 7시가 약속시간으로 정해졌다. 장소는 최고급 요정 미모의 아가씨들과 함께였고 불빛은 은은했다. 흥분된 가슴을 진정시키며 기다렸다. 약속 시간인 7시를 넘어 8시 9시가 넘어도 나타나질 않았다. 9시가 지나자 중절모를 쓴 중년 두 사람이 들어서면서

"실례하겠습니다. 각하께서 급한 국사가 생겨서 다음으로 미루시겠다고 지시하여 알려드립니다. 정말 미안하다고 정중히 사과를 드리라고 하셨습니다."

하늘이 무너지는 소리였다. 더 이상 아무 소리도 귀에 닿지 않았다. 이럴 수가 있는가. 저들에게 그간에 들어간 돈이 15억 원, 그 당시 명동 땅 평당 500만 원이었다. 요즘의 시세는 900억 원이 되는 셈이다.

내 판단이 착각이었구나. 이렇게 망가진 나는 몇 년을 허송세월했다. 나는 다시 새 출발의 의지를 일으켜 세웠다. 좌절의 늪에서 헤어 나오고 있었다. 서슬퍼런 희망의 칼날을 빼어든 것이다. 빚을 내고 있었다. 그리고 회사를 설립했다.

주변에 좋은 분들이 있어 많은 위안과 도움을 얻을 수 있었다. 눈 먼 돈은 임자가 따로 있어서 그리로 가버렸지만 나에게는 인간관계라는 크나큰 재산이 남아있었다. 돈은 다 날렸어도 신용은 그대로 남아있었다. 대기업의 말단부터 중역들에게까지 큰 신임을 얻었던 것이다. 사업자 등록을 대기업에 제출했더니 신용을 담보로 외상매출을 손쉽게 끊어주었다.

을지로 6가에 태안물산주식회사泰安物産株式會社를 설립하고 본격적인 사업가로서의 재도약 의지를 불태웠다. 나는 다시 거듭나기 위해 밤낮을 가리

지 않고 열심히 일했고 돈을 벌 수 있는 물건이 나타나면 어디든지 달려갔다. 모든 열성을 쏟아 부은 결과는 급성장이었다.

회사 설립 일년만에 당시 을지세무서에서 총매출 랭킹 2위의 실적을 자랑하는 기업으로 성장시킨 것이다. 회사의 급성장으로 충남 땅 삼만여 평, 연희동 저택, 약수동 대로변 6층 20억 원대 등 상당한 부동산을 소유하게 되었다.

그 큰 부동산을 강원냉동(주) 한방걸 씨에게 담보로 제공하고 강원 냉동(주)에 들어오는 상품은 전부 태안물산으로 넘겨지도록 계약을 맺은 것이다. 강원냉동(주)는 너무 확장하는 관계로 부도를 내고 말았다. 나는 강원냉동(주) 부도로 큰 타격을 입었다.

그러나 나는 신용을 담보로 전국 무대로 뛰었고 태안물산은 승승장구했다. 어느 지역이든 내가 나타나면 모두들 슬슬 내 눈치만 살피기 바빴다. 내가 전매를 해버리기 때문에 모든 상인들이 감히 대적하지를 못했다. 그러나 그것은 내가 필요로 하는 물건에 한한 것이었다.

1981년 신유년辛酉年 수산업자 정재원에게 날개를 두 겹 세 겹 달아준 셈. 동에 번쩍 서에 번쩍 그래서 붙여진 별명이 도깨비였다. 이때부터 냉동수산물뿐만 아니라 참치 등 특수어종을 모두 전매하여 냉동창고에 보관하여 전국의 시장에 공급을 하였다. 굴지의 참치어선을 몽땅 계약 맺고 독점하다시피 하였다. 전국 도매 시장에 경매하는 물건을 거의 독점매입하여 냉동창고에 보관하고 겨울철에 판매하는 작전을 삼았다.

나는 수산물에 대한 지식을 많이 습득했다. 조금이 아니라 궁금하면 바로 관련 서적들을 구입하여 훑어보기도 했다. 각종 어종의 생태, 성질, 육질 등을 연구 비교 분석해봤고 또 취급에 대해서도 세밀히 연구하여 그 방면에는 박사가 되어야겠다고 생각했다.

남들이 취급을 꺼리는 특수어종에 대해서도 면밀히 검토 분석하며 연구했다. 그 결과 특수어종에 관한 국내 1인자로 정평이 나돌기도 했고 수산물 정박사로 통하기도 했다. 컴퓨터보다 더 정확한 데이터를 갖고 있는 사람은 국내에서 정재원뿐일 거라고 회자되기도 했다. 수산대학을 졸업하고 관련회사에 취직을 하면 그 회사간부들이 맨 처음 태안물산에 가서 수산물에 대한 리포트를 작성해 오라는 것이었다.

나는 해외로 눈을 돌리기로 하고 홍콩을 거쳐 중국무역을 주선하기 위해 직접 현지로 달려가기도 했다. 홍콩을 거쳐 중국 수산물을 대량으로 수입하여 내수시장에 공급했다.

그 당시 내수시장은 날씨가 영하 15도로 너무 추워 물량이 없으니 경매시장에 출하한 결과 구입가 대비 무려 50배 이상의 부가가치를 얻을 수 있었다. 신기할 만큼 모든 일이 순조롭게 이뤄졌다. 다른 물건으로도 큰 차익을 얻을 수 있었다. 홍콩 중국 대만 등지에서 수입하여 일본 등 미주 지역으로 수출의 길을 모색했다. 성장속도는 초고속이었다. 동남아지역 국내 여러 지역 등 지사를 15군데 지점을 설립해 놓았다. 그 지사와 지점에는 가공공장은 물론 냉동창고까지 설치하였다.

그 무렵 직원은 500여 명이었다. 당시 나는 대기업 자금을 마음대로 쓸 수 있었다. 내가 가지고 있는 부동산이 제법 많았기 때문에 대기업에 담보해놓고 필요한 자금은 얼마든지 쓸 수 있었다. 삼성 두산 대우 삼양사 등 10여 군데 대기업 자금을 마음대로 쓸 수 있었다. 회사는 눈부시게 성장 발전하여 직원을 다시 채용하기로 하였다.

나는 그때 지난 과거의 어려웠던 시절을 잠시 잊어버리고 회사의 내부에 대한 감독을 소홀히 했다. 외부로부터 자금을 끌어들이는 일, 그리고 많은 물량을 확보하고는 좋은 마진을 남기고 파는 데만 정신을 쏟고 있었다. 나의 감독 소홀로 경리 담당자들에게 엉뚱한 마음을 가지도록 도와준 것이나 다름없었다. 분명히 많은 흑자를 냈는데도 어딘가 모르게 자금이 달리는 부분이 상당히 눈에 띄는 것이었다.

그 무렵 경리과장을 외부에서 특채로 영입했던 것이 화근이었다. 경리대리 女는 전○○ 20대 중반, 경리과장男 강○○은 특채로 영입할 때 기대했던 것과는 완전히 딴판이었다. 경리과장은 여직원에게 일을 미루고 딴 짓만 하였다. 내가 경리과장의 무능함을 짐작하게 된 것은 전국 지사나 해외 지사에 대한 보고가 올라오는 것을 본 후였다.

해외 각 지사에 대한 보고는 모든 것이 여직원 필체였다. 결국 여직원이 관리하고 점검했던 것이었다. 그 이유는 경리과장이 능력이 부족하여 여직원에게 미루었던 것이다. 그러면서 여직원에게 공금을 유용하여 이자놀이를 한다거나 다른 물건을 사들여 차익을 남겨 많은 돈을 주겠다고 꼬드겼다. 여직원은 상사의 비위를 거스를 수 없어서 그가 하자는 대로 했었다는 것이다.

나는 해외출장이 많았다. 동남아는 물론이고 미국까지 거래하고자 했던 것이다. 특히나 중국에 눈독을 가장 크게 들이고 있었다. 당시 중국과 국교가 맺어지지 않았던 관계로 대만에서 홍콩을 거치는 간접무역을 성사시킨 것이다.

중국산 수산물을 수입하기 위해 대만을 거쳐 홍콩으로 갔다. 대만과 홍콩을 오가며 20여일 만에 중국산 수산물 수입이 가능하게 되었다. 연어 100t, 해파리 200t이었다. 그 당시 우리 돈으로 20억 원 그것을 국내 시장에 판매하면 마진율이 300% 발생한다는 계산이었다.

그런데 국내에 들여와 포장을 뜯어보니 모두 불량품으로 색깔이 형편이 없었다. 그러니 아무리 국내 시장에 귀한 물건이라 하더라도 잘 팔릴 리가 없었다. 결국 막심한 손해를 보게 된 것이다.

20억 원의 물건이 판매가 안 되고 창고에 산더미처럼 쌓였고 보관비가 한 달에 4,000만 원, 이자 2,000만 원 도합 6,000만 원이 지출되는 상태였다. 소문이 꼬리를 물고 순식간에 퍼지기 시작했다. 그러니 대기업에서 128억 원의 어음을 결제하라고 독촉이 오기 시작하였다. 그래서 터무니없는 싼 값에 판매를 하니 빠른 시일 안에 팔기는 했으나 경쟁 상인들이 아우성치고 야단법석을 떨어 판매를 일시중단 하였다. 대기업에서는 월급독촉이 심했다. 그래서 나는 중구 순화동 1번지 64 저택 대지 100평 건평 120평 연희동 저택 등 다섯 군데 있었던 부동산이 몽땅 공중분해될 상태까지 놓이게 되었다.

#3

끊어놓은 수표와 128억 원의 어음 결제일이 돌아오면 오금이 저려 몇 십 년 수명이 단축될 것 같은 고통을 감내해야만 했다. 수표 결제를 위해 수단과 방법을 가리지 않고 동원할 수 있는 모든 지혜를 짜내야만 했다.

그 당시로서는 내 회사 부도는 곧 내가 죽는 것이라고 생각했기 때문에 모든 수단과 방법을 동원했다. 그래도 외상매출 금액이 30억 원 이상 있었고 또 창고에 보관되어 있는 물량도 그런대로 회생되리라고 믿었다.

임술壬戌 계해癸亥년까지 하늘天이 얼마나 높은가 할 정도였다. 그러나 힘 있는 곳에서의 압력은 견딜 수 없었다. 태안물산을 탐내는 대기업들도 있었고 심지어는 태안물산을 와해시켜야 한다는 루머가 떠돌기도 했다. 압박을 이겨낼 힘이 모자랐다. 결국 국내 굴지 종합상사의 회유와 유도에 휘말려 차츰 내리막길로 접어들기 시작했다.

갑자甲子 을축乙丑년이었다. 더 비상하기 위해 직원을 모집해 확장 계획했던 것이 오히려 감원을 해야 하는 운명으로 곤두박질쳤다. 나의 한계일까 아니면 우리나라 사회의 환경이 나 같은 사람을 더 이상 성장하지 못하게 한 것일까? 그것이 나에게 주어진 운명이라면 어쩔 수 없었다.

경리과장을 이사로 승진시켰다. 그러나 무능하기 그지없었다.

1985년 1월 나는 강 이사에게 내가 은행 대출을 받을 수 있도록 손을 써놓았으니 빨리 서류를 만들어서 제출하고 진행하라고 당부했다. 나는 대만과 홍콩을 다녀와야 하니까 3일 안으로 서류 준비를 하여 제출하면 일주일 내에 20억 원을 대출받기로 되어 있으니 조금도 차질이 생기지 않도록 철저히 하라고 했다. 이번 일이 잘되면 회사의 어려움이 풀릴 것 같아 명심하도록 그에게 지시를 한 뒤 나는 다시 비행기에 올랐다.

20억 원이 풀리면 그런대로 몇 개월 견딜 수가 있을 것이고 창고에 있는 물건도 약간 저렴하게 판매하면 회사는 견뎌나갈 수가 있었다. 그런데 강 이사는 서류를 만들지 않았다. 은행에서는 서류를 만들어 넣지 않는다고 오히려 독촉을 하고 있었다. 대만에서 은행으로 전화를 걸었더니 지점장은 도리어 나에게 서류 독촉을 하면서 강 이사 그 사람 무언가 잘못된 사람 아니냐고 다그쳤다.

"강 이사 그 사람 바보천치 아니요? 서류도 제대로 못 만드는 사람을 경리이사로 앉혀놓았느냐 말이오. 서류라고 갖다 놓은 것이 시장바닥 채소장사보다 못하단 말이오."

지점장은 나에게 호통을 치다시피 했다. 지점장이 나에게 해주기로 했던 대출금 20억 원은 서류미비로 다른 사람에게 넘어가고 말았다.

1986년 6월이었다. 그 이후 10억을 나에게 장기 저리로 대여한 큰손 사채업자가 갑자기 갚으라고 독촉을 하였다. 웬만하면 그런 요구를 하지 않던 분이었는데 이상한 소문이 퍼져 나간 것이 불안한 것이었다. 1986년 9월 20일 은행 대출은 포기해야만 했다. 시일이 너무 촉박했기 때문에 그때로서는 은행에서도 빨리 돈을 굴려야 했다. 사채업자 등 빚 독촉으로 견딜 수가 없을 뿐 아니라 지불했던 수표 외 어음이 돌아오는 것도 더 막을 재간이 없었다.

나는 128억 원(어음 100억 수표 28억) 결제가 곧 돌아올 것을 생각하니 하늘이 캄캄했다. 수단과 방법을 총동원했다. 기일 연장을 3번이나 해주었다. 결국 1986년 8월 30일 결제가 10억 원 나머지는 1개월후 2~5개월까지 모두 합쳐 128억 원이었다. 외상 매출 30억 원이 있었고 창고에 보관되어 있는 물건도 100억 어치나 되었다. 이것은 헐값에 판다하더라도 70억 원은 될 것이었다. 그러면 그것이 90억 원이 되고 결국 마이너스금액 38억 원이었다. 그러나 창고에 보관된 물건은 쉽게 팔리지 않았다.

9월 25일 나는 여직원에게만 나의 결심을 이야기했다. 무능하기 그지없는 강 이사에게는 얘기해봤자 아무런 도움이 되지 않을 것이었다. 나는 여직원에게 돌아오는 어음을 도저히 결제할 방법이 없다는 것을 이야기했다. 여직원은 그 자리에서 펑펑 울었다.

그녀는 최선을 다했고 또한 회사를 살리기 위해 무던히 애를 썼다는 것을 잘 알고 있었다. 여직원 전숲 씨는 유능한 직원이었다. 이사보다 월등한 능력을 가지고 있었다.

#4

여직원 전숲 씨에게 미안하다는 말을 남기고 헤어졌다. 그래도 그 여직원은 그동안 회사에 몸담아 최선을 다하는 열성을 보였는데 결국 도산이라는 엄청난 현실을 맞봤으니 그 쓰라림이야 오죽했으랴. 지금 전숲 씨의 나이가 58세가 됐을 텐데 지금이라도 이 책을 통해 연락을 해주면 좋겠다는 심정이다.

그녀에게 언젠가 나는 재기할 날이 있을 터이니 그때 다시 만나서 지금까지 못해준 것을 해주겠다고 약속했다.

그날의 나는 그간의 일을 정리함에 있어서 누구를 원망하거나 미워하는 마음도 버리기도 했다. 모든 것은 나의 잘못이며 내 부덕의 소치로 생각하고 떠나기로 한 것이다. 나는 약간의 준비된 것만 지닌 채 가족까지도 남겨두고 정처 없이 떠나기로 했다. 모든 것이 내 잘못으로 빚어진 것이기에 내가 떠난 이후에 벌어질 상황에 대비하기로 했다. 김홍기 세무사에게 뒤처리를 도와달라며 2,000만 원을 주었다. 그런데 그가 갑자기 돌변하여 계속 나의 아내에게 법적 처리를 하겠다고 공갈협박식으로 돈을 요구했다.

천자天子도 나를 더 보호할 힘이 없었던가 보다. 내 운명運命의 한계라고 생각했다.

그런 와중에 부산의 미화당 간부들에게 힐튼호텔에 감금을 당하게 된다. 강압에 못 이겨 10억 원을 지불하고 풀려났다. 미화당 직원들은 다른 채권자에게도 연락을 하였다. 하지만 나는 승용차를 미리 대기시켜 놓고 있었다. 그들이 내가 어딘가로 감쪽같이 사라진 것을 안 것은 내가 그곳을 벗어난 지 한참 후였다.

한때는 천하를 주무르고 싶었던 내가 갑작스럽게 도망을 다니고 채권자에게 쫓겨 다니는 신세가 됐다는 것이 기가 막히기 짝이 없는 일이었다. 내가 살아온 얼마 안 되는 세월이 아무렇게나 산 인생은 분명 아니었는데 이처럼 초라한 몰골로 추격을 당하는 꼴이 되었다니 어처구니없는 현실이 아닐 수 없었다.

이 세상에는 단지 두 가지의 비극이 있다고 한다. 하나는 내가 원하는 것을 얻지 못하는 것이며 또 하나는 내가 원하는 그것을 얻는 것이라고 했다. 결국 얻어도 얻지 못해도 슬픈 것이 인생살이라는 것이다. 다시 말하면 주어진 것에 만족해야 가장 현명한 생활이 지탱된다는 것이다.

모든 사람은 태어날 때부터 자기 자신의 재산을 소유할 권리를 갖는다. 그러나 누구든 그가 소유할 수 있는 것보다 더 많이 소유하는 것은 재앙이라고 말한다. 우리가 실제로 소유할 수 있는 힘은 제한되어 있다는 것이다.

새 도약의 길

#1~5

아…… 운명아, 돼지에게도 운명이 있는가. 제 주인의 운명이 종돈에게 육돈에게 주름살로 미치는가, 파도로 미치는가. 열병이 한 마리에게 오고 바람불듯이 전염되어 여기저기서 돼지들이 죽고 쓰러졌다. 돼지를 파묻으며 가슴치며 목소리를 옥죄이듯 꾸욱 눌러 앉혔다.

#1

사람이란 만족보다는 실망하는 일이 더 많은 법이라고 했다. 그러한 실망을 딛고 일어서서 투지와 용기로 새로운 희망을 향할 줄 아는 것이 또한 인생인 것이다. 절망은 불행을 더욱 악화시킬뿐더러 허약을 조장하기 때문이다. 희망이 결여되어 있는 사람은 살아있는 가련한 인간일 수밖에 없다. 희망이 없을 때는 노력도 있을 수 없기 때문이다. 대체로 우리의 일상에서 벗어난 많은 현상들 중에서 가까운 것은 미치기 쉽고 얕은 것은 재기 쉽고 소약小弱한 것은 얻기 쉽고 거친 것은 알기 쉬운 법이다.

　우리가 도달할 곳을 향해 차츰 간다면 아무리 멀더라도 다가갈 수 있을 것이다. 그렇게 된다면 어찌 어둡고 어지럽고 빠지고 넘어가는 걱정이 있겠는가? 우리가 살아가는 데는 반드시 목적이 있고 그에 따른 목표가 있어야 한다. 뜻이 있는 곳에 길이 있으며 그 어떤 길이 있든 모두가 다 세계의 끝으로 통하게 되어 있는 것이다. 목적 없는 사람은 이내 영락零落하고 만다. 목적을 가져야 한다. 목적을 전혀 갖지 않는 것보다 나쁜 목적이라도 가지고 있는 것이 훨씬 낫다고 했다. 목표는 설령 그것이 달성되든 안 되든 우리 생활을 윤택하게 하는 것이다.

폭풍이 강하게 휩쓸고 지나간 과거는 온통 폐허로 변해 있었다. 내 작은 몸뚱아리가 휘몰아친 폭풍에 휩싸여 날아가지 않는 것만도 다행이었다. 허망한 일이었다. 가슴 깊숙이 파고드는 통증은 얼른 아물 줄 몰랐다. 그러나 무겁게 억누르는 압박에서 빨리 벗어나지 않으면 안 되었다.

나는 부산을 떠나기로 했다. 갑갑한 마음을 가눌 길이 없었다. 이 상태로는 단 하루도 더 견딜 수 없는 이곳 부산을 벗어나야겠다는 생각이었다. 어딘가 멀리 떠나고 싶었다. 시골 어딘가에서 조용히 어지러운 정신을 정화시켜야겠다고 생각했다. 우선 극도로 심약해진 심신의 피로를 풀어야 했고 앞으로의 계획을 새롭게 세워야만 했다. 이대로 주저앉을 수는 없었다.

나는 모든 것을 믿고 맡겼던 임길수 씨의 조언을 받아들이기로 했다. 나의 분신이라고까지 말할 수 있었던 사람이다. 만일의 경우를 생각하여 미리 준비해둔 곳이 있다고 했다. 충남 공주군 유구면 유구리였다. 그곳에 당도해 보니 도저히 사람이 살 수 있는 곳이 아니었다. 폐허였다.

오랫동안 아무도 살지 않았던 것 같았다. 대지는 1만5,000천여 평이나 되었다. 곧 쓰러질 것 같은 슬레이트집이었다. 헛간이 붙은 집이었다. 잡다한 농기구들이 낡아 으스러질 것 같았다. 바람이 조금만 세게 불어도 금방 날아가 버릴 것만 같은 낡은 집이었다. 귀신이 기어 나올 것 같은 집이었다.

천장에는 구멍이 뚫려 하늘이 보이기도 하고 부엌에는 개구리와 두꺼비 등이 득실거렸다. 아마도 3~4년 이상 사람이 살지 않았던 것 같아 보였다. 그러나 어쩔 도리가 없었다. 여기서 당분간 살아야 한다는 것도 나에게 주어진 운명이라고 생각했다.

미련한 사람은 먼 곳의 행복을 찾고 현명한 사람은 바로 자기 발밑에서 행복을 키운다고 했잖은가. 겉옷을 벗어던지고 팔을 걷어붙인 채 청소부터 시작했다. 우선 지저분한 것부터 없애야만 발을 들여놓을 수 있을 것 같다. 그리고 집수리를 했다.

며칠이 걸려 집수리를 하고 나니까 그런대로 살 수 있을 것 같았다. 나는 먼저 동네 이장里長을 찾아가 인사를 했다. 아무런 소문도 없이 불청객이 불쑥 나타나 누더기 같은 폐허에 살고 있다는 것을 알면 의심을 받게 될 거라고 생각했다. 선물을 준비해 이장을 찾아가서 대충 내 소개를 했다.

그리고는 이장님의 도움을 바란다고 했다. 이장도 이 땅이 서울의 누군가가 사둔 것이라는 것을 이미 알고 있던 터였다. 이장과 인사를 한 후 동네 사람들과도 인사를 나누었다. 그런 후에 집수리를 시작한 것이다. 그러니 동네 사람들이 친절히 그리고 적극적으로 도움을 주었다.

그래서 생각보다 빨리 집수리를 할 수 있었다. 만오천여 평의 밭과 산에는 각종 과수를 심었다. 돈사도 지어 새끼돼지 50마리를 구입해서 기르기로 했다. 소일거리로 시간을 때우려고, 병아리와 오리, 개 등을 사다 풀어놓았더니 동물농장처럼 되었다.

돼지는 전문서적도 읽고 공부를 하며 이장의 도움을 받기도 했다. 새끼돼지를 가져와 기른 지 4개월 만에 90마리로 불어났다. 장사꾼들이 소문을 듣고 찾아와 성돈成豚을 팔라고 했다. 그러나 출하해도 이익은 없었다.

겨우 사료값 정도가 남을 것 같았다. 어찌 이럴 수가 있느냐고 했더니 요즘 돼지값이 그렇게 형성되어 있기 때문에 어쩔 수 없다는 것이었다. 차라리 모돈母豚을 구입하여 새끼를 생산하는 것이 훨씬 수익이 좋다는 것이었다. 새로 지은 돈사는 청결제일주의로 관리했다.

종돈種豚이 200여 마리에 육돈肉豚이 200여 마리였다. 재미가 났다. 돈사를 넓혀 짓는데 콧노래가 절로 나왔다. 하지만 행복은 길지 않았다.

아…… 운명아. 돼지에게도 운명이 있는가. 제 주인의 운명이 종돈에게 육돈에게 주름살로 미치는가, 파도로 미치는가. 열병이 한 마리에게 오고 바람 불듯이 전염되어 여기저기서 돼지들이 죽고 쓰러졌다. 돼지를 파묻으며 가슴 치며 목소리를 옥죄이듯 꾸욱 눌러 앉혔다.

#2

1988년 제 24회 서울올림픽의 열기가 들끓기 시작하면서 개의 값이 폭락하기 시작했다. 육백만 원짜리 불독 한 마리 가격이 똥개 값으로 곤두박질쳤다. 게다가 일부 채권자들이 현상금을 걸고 나를 찾는다는 청천벽력 같은 소식까지 들려왔다.

서울에 임길수 세무사에게 전화를 걸어 도와줄 수 있는 방법을 모색해 보라고 했다. 그랬더니 임길수는 청와대 모 행정관에게 연락을 했고 무슨 이야기를 했는지 유구지서의 차석이 나를 찾아온 것이었다. 그가 찾아왔을 때 나는 불안했다.

임길수는 부산의 채권자들이 심상치 않으니 하루 빨리 농장을 처분하라며 전화로 말했다. 내가 무슨 소리냐고 묻자 임길수는 허둥대면서 좌우지간에 빨리 조치하라는 말을 남긴 채 전화를 끊어버렸다. 다시 전화하겠다는 말만 남긴 채 나의 물음에 대답도 하지 않았다.

너무나 답답하고 불안하여 견딜 수가 없었다. 나는 그 무렵 농사뿐 아니라 가축도 대량으로 사육했고 유실수도 많이 심어 잘 가꾸어놓은 상태였다. 1989년 3월, 3년 동안 피땀을 섞어서 일궈놓은 것이 곧 결실로 이어지려는 때에 느닷없는 임길수의 전화는 나의 혼을 송두리째 빼놓은 것이었다.

그동안 잘 일궈놓은 농장은 당시 5억 원쯤 되는 것이었다. 그러나 5,000만 원을 받고 빨리 비우라는 것이었다. 임길수는 서너 번 찾아온 적이 있었다. 그랜저 승용차를 타고 미모의 젊은 여자를 때마다 바꿔가며 내려와서는 자랑을 늘어놓곤 했다. 갑자기 그가 나타나는 것도 이상했지만 올 때마다 미모의 여자를 데리고 와서 나를 회유하는 것이 못내 이상했다. 결국 그는 나의 돈으로 호의호식하며 나를 옴짝달싹 못하게 올가미를 씌웠던 것이다.

운명은 나에게 어김없이 바위 덩어리를 주는구나. 이번에는 천길 낭떠러지였다. 다시 일어설 힘이 다 소진되었다. 내게 한때의 봉우리는 왜 맺게 했는가. 한때의 일확천금은 어쩌자고 주었는가. 난 이제 어디로 가는가. 나락이 엄습해 오는구나.

유서를 썼다. 한참을 울다가 마음을 가다듬고 집을 나섰다. 원성농장 입구에서 20여 미터 높이의 참나무가 기다렸다는 듯 나를 내려다보았다. 1989년 7월 31일 오후 8시 인적조차 없는 적막한 곳이었다. 그날따라 아랫마을 불빛조차도 가물가물하게 보였다. 나는 힘겹게 나무를 타고 올라가 어른 몸통만 한 가지에 미리 준비한 밧줄을 걸고 아래로 뛰어내렸다. 그런데 어찌된 일인가. 1t트럭이 매달려도 부러지지 않을 큰 참나무 가지가 지지직하며 뚝 끊어지는 것이 아닌가. 상식으로도 도저히 이해할 수 없는 기적 같은 일이 일어난 것이다. 20미터 높이에서 나뭇가지와 함께 떨어진 나는 별로 다친 데도 없었다. 밧줄이 스친 목에 피멍이 조금 들었을 뿐 별 이상이 없었다.

그렇다. 나는 아직 죽을 때가 아닌 것이다. 조물주도 아직 내가 죽을 때가 아니라고 생각했나 보다. 총을 세 발 맞고도 할 일이 많은 사람. 내 할 일이 따로 있다 소리치며 살아온 인생. 그 목표를 이루지 못한 게 한이로구나. 산청·함양사건 희생자 원혼이여. 어찌 하리까. 705명의 원혼이여. 용서하소서.

임길수가 하라는 대로 할 것을 다짐했다. 그렇게 하자. 5억이 다 부질없었다. 어차피 내 것이 안 될 운명이라면 훌훌 털어버리고 말자. 그동안 가꾸고 사랑을 온통 쏟아부었던 농장 1만5,000여 평의 땅을 임길수에게 5,000만 원에 넘겨버린 것이다.

그 간교한 모사에 꼼짝 못하고 그가 하라는 대로 하지 않을 수 없는 형세에 놓였던 것이다. 결국 그에게 땅을 주고 유구리 주민들 몰래 야반도주를 하다시피 도망을 쳐야 했다. 지금도 그때의 유구리 마을 주민들에게 미안하고 송구스러운 마음이 앞선다.

유구리 선우영 이장을 비롯하여 몇몇 분들에게 지면으로 사과드립니다.

제천에 도착한 후로 한동안 실의에 빠지기도 했다. 얼마간 꼼짝도 않은 채 많은 생각을 하곤 했다. 그럴 때마다 지나간 일들이 주마등처럼 다가오는 것이었다. 금호동에서 납품업을 하던 시절이 생각나기도 했다. 부자가 될 수 있는 기회를 여러 번 놓쳐야만 하는가.

#3

제천의 뒷골목 김봉대 씨 집에 몸을 의탁하고 시간의 빈 공간에 납작 엎드렸다. 재산을 다 날리고 마지막으로 거머쥔 오천만 원. 김봉대 씨에게 개인 융통자금으로 빌려주었다. 그 돈을 사용하다가 내가 필요할 때 돌려달라고 한 것이다. 내 이름으로 간수할 수 없었기 때문이다. 그러나 이 돈도 내 손에 잡고 있기가 왜 이리 어려운지 이 시기에 내게로 온 돈은 싹싹 쓸어 바닥이 나야 될 것들이었나 보다. 제천에도 바람이 세찼다. 운명의 들녘에서 불어오는 바람이었다.

얼마 뒤, 내가 제천 김봉대 씨에게 5,000만 원의 돈으로 영월 터미널 뒤편에서 돼지를 구입 분양하기로 했으니 돌려달라고 했다.

그는 그 돈으로 대지를 구입하는 데 쓴 것 같았다. 사업도 확장해서 성공을 거두고는 그 돈은 차질 없이 나에게 돌려 주었다. 감사한 마음이었다.

나는 서점에서 책을 뒤적거리고 주역 관련 서적을 탐독하기 시작했다. 제천 향교에 나가 한학자 두 선생님을 만나 그분들의 도움으로 공부를 더욱 깊이 할 수 있었다.

향교 뒷산에 500년 된 엄나무가 있었다. 그 아래 정좌한 채 명상기도를 8~9시간 동안 했다. 명상에 젖어들면 잠이 달아나곤 했다.

제천향교에서 주역 공부를 하면서 하루에 2, 3시간만 자고 공부를 하였다. 향교 어른께서는

"저게 우찌 사람이고. 살아있는 신神인기라. 일주일씩이나 잠도 한숨 안자고 공부하며 명상기도 한다 안카나. 정말 무섭데이."라고 하셨다.

그때 나는 주역의 중요한 부분을 외우고 서예에도 심취했다.

"젊은 사람이 저렇게 글씨를 잘 쓰누. 타고난 재능이 비범하구먼. 아마도 영특한 재질을 타고났나봐."

나는 사업실패 후 공주에서 이기욱으로 불리었고 제천에서는 김봉호라는 이름을 사용했다. 어릴 때 이름은 정춘식이었고 서울로 옮겨온 후에는 재원

으로 완전히 바꿨다. 제천 향교 옆 500년 된 엄나무에서 명상기도를 하면서 잠시 잠이 들어 꿈을 꾸곤 했다. 꿈결에 벌떡 일어났다. 40여 년간 한결 같은 꿈이었다.

"네가 할 일이 따로 있느니라. 너는 보다 더 큰일을 해야 하느니라."

내가 할 일이 무엇인지를 알 수 없었다. 내가 해야 할 일이 따로 있다는 지시적 꿈만 꾸었을 뿐 그 해답은 도무지 가르쳐 주질 않았다. 40여 년간 꾸어온 꿈이었지만 이곳 제천에서는 더욱 궁금하여 견딜 수가 없을 지경이었다.

그러나 어쩔 수 없는 일이었다. 언젠가는 필히 그 해답을 찾을 수 있으리라 생각하며 열심히 공부했고 특히 주역에 대한 공부를 게을리하지 않았다. 나는 이때 이미 운세감정을 충분히 할 수 있게 되었다. 사람을 보는 순간에 그 사람의 운세가 훤히 나타나는 것이었다. 생전 처음 보는 사람도 잠깐만 보면 훤히 알아볼 수 있었다.

그러나 아무에게도 운세감정을 해주지 않았다. 그러면서 내 스스로 임상실험을 시작했다. 나 혼자만 아는 임상실험이었다. 임상연구를 시작하면서 약 1천 명을 실험했다. 그 결과 임상통변을 보고 세세히 기록했다. 그것을 비교해 보고 어떤 대화 도중 장본인의 말을 참고해 보기도 했다. 생면부지의 사람도 생년월일시와 얼굴을 보면 99% 이상은 맞는 결과로 나타났다.

자신감은 충분하지만 내 스스로 확신이 설 때까지 임상을 해봐야겠다는 마음을 굳게 다졌다. 나는 전국 방방곡곡을 돌아다니며 매스컴 등에서 소문난 역학자 80여 명을 찾아 운세감정을 해봤다.

소위 그곳에서는 대가大家라는 사람들이었다. 그러나 단 한 사람도 내 맘에 들게 감정하는 사람이 없었다. 모두가 나와는 다른 생각을 말할 뿐이었다.

나는 다시 제천 향교로 돌아와 서울 청계천과 인사동에서 구입해온 고서적과 역학서적을 탐독했다. 풍수지리에 관한 서적, 기문둔갑, 육임, 당사주 등 각종 명리역학과 관련있는 문헌을 찾아 외우다시피 공부했다. 제천향교에서 공부하며 4시간 이상을 자 본 적이 없었다. 화장실 벽에도 천장에도 그날그날 공부해야 할 제목들을 써 붙여 놓고 완전히 해독할 때까지 반복하여 외우며 공부했다.

#4

음양 대가 공자께서 가죽끈 3개가 닳도록 주역을 외웠다고 한 말을 상기하며 촌음도 아낀 것이다. 그 당시 나는 공자의 말씀보다 더 많이 공부했다고 자부할 수 있다. 서예와 동양화 등을 열심히 하여 백제미술대전에서 입상하기도 했다. 그림에도 상당한 조예가 있다고 주위 사람들의 칭찬이 자자했다. 당시 내가 그린 용龍그림은 황홀하고 찬란하다고까지 극찬을 받았을 정도였다.

서울에서 내로라하는 지모 씨(작고), 박 씨 등과 풍수지리에 관한 대화를 나누기도 했다. 성명학에 당내 최고라는 K모씨, 언론에서 국내 최고로 대우하며 아침마당에도 출연했던 K모 씨, 자칭 세계 최고의 역학자라고 하는 사람들을 만나 테스트해 보았다. 그러나 똑같은 말만 반복하는 것이었다.

신촌 근방에서 평생 동안 역학만 했다며 자랑하고 다니는 팔순이 넘은 노인을 만난 적도 있었다. 그의 말에 의하면 자신이 길러낸 제자가 수백 명이나 된다면서 나에게도 자기의 문하에 들어와 배우라고 했다.

"어르신. 아무리 오래 공부하고 또 연구를 많이 했어도 핵심을 잘 알아맞혀야 되지 않습니까? 과거도 현재도 그리고 미래를 잘 알아맞혀야 하는 것이지 엉터리 같이 하나도 맞지 않으면 그게 무슨 소용입니까?"

나는 그 노인의 말이 하도 어이가 없어서 대들었다. 내가 따지고 들자 그는 황당한 얼굴을 하며 나에게 말했다.

"젊은이. 공부 제대로 하였는데 무엇 때문에 나더러 가르쳐달라고 하는가?"

나는 노인에게 핵심을 공부하고 싶다고 말하였다.

"100년을 공부하면 무얼 해요? 단 한 달을 공부하더라도 제대로 배워야지."

노인에게 인사를 정중하게 하고 나와 그 길로 세검정에 갔다. 대대적인 광고를 하고 있는 점쟁이를 찾아간 것이다. 요란스럽고 호화롭게 신당을 차려 놓고 뚱땅거리는 미모의 40대 무당이었다. 방문을 열고 들어서자 그녀는 깜짝 놀란 듯하다가 정좌하고는 점잖게 말했다.

"대주는 이런 데 올 사람이 아닌데 무엇하러 여길 왔소?"

"예. 운세 좀 보려고 왔소이다. 점을 잘 본다는 소문이 널리 퍼졌더군요. 잘 좀 봐주십시오."

내가 간절하게 말하자 그녀는 나를 찬찬히 살펴보더니 벌떡 일어나 큰 절을 하는 것이었다.

"대주는 큰 인물입니다. 판검사를 하시는군요. 영감님께서 여길 다 오시다니요."

나는 어이가 없었다. 기가 막힐 노릇이었다. 이런 사람이 어째서 이렇게 소문이 널리 났을까 싶었다.

"여보시오. 나더러 관 물 먹는 판검사 나리라고 하는데 나는 그보다 더 큰 일을 하려고 하오. 어떻습니까? 그렇게 될 것 같습니까?"

그녀는 다시 큰절을 하며 놀란듯한 표정을 지으며 말했다.

"그럼요. 틀림없이 큰일을 하겠습니다. 그 꿈에 도전하십시오. 반드시 그 꿈이 성사됩니다. 틀림없습니다."

하남시에 남자 박수 족집게로 소문난 점쟁이가 있다는 말을 듣고 찾아갔다. 나를 쭉 한번 훑고 둥둥둥 뚱땅 징을 두드리고는

"대주에게 장가 못간 친척이 하나 있어. 한 맺힌 귀신이 들어왔어. 속에 꽉 꽉 들어찼어. 빨리 풀어줘야 해. 그렇지 않으면 여자관계로 망신살 뻗쳐. 망신살 뻗친다니까?"

"여보시오. 박수양반. 어째서 그런 흉측한 말을 함부로 하시오? 나의 사주팔자에 그런 것이 있습니까?"

나는 어이없었지만 그에게 무슨 말이 나오는가를 알아보기 위해 작은 소

리로 다시 물었다.

"120만 원을 가지고 산꼭대기에 가서 풀면 되니까 어렵게 생각하지 마시오."

"여보시오. 박수양반. 당신 사주나 한번 봅시다. 내 봐주리다."

싱긋 웃으며 그에게 다가가자 깜짝 놀라는 것이었다.

그날로 나는 부산에 내려갔다. 부산에 유명한 도사가 있다는 소문을 듣고 겨우겨우 찾아서 도사 앞에 섰다.

"도사님. 이 미천한 자 운세 감정 좀 받을까 하여 왔습니다."

도사는 보던 책을 덮어놓고

"무엇이 궁금한가요? 무엇을 봐줄까요?" 물었다.

"전부 다 봐주세요. 내가 알고 싶어 하는 모두를요."

내 대답이 좀 이상했던지 그는 나를 쳐다보며 가만히 있는 것이었다.

"손님의 하시는 일 다 이루어집니다. 국회의원도 장관도 됩니다. 척보니 알겠군요. 손님의 사주에 관官이 세 개씩 달리고 이어 여러 개나 주렁주렁 달렸어요."

척보니 알겠다는데 척보니 허풍점이라. 이 척박한 운명의 밭고랑이라느니 조선의 가라지 일색 풀밭이라느니 듣고 있자니 머리에 두통이 왔다.

"나는 말이오. 내 스스로를 내가 판단하고 있어요.

癸戊辛甲
癸子未申
時日月年

미월생未月生으로 식신食神이 용用이고 관官이 체體이면서 재財가 또한 용用입니다. 한강의 물이 마르면 말랐지 내 주머니의 돈은 마르지 않는다는 사주팔자를 타고 났어요. 관이 체인데 관은 쓰지 못합니다. 사업가입니다. 사주에 상관이 있고 식생재食生財하니 두뇌를 잘 쓰면서 활달하게 할 사주입니다. 한때는 법인체의 대표이사를 지냈습니다. 자그마치 직원이 500여 명이나 되었고 부동산도 수천억 원대를 갖고 있었어요. 잘 믿기지 않을지 모르지만 이것은 추호도 거짓 없는 사실입니다. 나의 사주에 그대로 나타나 있듯이 재財만 생기면 관官이 쫙쫙 빨아먹으면서 날 괴롭히지요. 1986년 9월에 128억 원이 부도처리 되고 나서 대충의 정리와 수습을 한 뒤 주역과 육임, 자미두수, 기문둔갑, 월령도 등을 두루두루 연구하였지요."

도사는 내 말을 한마디도 놓치지 않고 귀담아들었다. 그리고는 큰 도사님 이라고 부르면서 한수 가르쳐 달라고 애걸하다시피 했다. 나는 더 이상 그곳에 머물 이유가 없어

"다음에 기회가 주어지면 가르쳐 주겠소." 하고는 상경해버렸다.

나는 제천 향교로 다시 들어갔다. 향교에서 15일간 생각을 가다듬고 어지러운 상념들을 정리했다. 전국의 점쟁이 그리고 풍수나 역학자들이 난해할 뿐 아니라 너무나 기가 막혀 내 혼자 힘으로는 도저히 감당해 낼 수 없을 정도로 모든 역학적 개념이 거꾸로 흐르고 있었다.

나는 내 힘으로 닿을 수 있는 것부터 고쳐나가겠다는 생각을 하게 되었다. 경오년庚午年 1990년 8월 11일 제천 명동 명파 뒤의 허름한 창고방을 임대하여 영업을 시작했다.

그간 친하게 지내던 동양화와 서예를 같이 하던 사람들에게만 알렸다. 그런데 입소문이 터졌는지 첫날부터 많은 사람들이 몰려와 번호표를 주고 기다려야했다. 창고방에서 3개월간 운영을 하다가 생각 외로 손님이 많이 몰려와서 다시 제천 법원 앞에 사무실을 마련하여 규모 있게 꾸며 간판을 내걸고 영업을 시작했다. 소문이 꼬리를 물고 퍼져나갔다.

나는 그때 운명감정을 하면서 돈을 벌겠다는 생각은 추호도 없었다. 오로지 내가 공부한 것을 주변사람들에게 가르쳐주는 것이 목적이었다. 그동안 수많은 점쟁이, 풍수학자, 스님, 목사님, 신부님, 역학가, 사학가 등을 수없이 만났으나 그들 모두 나의 생각과 달랐다.

그래서 감정료도 실비로 해줄 생각이었다. 그런데 내가 얼마를 달라고 말

하지 않았는데도 스스로 감정료를 내놓고 가는 사람이 대부분이었다.

내가 생각하는 운명학이란 핵심이 중요하다는 것이다. 그동안 공부한 것과 임상실험에서 보고 느낀 것을 종합하여 그들이 원하는 핵심을 정확하게 파악하여 사실대로 이야기 해주어야 된다고 믿기 때문에 나쁘면 나쁜대로 좋으면 좋은대로 이야기해 주어야 하는 것이다.

그래서 나는 가장 중요한 핵심을 파고들어 현재의 위치와 대비하여 감정을 해준다. 또 현재 처해있는 위치와 앞으로 어떻게 되는지가 중요하기 때문에 그런 것을 확실하게 알려주는 것이다. 내 말을 듣고 흐뭇해하지 않는 사람이 없었다.

#5

이 무렵부터 특별히 공부하고 연구했던 것이 숫자와 우리 인간사이의 관계였다. 사람의 운명에 따라 각자에게 부여되는 숫자가 대단히 큰 영향을 미친다는 것을 발견한 것이다. 사학에서는 숫자가 나온 시기를 언제로 보는가? 지금으로부터 약 880만 년 전 인도에서 발견했다는 것이다.

시발점은 어디인가? 사람의 손가락이었다고 한다. 손가락이 열 개-1은 양이요, 2는 음이면서 3은 홀수로 양이 되는 것이다. 4, 5, 6, 7, 8, 9, 10번으로 끝 없이 세어 나가도 끝을 보지 못하고 끝나는 것이다.

또한 별 오성五星- 木星, 火星, 土星, 金星, 水星으로 인해 구성된다. 사람에 따라 사주팔자에 음·양의 상생의 원리로 춘春하夏추秋동冬에 따라 우리 인간이 필수적으로 쓰는 은행 비밀번호, 전화번호, 자동차 등 각종 번호가 우리가 살아가는 모든 일상에서 반드시 밀접한 관계가 있음을 파악했다.

이 일상생활과 수치의 불가분 관계는 앞으로도 영원히 활용될 것이기 때문에 나를 찾아오는 대부분의 사람들에 대한 신상을 파악해 10년이고 20년이고 계속하여 임상을 한다는 개념으로 기록했다.

이렇듯 특별한 감정을 터득하고 실험에 옮겨 최대의 정확도를 발휘하도록 운세감정을 하니 손님은 계속 늘어나 제천 법원 앞으로 장소를 확장하여 운영을 했는데도 손님이 계속해서 늘어나 도저히 지탱할 수가 없었다.

다시 제천전화국 앞 48평 장소로 옮겨 효원결혼상담소까지 운영을 하였다. 가는 데마다 계속 손님은 늘어갔다. 상담비 수입 중 일부를 사회환원차 지출하기 시작한 것도 그때부터였다. 제천영아원에 기부금을 내기 시작하면서 불우이웃돕기도 적극 참여하였다. 물론 익명으로 쾌척한 것이다.

내가 서울로 진출해야겠다고 마음먹은 것은 보다 많은 사람들에게 확실한 운명감정을 해줘야겠다는 생각 때문이었다. 서울 강남 미도아파트 상가에 자그마한 사무실을 임시 운영하다가 두달 쯤 뒤에 서울 중구 신당동 74-2번지 건물 3층에서 영업을 시작했다.

내 친구 김재경은 평민당 시절 김대중 대통령 경호실장으로 서울시 내무위원장으로 막강한 힘을 가지고 있었다. 그의 처는 평화시장의 금융계 큰손으로 여러모로 많은 고객을 소개시켜 큰 힘이 되기도 하였다.

어느 날이었다. 금요일까지 신당동 사무실에서 감정을 하고 밤에 제천으로 갔다. 새벽 2시경 전화벨이 울렸다. 내가 묻기도 전에 허둥대는 투로 "불이오, 불!" 하는 것이었다.

신당동 사무실 건물 주인이었다. 청천벽력이었다.

"이보시오. 그 안에 사람이 한 명 있는데 그 사람 어떻게 되었는지 확인해 주시오."

어차피 집은 다 타버렸고 사람이 무사했으면 다행이었다. 사람이 다치지 않은 것으로도 충분히 운명의 여신이 나에게로 다가오고 있는 것이라고 생각했다. 한참동안 명상에 잠겨있을 때 머리를 세차게 때려오는 것은 신당동의 불이었다. 그 불구덩이 안에서 살아남았다는 그는 K씨였다. 그가 한밤중에 온통 불바다가 된 그 속에서 용케도 살아나온 것은 하늘이 도왔기 때문이라고 생각했다.

나의 많은 독자들의 기氣가 구원을 얻은 것이라고 생각했다. 건물은 송두리째 타버렸다. 실내 집기도 성한 게 하나도 없었다. 형체도 알아볼 수 없게 완전 소실되었다. 그런데 이상한 것은 내가 아끼던 부적은 조금의 손실도 없었다. 내가 아끼던 중요한 서적도 아무 이상이 없었다.

1996년 3월 4일 신당동 사무실 화재 당시 K씨는 오갈 데가 없는 사람이었다. 그때 나의 연구실에 자주 오는 사람이었다. 그는 불이 났던 날 저녁에 선몽을 꾸었다. 잠이 깊이 들었을 때 꿈속에서 누군가가 큰일이 벌어졌으니 얼른 일어나라고 깨우더라는 것이다. 너무도 이상해서 벌떡 일어나보니 이미 온 실내는 새까만 연기로 뒤덮여 어디가 어딘지 분별이 힘들 지경이었다.

아래층에서 솟아오르는 불길이 금방이라도 모든 것을 삼켜버릴 듯 활활 타올랐다는 것이다. 허둥지둥 창문 쪽으로 더듬어갔다. 한 창문을 열어젖히고 뛰어내리려고 했다. 그러나 3층에서 내려다본 길바닥은 지옥 불구덩이로 보일 수밖에 없었다. 아찔한 순간이었다. 뛰어내리면 즉사할 것만 같았다.

그러나 뛰어내리지 않으면 불타죽거나 연기에 질식되어 죽게 될 것이다. 위기의 순간 간판을 겨우 잡을 수 있었다. 간판에 대롱대롱 매달린 꼴이 되어 있을 뿐 어떤 방법이나 수단도 없었다. 다리가 부러지든 어쨌든 운명에 맡기는 수밖에 없었다. 간판의 쇠막대기를 잡은 손은 이미 타들어가 손바닥 껍질이 벗겨지고 있었다.

겨우 붙잡고 있던 쇠막대기를 놓치려는 순간 소방대원이 올려준 사다리차의 바구니가 매달려 있던 그의 발밑에 와 닿았다고 한다. 절박했다. 그 순간의 상황을 그는 이렇게 술회했다.

"그 순간에는 아무것도 보이지 않았어요. 길바닥이 희뿌옇게 보여 시멘트 바닥이려니 하고만 짐작했을 뿐 그 아래 사람이 있는지도 보이지 않더라구요. 아마 단 1초만 늦었더라도 아니 그 찰나만 놓쳤더라도 추락하고 말았을 겁니다."

그는 어떤 소리도 어떤 물체도 보이지 않을 만큼 절박한 위기만을 느끼고 있었을 뿐이었다.

내가 신당동 사무실에 도착했을 때 그곳은 이미 잿더미로 변해 있었다. 폭격을 맞은 거나 다름없었다.

건물주와 원만히 합의를 보고 깨끗이 수리를 한 후 다시 새로운 각오를 다지며 학문연구에 심취했다. 불행 중 다행으로 나의 서적들은 물기에 약간 젖어있긴 해도 불에 타지는 않았다. 화재사건 이후에 나는 새로운 계시를 받게 되었고 임상실험을 계속했다.

거기에서 새로운 사실을 확인하게 되었다. 나는 40여 년 간 내용이 비슷한 꿈을 꾸었다. 그 꿈의 내용은 한결같이 '너는 할 일이 따로 있다. 더 큰일을 해야 한다'는 것이었다. 도대체 무슨 일일까?

내가 할 일이 따로 있다고 하는 것은 대체 뭘까? 어떤 일을 하는 것이 큰일을 하는 것일까? 나는 꿈에 대해서 깊이 생각했다. 그 옛날부터 그러니까 어릴 때부터 꿈에 나타나던 그 일을 예사롭게 여기지 않고 숙고하기 시작한 것이다. 심취하고 연구한 끝에 결국 찾아낼 수 있었던 것은 바로 인간에게는 기氣가 있다는 계시였다.

보편적 인간은 부귀영화와 무병장수를 대원칙처럼 생각하게 된다. 그것을 원하지 않는다는 것은 극소수의 삶生에 해당하는 것이라고 했다. 명예욕도 따지면 결국 부귀장수와 다름없는 것이다. 지금 우리가 살고 있는 이 지구상에는 65억 명의 인간이 생존한다. 태어나고 죽고 또 태어난다.

2030년에는 지구상의 인구가 80억 명이나 될 것으로 예측기사가 나오기도 한다. 그래서 나는 나에게 주어진 계시, 즉 인간이 기氣를 불러일으키는 것으로 받아들여 연구를 거듭한 것이다. 앞에서도 기술한 바 있지만 나는 일곱 살 때 총을 세 발 맞고도 살아남아 숱한 고통과 시련 속을 넘나들며 살아왔다.

그 70여 년의 인생여정 속에서 잠이 들면 꿈을 꾸었고 꿈만 꾸면 너는 할 일이 있다는 것이었다. 수십 년 동안 예시해준 그 말을 터득하지 못했으나 늦게나마 알 수 있었고 수많은 임상실험을 거치게 된 것이다.

3만여 명을 임상실험하면서 터득하게 된 것이 바로 이것이다. 사람의 이름이 자기 사주팔자와 맞아야 한다는 것이다. 즉, 생년월일시와 이름은 밀접한 관계가 있기 때문에 그 수치가 맞지 않으면 운세가 좋아지지 않는다는 것이다.

나의 맨 처음 이름은 정춘식鄭春植이다. 鄭은 19획이고 春은 9획, 植은 12획으로 합치면 40획수이다. 春자도 불용문자이고 植자도 불용문자이다. 후에 이름을 재원在原으로 바꾸었다.

하지만 20대 초반부터 40대 초반까지 엄청난 굴곡을 걷게 된다. 일어섰다가 넘어지고 또 일어섰다가 넘어지는 형세가 쉴새 없이 계속되어 오히려 일어서지 않은 것만도 못한 고통을 받게 된 것이다. 40대 초반 그러니까 40살 때 믿기지 않을 정도로 거금을 벌어들였다.

그때는 돈을 버는 것이 아니라 갈퀴로 마구 긁어 들이는 거나 다름없었다. 돈을 헤아려 은행에 입금시키는 것이 아니라 자루에 마구 쑤셔 담아 은행으로 보내면 은행직원들 몇 명이 모여 헤아려 입금시키곤 했으니까 대충 짐작할 만 할 것이다.

그때 벌어들인 돈으로 부동산을 사들인 것을 꼽아보면 서울 중구 순화동 183번지 현재 중앙일보사가 들어선 곳에 200여 평의 집, 또 순화동 1-64 130여 평 가옥, 연희동 70번지 저택 150여 평, 상계동 노른자 대지 380여 평, 방배동 대지 2,300여 평과 방배동 아파트 50여 평 3동 등을 매입했고 시골임야 30만 평 등을 확보했다.

그러나 관재가 발생하여 일시에 잃어버리고마는 엄청난 재난에 휘말렸던 것이다. 在자로 쓴 이름은 수천억 원 수조 원을 가졌다 하더라도 관재에 휘말려 망하는 이름이었다.

세상을 떠들썩하게 한 한보사건 정태수鄭泰守는 鄭 19, 泰 9, 守 6 총 34 획수이다. 산산조각이 나고 흉측한 재앙이 몰려오는 이름이다.

후에 필자는 이름 재在를 再로 다시 개명하였다. 在와 再의 차이는 하늘과 땅을 비유하는 것이라 분석된다. 在를 再로 바꾸어 인장을 만들어 사인을 하지 않고 은행도장으로 사용했다. 인감도장과 실인도 각각 사용했다.

이름을 바꾸고 난후 우연한 일인지 산청·함양·거창 사건의 추모사업 통과로 300억 원을 정부에서 보상해준다는 통보를 받았다. 1995년 12월 18

일 이강두 의원 등이 대표발의한 법안이 통과된 것이었다.

1차 통과는 되었지만 2차 대표발의를 낸 셈이다. 2019년 20대 국회의원이 개별보상법을 발의하여 통과만 기다리고 있다. 거창사건 및 산청·함양사건으로 강석진 의원이 대표발의했다.

더불어민주당 분당구을 김병욱 의원이 대표발의, 더불어민주당 박범계 의원, 대전서구을 3명의 국회의원, 찬성의원 50여 명이 서명하였다.

Chapter 2

운명을 개척한
사람들

책『운명』을 10번 읽은 재일교포 사업가는 급히 비행기를
타고 나를 찾아왔다.

돈버는 일에만 일생을 바쳐 거부가 된 그는 숫자의 함수
관계에 큰 관심을 갖고 가족 모두의 삼합인장과 82령
부 부적을 부탁하고 거액의 수표를 전해 왔다. 그후로
도 산청·함양사건사업에 언제든 협력하고 지원할 의사
를 밝혔다.

사례의 주인공들

필자는 실제로 성공한 사례와 실패한 분들의 사례를 이 책에서 엮어보려고
한다.

여기에 소개된 사람들은 책을 읽고 필자와 인연을 맺으신 분들로 실제 이
야기를 토대로 작성한 것이고 이름은 실제 이름이 아닌 가명을 사용하였음
을 미리 밝힌다.

70여 년의 필자 인생을 돌이켜보았을 때 온갖 수모와 멸시, 핍박을 받아
오면서도 엄청난 고통의 소용돌이를 이겨낼 수 있었던 것은 많은 사람들을
겪고 보게 됨으로써 희망을 잃지 않고 좌절의 질곡을 넘어 다시 용기를 냈기
때문이라고 생각한다.

필자의 책에는 겪어 온 직업의 종류가 다 소개되지 않았지만 실제 경험한
직업은 헤아리기조차 어려울 정도로 다양하고 많다.

그러다 보니 다양한 직업을 가진 사람들이 찾아와 필자와 상담을 해도 그
에 대한 해박한 지식과 경험을 토대로 진심을 담아 전해드리기 때문에 많은
공감대를 형성해온 것이 사실이다.

더군다나 필자의 운명적 자전 장편 서사시를 읽으신 분들은 다음에 밝히는 분들의 사례에서도 느낄 수 있듯이 가슴 깊이 느끼는 동질감과 안타까움 등이 더해 오랜 세월 알아온 분들같은 친밀함을 느끼는 경우가 많았다. 그리고 필자보다 더 드라마틱한 삶을 살아오다 성공한 분들이 많다보니 다양하고 폭넓은 인생경험과 상담을 할 수 있었던 좋은 시간들이었음을 밝히면서 몇 분만 정리하여 상담한 사례를 전하고자 한다.

사채시장의 큰손 오동식 회장님

2005년 7월 1일 필자가 잘 아는 거물급 정치인이 연락을 해왔다.

"오동식 회장은 수십조 원이 있는 큰손인데 수천억 원을 투자하려고 합니다. 오동식 회장이 갈 터이니 투자 시기와 상대의 관계를 잘 파악해 주십시오."

조금 있으니 오동식 회장님이 왔다.

필자는 오동식 회장님이 투자하는 상대방의 생년월일시를 알려달라고 말했다.

"중요한 것은 상대와 장소 그리고 나와 상생이 되느냐 하는 것입니다."

오동식 회장님은 나에게 2시간 만에 상대의 사주팔자를 알려주었다.

"안 맞습니다. 알아서 하십시오. 오동식 회장님과 상대방의 사주팔자가 상극이고 투자하는 장소가 28의 숫자가 됩니다."

필자가 자신있게 말했다.

오동식 회장님은 소개해준 고위 정치인에게 전화를 걸었다.

"정재원 씨가 투자하면 안 된다고 하네. 상대방과 상극이고 장소가 28숫자라서 사업을 투자하면 관재수가 생겨 탕진할 우려가 크다고 하네."

"정재원 씨 말을 100% 믿어도 되네. 정재원 그 사람 경지에 초월한 사람이고 내가 많은 정치 재계 사람들을 소개해줬는데 한 번도 실수한 적이 없네."

라고 고위 정치인이 말했다.

"그럼 어떻게 하지? 그쪽에서 난리가 날 텐데."

"그럼 자네가 알아서 하게나."

오동식 회장님은 내 말을 믿고 투자를 포기하기로 결심한 듯 필자에게 이렇게 말하였다.

"열흘 후에 다시 오겠습니다. 약소하지만 조금 놓고 가겠습니다. 거절하지 말고 받아 주세요."

그의 비서가 급하게 내려가서 조그만 가방을 가져와 나에게 주었다. 회장님이 가신 후 가방을 열어 보니 큰손답게 엄청난 금액이 들어 있었다.

정확히 10일 후에 오동식 회장님에게 전화가 왔다.

"정재원 씨. 명동 롯데 호텔 000호실로 오실 수 있겠습니까?"

"네. 지금은 못 가고 저녁 8시 경에 가겠습니다." 하고 전화를 끊었다.

상담을 순서에 맞게 끝내고 시간에 맞추어 호텔에 도착했다. 나는 깜짝 놀라지 않을 수 없었다.

'아니. 호텔에 이렇게 큰 방이 있나? 300여 평 이상 되는 것 같네.'

간이 수영장도 있고 헬스 기구, 골프 연습장 등 놀라지 않을 수가 없었다.

"정재원 씨는 산청·함양 유족회 회장이라고 들었습니다. 매우 훌륭한 일을 하시네요. 나는 까맣게 모르고 있었어요. 국군 11사단 9연대 3대대 그놈들이 사람을 잔인하게 학살했더군요. 도움이 필요하면 언제든지 말씀하세요. 기꺼이 도와드리겠습니다. 그리고 열흘 전에 상담한 것 모두가 딱 떨어지게 맞았습니다. 정 회장님의 말을 듣지 않고 투자를 했으면 모두 날릴 뻔했어요. 상대방의 어음이 모두 부도처리 되었어요. 만약 정재원 회장님을 소개받지 않았다면 100% 투자했을 겁니다. 그래서 제가 그 비용의 10%를 드리려고 합니다."

"아닙니다. 저는 그런 대가는 받지 않습니다. 지난번에 주신 감정비도 너무 많았습니다. 그것으로 만족합니다."

"그래도 도와드리고 싶습니다."
지금도 그 회장님으로부터 연락이 온다. 평생 잊혀지지 않을 것이다.

노점상이 부자가 된 사연

2006년 7월, 50대 부부가 필자의 부산 사무실에 찾아왔다.

"평생 노점상을 하면서 오두막집 하나 마련하지 못하고 있습니다. 구루마도 제대로 다닐 수가 없는 달동네에 손바닥만 한 방 한 칸에서 우리 일곱 식구가 보증금도 없이 월세 20만원에 살고 있습니다. 우연한 기회에 신문 광고를 보고 『운명 숫자의 비밀』 책을 사서 일곱 번이나 읽어 봤습니다. 책을 읽고 깜짝 놀랐습니다. 저희 부부와 5남매의 각종 숫자가 아주 나쁘게 되어 있고요. 도장도 모두 깨져 있어요. 자동차번호도 2828(합이 20), 휴대폰도 5545(합이 19), 전화번호도 8480(합이 20), 은행 비밀번호, 주민번호 등 모두 20, 22, 30의 숫자인데 어쩌면 이렇게도 되는 일이 없는지…… 기가 막히더군요. 책을 읽고 또 읽고 무려 일곱 번이나 읽었습니다. 무엇을 바라고 온 것은 아니지만 저희 가족에 대한 모든 것을 운명에 맞게끔 고쳐주세요. 정재원 선생님 만나고 싶어서 며칠 째 잠을 못 잤어요. 하늘이 도와주는 것 같습니다. 정재원 회장님을 만나보니 이제야 살 것 같아요. 어찌 그렇게 저에게 맞는 것이 하나도 없을까요? 귀신이 곡할 노릇이네요."

그 부부는 한숨을 푹푹 쉬면서 속내를 털어놓았다.

"선생님 우리 가족 모두 맞는 숫자와 인장, 이름을 해주세요. 저희들 구제해주세요."

간곡히 부탁하는 모습이 처연해서 마음이 쓰라렸다.

"네. 알겠습니다. 숫자와 이름, 삼합인장 등은 태어난 계절에 맞추어 작성합니다. 당장은 무슨 개벽이 일어나는 것은 아닙니다. 차츰차츰 더는 불행이 없을 것이라고 마음을 다잡으면서 명상을 하세요. 이것은 내 삶 속에서 서서히 스며들듯이 평생을 보고 하는 것입니다. 우선 긍정적인 사고와 완벽한 정신으로 임하면 큰 도움이 됩니다."

라고 말해주며 가족 모두 운명을 감정해 드렸다. 요즘 그 부부는 미안할 정도로 나의 홍보대사가 되어 PR을 해준다.

"생각이 완전 바뀌어서 살 만합니다. 꼭 큰 부자가 된 것 같아요. 걱정이 없습니다. 자식들도 만족해하고 있어요. 그리고 10년 전에 처남이 1,500만 원을 빌려갔었는데 느닷없이 돈을 가지고 왔습니다. 저희들에게 1,500만 원은 있는 사람들의 1억 5,000만 원보다 더 큰 돈입니다. 처남은 늦게 갚게 되어 미안하다고 했습니다. 더 좋은 회사에 일하기로 했다고 흡족해 했습니다."

강남의 큰 부자 80세 노인

2007년 8월 21일, 80세 노령의 여자분이 필자를 찾아왔다. 우연한 기회에 신문 광고를 보고 산청·함양사건에 대한 만행이 언급되어 있기에 당장 『운명』 책을 구입하여 밤잠을 자지 않고 단번에 읽어보았다고 했다.

"몇 번이나 읽었어요. 그 죽일 놈들이 어찌 사람들을 무자비하게 죽였는지를요. 처음 읽을 때는 울기만 하고 두 번째 읽을 때는 화가 나고 세 번째 읽을 때는 입에서 욕이 저절로 나왔습니다. 선생님께서 그 험난한 역경 속에서도 의지와 인내로 크게 성공하셨네요. 아무나 못하는 영령추모사업을 하시고 국회에 통과시켜 성역화사업도 마치셨고 이제 개별배상법만 통과시키면 되겠네요. 정재원 유족회 회장님. 용기를 내시고 힘내세요. 제 80평생 살아오면서 선생님의 책을 읽고 너무 많은 것을 느꼈어요. 내 자식들 7남매 중내 나이 마흔다섯 살에 낳은 막내둥이가 K대학을 수석으로 졸업을 했는데 지금 집에서 놀고 있어요. 아무리 재산이 많아도 직업은 가져야 하지 않나요? 그래서 아무데나 취직을 시키려고 해도 시험만 보면 낙방입니다. 위로 형, 누나들은 승승장구합니다. 경제적으로 집에서 놀아도 되지만 직업 없이 놀고 있으니 우울증도 생기는 것 같아서 큰 걱정입니다. 그 녀석의 이름을 풀어보니 14획수로 『운명』 책에 단명한다고 되어 있어 깜짝 놀라 선생님을 찾아온 것입니다. 이 녀석은 죽어버리겠다는 소리를 늘 입에 달고 다닙니다. 선생님. 이 녀석 삼합인장과 숫자와 이름 등 모두 바꿔 주세요. 주민번호도 합이 20이고 도장은 학교에서 선물 받은 것이 깨져 있더군요. 그래서 그런지 이상하게도 이놈만 잘 안 풀립니다. 이 녀석의 장래를 위해서라도 해주는 것이 어미의 도리인 것 같습니다."

"우선 윗물이 맑아야 아랫물도 맑다는 속담을 들어보셨지요? 음양의 순리가 있듯 순서가 있습니다. 부모형제 모두 다 해야 하고 100수 이상 되는 집안 어른이 계시면 우선 먼저 해드리고 다음에 하는 것이 순서입니다."

"네. 맞습니다. 그렇게 하지요. 우리 가족 모두 35명입니다. 외손자, 사돈까지 모두 다 최고 좋은 것으로 해주세요."

개명과 삼합인장 등을 한 노인의 아들(김유성)이 나의 책을 여러 번 읽어보고 나를 찾아왔다.

"정재원 선생님을 사람이 아니라 신적인 존재로 표현하고 싶습니다. 저는 부모덕으로 세상물정을 모르고 어리광만 부리면서 호의호식했습니다. 선생님 뵙는 것도 부끄럽습니다. 명문대학에서 학생회장도 했는데 지금까지 돈이면 다 된다는 생각으로 살았습니다. 거의 폐인까지 될 뻔했을 때 선생님의 책을 보고 정말 많은 걸 깨달았습니다. 다시 태어나 새로운 인생을 사는 느낌이 듭니다. 감사합니다." 라며 인사를 했다.

80세 노인은 35명의 가족 모두 흡족해한다며 감사할 뿐이라고 필자에게 알려왔다.

"저희 막내가 정신을 차려서 제대로 된 생활을 하는 것을 제일 감사하게 생각합니다. 갖고 있는 재산 일부를 기부할 테니 장학회 등을 설립하셔서 어려운 아이들을 도와주시면 좋겠습니다."

팔순노인은 간곡한 부탁을 하며 필자에게 진심으로 다가왔다. 필자는 노인의 뜻을 운명적으로 받들어 어렵고 힘든 가정의 아이들을 돕는 데 최선을 다할 것이다. 이 노인은 우리나라에서 현금이 가장 많은 대재벌가이다. 지금도 수시로 연락이 온다.

1,000억 원 기증하겠다는 자산가

2004년 9월 15일 수요일, 서울 신계동에서 85세 노인이 필자의 사무실을 찾아왔다. 상담시간을 1시간으로 정하였는데 노인은 3시간을 달라고 간청했다. 그렇게 하자고 정중히 예의를 갖추어 말하였다. 필자가 말하기 전에 노인은 먼저 말을 꺼내기 시작했다.

"며칠 전에 조선일보를 보고 당장 『운명』이란 책을 구입하여 6번이나 읽어 보았지요. 저는 책을 잘 보지 않는 사람인데 책을 읽어보니 내가 살아온 것과 똑같더군요. 한치도 다르지 않더군요. 다르다면 총 3발 맞은 것만 다릅니다. 산청·함양사건과 거창사건은 내가 잘 압니다."

이 정도 듣고는 필자가 노인에게 운명감정을 하고자 했더니 노인은 운명감정을 하러 온 사람이 아니니 계속해서 이야기를 들어달라는 것이었다.

"세상에 이런 일이 있었어요. 내 재산이 1,000억대가 되어 자식들에게 절반을 주었는데 이놈들이 모두 다 넘겨달라고 하기에 화가 나서 30%만 주고 사회에 기증할 작정으로 K대학에 가서 총장 면담을 하자니까 비서인지 누구인지 나를 위아래로 훑어보더니 총장님은 바빠서 못 만난다는 겁니다. 면담을 거절당한 뒤 다른 K대학에 택시를 타고 가서 똑같은 방법으로 총장 면담을 신청했지만 거절당했어요. 세상에 내 재산 1,000억을 기증하겠다고 하는데도 총장 면담을 거부하더란 말이오."

노인은 필자에게 계속 말했다.

"내가 대학에다가 내 재산 1,000억원 상당의 부동산과 현금 등을 기증하면 학생들에게 장학금으로 줄 것이 아닌가 하는 생각을 하면서 갔는데 문전박대를 당했어요. 나는 한 달간 곰곰이 생각하다가 정재원 저자에게 기증하겠다고 결심을 했어요. 선생님. 제가 평생을 살아오면서 모은 재산이 1,000억원 가량 됩니다. 자식들에게 현금 등 300억원 이상을 주었더니 자식들이 애비에게 고맙다는 말 한마디 하지 않고 별 짓을 다해 눈꼴이 사나워서 소송을 걸어 빼앗았어요. 법적으로도 그렇게 되더군요. 그러니 정재원 선생님에게 부탁합니다. 좋은 일에 써달라고 간청하는 것이에요."

필자가 노인의 사주팔자를 풀어보니 보통사람이 아닌 산전수전을 다 겪고 세상만사 믿을만한 사람이 하나도 없이 고민하고 있는 사람이었다. 필자는 노인에게 물었다.

"어르신. 이렇게 많은 재산을 제게 어떤 식으로 기증하시겠습니까?"

노인은 "좋은 곳에 써주시면 됩니다."하였다.

필자는 노인의 재산목록을 보았다. 거제도 노른자위 땅 30만 평과 남대문시장 10층짜리 건물 3개, 성남시 노른자위 1,000평을 현금으로 대략 계산하여도 천억 원을 호가했다. 필자가 혹시나 만일을 대비해 노인의 자식들에 대해 알아보았더니 만만치 않은 아들들이었다.

그래서 노인에게 법적인 문제에 대해 몇 마디 하였다. 노인은 변호사를 통해 확실한 답을 받고 결심을 하였다고 하였다. 필자는 6개월간 고민 끝에 박원식 재단법인을 만들어 불우청소년을 돕고 장학생을 배출하며 기념관을 짓는 식으로 운영하면 되겠다고 하니 노인은 흔쾌히 승낙하였다.

　필자는 큰일이나 어려운 일이 있을 때는 필자의 처(박서현)에게 항상 상의하고 있다. 이야기를 듣고 난 필자의 처가 말했다.

　"노인은 보통사람이 아니고 자식들이 3형제나 있어요. 그의 자식들이 가만 있을 리가 있겠어요? 그리고 당신은 지금 유족회 일이 산적해 있어요. 절대 그 노인의 재산을 맡아 관리하는 일이 쉽지 않아요. 남의 돈을 관리하다 잘못하면 형사문제에 휘말릴 수도 있구요. 당신이 돈욕심으로 하는 일이 아닌 것은 알지만 그냥 두는 것이 백번 옳아요. 노인에게 즉시 연락하세요."

　필자는 10여일간 숙고 끝에 "박서현. 당신 말이 맞아." 하고 노인에게 전화로 정중히 사과했다.

　"어르신. 저는 그 거액의 재산을 기증받아 관리할 능력이 안 됩니다. 그동안 저에게 신뢰를 보내주신 데 대해 깊이 감사드립니다. 아마도 대학에 다시 찾아가서 진정성을 보이시면 가납해 주리라 믿습니다."

　그 후 몇 년 뒤에 노인께서 돌아가셨다는 소식을 보좌했던 사람으로부터 직접 전해 들었다.

　그러나 필자는 사후의 유산관리가 어떻게 되고 있는지는 알 수가 없다. 좋은 방향에서 노인의 뜻이 잘 실현될 수 있기를 바라는 마음만 간절하다. 분명한 것은 재산도 운명에 따라 성장, 소멸한다는 것이다. 운명이 어디로 스쳐 지나는 것일까 필자는 그에 대해 고민하는 사람들 곁에 늘 있을 것이다.

숫자를 진작 보았으면 흉악한 일은
당하지 않았을 어느 자산가

　2011년 어느 날 『운명』 책을 읽어본 지인이 소개한 분이 전화로 만나자는 연락이 왔다. 중견기업 회장으로 알부자로 소문난 분이었다. 현금을 수천 억 이상 보유한 자산가였다.

　"정재원 산청·함양사건 유족회 회장님이 시키는 대로 하겠습니다. 알아서 모든 것을 해주세요. 후배에게 큰 배신을 당했어요. 수시로 잘 도와주었고 허물없이 잘 지내는 사람이라 믿고 1억 8천만 원을 주고 이번 선거에 당선만 되게 힘써달라고 했는데 그만 고발사건에 연루되어 옥살이를 하다가 감옥에서 『운명』 책을 보았습니다. 책을 보고 분석해 보니 현재 쓰고 있는 각종 번호가 좋지 않은 숫자이고 인감도장과 은행도장이 모두 깨져 있어요. 이름은 불용문자가 2개나 있어요. 재在자와 용龍자 모두 책의 내용과 100% 맞습니다. 은행 비밀번호가 14이고 전화번호는 27이더군요. 이명박, 박근혜 이름의 합이 27이어서 깜짝 놀라지 않을 수가 없었어요. 전화번호도 20이고 자동차 번호도 2828로 20이더군요. 나 잘났다고 평생 교회나 절, 무속, 철학관 등등 다 무시하고 살았습니다. 구치소 안에서 정재원 회장님이 쓰신 책을 3일만에 다 읽고 출소하자마자 바로 정재원 저자님을 만나러 온 겁니다. 진작 책을 보았으면 감옥에 가지 않았을 터인데 당하고 보니 알겠습니다."

필자는 "식구가 몇 명입니까?" 라고 물었다.

"직원은 모두 186명이고 직계가족은 8명입니다. 8명 모두 최고 좋은 것으로 해주세요. 그리고 우리 직원들 것도 다 해주어야 되겠어요. 정재원 회장님이 좋은 일 하시는데 또 산청·함양사건을 이끌고 가시는데 돈이 많이 필요하실 겁니다. 제 나이 이제 칠순이 되고 사업으로는 대기업은 아니지만 크게 성공했습니다. 그놈의 국회의원에 출마하여 국가에 봉사 좀 하려고 했는데 팔자가 안 되나 봅니다."

필자는 "정치는 아무나 돈이 있다고 하는 것이 아닙니다. 사회에 봉사하시면서 당신을 모함한 사람을 용서하시고 마음을 비우시고 하시는 일만 그대로 하시면 좋은 결과가 나오겠습니다."

"정회장님. 신문광고 많이 하시는데 일 년에 얼마나 되는지요?"
"묻지 마세요. 부담해주는 사람이 있습니다."
"그럼 언제까지 내주십니까?"
"제 사업이 끝나는 날까지 내주신다고 하였습니다."

용팔이 전과 8범 쌍칼 김만식

2008년 어느 날이었다.

"운명 저자님 계십니까? 책을 읽은 사람에게 상담해 주신다는 이야기를 듣고 왔습니다."

		23	時	日	月	年
金	8					
萬	15	27	丙	庚	丙	丁
植	12					
계		35	子	戌	午	未

그의 사주팔자는 정미년 병오월 경술일 병자시로 관 3개가 있어 토끼가 호랑이굴에 들어가 싸우자고 덤비는 격인 무모한 사주이다. 은행번호는 9981 전화번호도 9972번으로 합이 27로서 공파허실망이다.

무슨 일을 하여도 악운을 피할 수 없고 깨지고 허망하게 사기당하고 허물어져 1원도 못 찾고 망하여 남에게 잘해주고도 원망만 당하는 운명이다. 관재, 구설, 시기, 질투, 암흑천지에서 헤매다가 감옥이나 가는 평생 고통과 명망의 운이 된다.

이름 만식萬植은 불용문자이고 27숫자는 흉악한 병약으로 환난이 잦으며 파괴와 고통, 자멸로 이어지는 흉 중의 흉한 운명이다.

김만식 씨는 필자에게 "선생님. 제가 이야기 좀 하겠습니다. 들어주시면 영광이겠습니다. 저는 조직의 한 대원입니다. 우리 조직은 전국 대규모 업체로 손 안 닿는 데가 없습니다. 대기업 등 국가공권력에도 들어가 있어요. 국회에도 있습니다. 심지어 큰 사건이 일어나면 대장이 지시를 합니다. 저희 대원들은 대장이 지시만 하면 서로 행동하려고 경쟁이 치열하지요. 대장의 지시대로 하면 진급이 되고 가족생계비와 평생을 책임져 줍니다. 저에게는 가족이 없으니 저만 책임지고 감옥에서 7년쯤 살고 나오면 부장급 연봉으로 3, 4억원을 준다고 합니다. 그래서 서로 앞 다퉈 대장 지시를 따르려고 합니다. 대장의 말 한마디면 죽음을 각오하고 행동에 이릅니다. 저도 그런 식으로 부장까지 진급이 되었어요. 지금 출소해서 놀고 있어도 월급은 부장급 대우를 받습니다. 그동안 7년이나 감옥살이를 하고 사회에서 못된 짓은 다 한 사람입니다. 저 같은 인간은 사회에서 아무 쓸모없는 인간이라는 것을 잘 알고 있습니다. 사회에서는 어떻게든 돈만 가지고 별 짓을 다해도 떵떵거리며 사는 사람이 많잖아요. 그러나 저의 대장은 워낙 거물급입니다. 이들 이름을 죽음 앞에서도 말하지 않는 것이 조직사회인 것입니다. 만약 이름을 대면 쥐도 새도 모르게 없애 버립니다. 나도 옆에서 보았으니까요. 저한테 한번 실험해 보세요. 혹시나 살다가 감정이 있다든가 억울한 일을 당했다든가 하는 일이 있으면 말해 보세요."

그의 말에 필자는 "그런 것이 제게는 없어요. 평생을 살다가 억울한 일이 있으면 내가 잘못했구나 하고 반성을 하지요."라고 답했다.

김만식 씨는 "저는 감옥 갔다 오면 한밑천 단단히 만지고 결혼하여 살고 싶지만 그것이 맘대로 안돼요. 강원랜드가 저의 안방입니다. VIP손님으로 대접이 대단해요. 몇억 원은 며칠이면 탕진하고 가불까지 하면서 여기에다 돈을 더 끌어쓰다보니 신용불량까지 되었습니다. 저의 삶이 이러하니 내내 인간 구실도 못하고 세상을 사는 것 같습니다. 돈 떨어지면 대장에게 가서 큰절을 하면서 큰 것 한 장 달라고 사정을 합니다. 그러면 이제 나이가 많다보니 은퇴할 나이라고 핀잔만 듣습니다. 착실히 그 돈을 모았으면 수십억 원이 되고도 남았을 거액을 받았습니다. 저와 같은 동료 친구 황윤식(가명)은 큰일을 한 번 하고 10년 감옥살이하고 받은 돈 15억 원으로 강남에 아파트를 구입하여 결혼까지 하고 2남매를 두고 잘 살고 있습니다. 20년 전 구입한 15억 원 아파트가 지금 어림잡아 100억 원대가 될 것입니다. 그 친구가 저에게 하는 말이 이제 다 털어버리고 갈 길 가라고 하면서 6천만 원을 주었습니다. 당시 나보다 못했던 놈이 이리 잘 되어 있을 줄 누가 알았겠어요." 하는 것이었다.

그러면서 그때 그 김만식 씨의 친구는 정재원 회장님을 찾았고 정 회장님이 시키는 대로 하여 오늘을 이룬 것이라고 고백했다. 필자는 김만식 씨의 손금을 보고 다음과 같이 일러주었다.

(1) 내 자신을 돌이켜 생각해보자.
(2) 무엇이든 간에 긍정적으로 받아들이자.
(3) 어떤 일을 하더라도 주인의식을 갖고 최선을 다하자.
(4) 솔선수범하고 항상 남을 배려하자.
(5) 맡은 바 임무는 완벽하게 처리하자. 그러면 힘차게 솟아오르는 아침해처럼 용약하며 발전할 것이다.

그리고 이름을 개명하고 삼합인장을 해주었다. 그는 현재 강남에서 대형음식점을 하며 바쁘게 살아가고 있다. 앞으로 필자가 원하는 것은 무엇이든 간에 도와주겠다는 약속을 하였다.

외환위기 때 은행원으로 거부가 된 임만춘씨

외환위기가 휘몰아쳤다. 은행원의 명예퇴직이 제일 많을 때였다. 평생을 몸 담았던 직장을 퇴직하면 무엇을 할까하고 40대 말에서 50대 초로 보이는 5명이 필자를 찾아왔다. 임만춘(가명) 씨는 임주성으로 이름을 바꾸고 4명의 가족 모두 삼합인장과 숫자, 이름을 바꾸었다. 나는 임주성林柱成 씨에게 판교 근처 그린벨트 지역에 약 30만 평 정도 되는 땅이 있다고 말했다.

"평당 3만 원으로 90억 원 정도 됩니다. 이것을 사두면 5년~10년 후에는 아파트 단지가 될 예정이라 막대한 금액이 될 터이니 5억 원을 투자하십시오."

"네. 그럼 5억 원을 내놓으면 정재원 선생님께서 책임지고 해주세요. 사기단에 휘말리면 저는 평생을 근무해서 받은 퇴직금을 날리고 알거지가 됩니다."

5명 중 1명은 필자의 말을 따랐고 다른 4명은 주식을 몽땅 매입하였다.

그린벨트 땅을 상속받은 자가 필자에게 처분해 달라고 했던 확실한 땅이었다.

땅 주인의 부모는 9남매에게 상속할 때 다른 형제는 건물 등 돈이 잘되는 것을 주고 막내는 미움을 샀는지 당시 평당 10원도 안 되는 집안 대대로 상속되어 내려오는 땅을 주었다. 땅 주인은 김영자(가명) 씨로 3남매를 두고 남편은 질병으로 사망하여 살기가 곤궁하여 호소 겸 어떻게 살아가야 하는가를 나에게 물어보려고 온 것이다.

時日月年
癸丙乙甲
巳子亥午

김영자金英子 씨의 사주를 보고 필자는 우선 개명할 것과 삼합인장을 식구 모두가 하면 좋은 일이 있을 것이라고 이야기하고 김영자 씨에게 주민등록증을 가지고 국세청에 가서 조회를 해보라고 하였다.

"김영자 씨의 사주에 진용신이 있고 대운이 60세 이후 대길로 나옵니다."
"선생님. 무슨 소리하십니까? 제 나이 몇 살인데요."
"어디에 숨어 있는 땅이 있는 것 같습니다."
"땅요? 나는 9남매 중 막내딸이기 때문에 우리 아버지가 갖다 버렸대요. 그런데 죽지 않고 지금까지 살아 있는 거에요."

혹시나 해서 국세청에 조회를 하니 국세청 직원이
"고수부지에 시가도 없는 땅 30만 평이 김영자 씨 소유로 되어 있습니다." 하였다.
김영자 씨는 깜짝 놀라면서
"아닐 겁니다. 이름이 같은 사람이 있겠지요."

"주민번호 541021-0000000 김영자金英子 현주소 동일합니다. 이사를 39번이나 하셨네요. 현재는 별 가치가 없습니다만 앞으로 괜찮겠네요."

"그린벨트 고수부지는 비만 조금 와도 물이 잠겨 아무 쓸모없는 땅이잖아요. 개도 안 물고 가는 아무 가치가 없는 땅이에요. 팔려고 해도 쳐다보는 사람이 없어요. 100년 200년이 가도 별 볼 일 없는 땅인 것 같습니다."

필자를 100% 믿고 있는 그 아주머니는 필자에게 "정재원 회장님 알아서 처리해 주세요." 하였다.

필자는 아주머니에게 말했다.

"현재는 팔려고 해도 팔 수 없을 것입니다. 그러나 앞으로 넉넉 잡고 5년에서 10년이면 틀림없이 아파트촌이 형성되는 것이 나의 명상에서 나옵니다. 아파트촌이 되면 큰돈이 될 것 같은데요."

김영자 씨는 그동안 밥도 제대로 먹지 못하고 굶고 살았다면서 지금 당장 팔아달라고 하였다. 필자는 아주머니에게

"10년 후에 전액 지불하기로 하고 우선 5억 원을 드리겠습니다."라고 하였다.

그래서 은행에 가서 임주성 지점장에게 5억 원을 내놓고 5~10년을 기다릴 수 있는지 먼저 설득을 해보았다. 전체 금액 90억 원 중 우선 5억 원을 지불하고 잔금은 10년 후 지불하겠다는 변호사 공증 증서까지 첨부해 주었다. 둘의 계약을 체결하고 10년을 기다리고 있었다. 이후 부동산 사기꾼들이 어떻게 알았는지 필자에게 몰려들기 시작했고 그 중 한 사람은 자기에게 넘기면 100억 원을 주겠다고 했다.

나는 "그 땅 내 땅 아니오. 김영자 씨와 임주성 씨 간의 계약이 이미 체결되었어요. 귀찮게 하지 마시오." 하였다.

5년이 지나 KBS 9시 뉴스에서 신도시가 확정되었다기에 알아보니 230만

평 모두 그 안에 포함되어 있었다. 필자는 소개만 해주고 아무런 대가는 바라지 않았으며 오히려 앞으로 잘못되어 손해를 보게 되면 모든 것을 책임진다는 약속까지 했었다.

결국 그린벨트가 해제되고 아파트 단지로 확정되면서 주택공사에서 평당 10만 원으로 전체를 수용하기로 해 300억 원의 이득을 보게 되었다. 그 중 세금을 빼고도 200억 원이 남는 장사로 지점장은 5억 원을 투자하여 3년만에 20배의 이익을 남기게 된 것이다.

필자는 김영자 씨에게도 1원도 요구하지 않았다. 김영자 씨는 선생님 명상에서 아파트 단지가 생긴다더니 딱 맞아떨어졌다면서 감사의 표시로 노후자금으로 쓰라고 쇼핑백에 사례금을 놓고 갔다. 나중에 그 쇼핑백을 열어보니 생각지도 않은 큰돈이 들어 있었고 그 인연으로 오늘까지 그녀와 잘 지내고 있다.

그 외 은행원 4명은 주식 실패로 결국 신용불량자까지 되었다. 반면 필자를 믿고 5억 원을 투자하여 100억 이상 큰돈을 거머쥔 임주성 씨에게는 아무것도 하지 말고 그 돈만 잘 지키라고 하였다. 그는 지금도 필자에게 자문을 요청해오고 있다. 여행이나 다니고 건강이나 잘 유지하면서 어려운 사람이나 도와주라고 하였다. 자신을 알고 사는 사람이 얼마나 될까? 자신을 잘 아는 사람은 절대로 실패하지 않는다.

국경을 초월한 운명–
재일교포 사업가 박정민 씨

재일교포 사업가는 우연히 보게 된 조선일보 광고에서 엄청난 사건과 함께 소개된 신묘한 숫자의 이야기 그리고 행운의 인장에 관한 내용을 접하고는 곧바로 책을 구입해 읽어보았다고 하였다.

그는 그 책을 열 번이나 읽은 후 도저히 이대로 있을 수가 없다며 급히 비행기를 탔다. 재일교포 사업가 박정민 회장이 필자의 사무실에 도착한 것이 2002년 4월 5일, 공항에서 전화가 왔다.

일본에 가서 그 어떤 고난이나 역경 속에서도 울지 않았던 자신이, 그리고 지금까지 70평생을 살아오면서 단 한 번도 흘리지 않았던 눈물을 이 책을 보면서 한꺼번에 쏟아낸 것 같다고 했다.

해방 후 열여섯 살 때 일본에 건너가 오사카에서 60년을 살면서 안 해본 일이 없을 정도로 엄청난 고생을 했다고 한다. 돈이 되는 일이라면 온갖 잡다한 일까지 무엇이든 마다하지 않았는데 실패도 수없이 반복하면서 오직 돈을 모으는 일에만 최선을 다하여 몸이 으스러지도록 일을 했다면서 자신의 지나온 과거에 대해 두 시간이 넘도록 이야기했다. 그러면서 자신이 현재 하는 일에 대해서도 추호의 거짓도 없이 다 털어놓는다며 이야기를 시작했다.

"저는 게임랜드 회사를 비롯하여 부동산 컨설팅회사, 자동차부품 생산공장, 대규모의 아파트건설사 등 계열사 37개를 운영하고 있습니다. 직원만도 6,000명이나 됩니다. 결혼은 3번 했습니다. 그들 사이에서 태어난 자식이 10명인데 모두 출가를 했고 그 사이에서 태어난 친손자, 친손녀가 27명, 외손자녀, 증손자녀 등 내 직계가 62명입니다. 내가 겪어야 했던 엄청난 질곡의 삶은 무엇으로도 다 표현할 수가 없습니다. 결혼을 3번이나 했다는 것, 손자들의 숫자만 봐도 짐작이 될 것입니다. 그동안 내가 이룩한 일들도 많지만 그로 인해 다른 사람들에게 원망과 질타를 받았던 일들도 많이 있었습니다.
이제 내 나이 여든이 훨씬 넘었으니 앞으로 살아갈 날이 얼마나 되겠습니까? 저지른 일이 많다보니 거둬들이고 정리해야 할 일도 많습니다. 우리 속담에 가지 많은 나무 바람 잘 날 없다고 지금 내 처지가 그렇습니다. 일본에서는 기업이 내 것이라도 내 마음대로 할 수가 없습니다. 자손에 대한 상속문제뿐만 아니라 그동안 나를 믿고 평생 함께 해온 많은 직원들까지도 보상이 되도록 일을 처리해야 합니다.
이럴 즈음 선생님 책을 접하게 되었고 그 내용을 꼼꼼히 살펴보았더니 그안에 해답이 있을 거라는 확신이 들었습니다. 특히 숫자에 대한 함수관계와 삼합인장에 대해 많은 관심이 가게 되어 이렇게 직접 찾아뵙게 된 것입니다."

그리고 산청·함양양민학살사건에 대해서도 제법 소상히 알고 있었다. 한국전쟁에 대한 책을 많이 읽었다고 했다. 6·25전쟁에 대해서는 한국보다 일본에 더 상세하게 소개된 책들이 많다고 한다.
특히 그는 한국전쟁에 대해 관심이 많았기 때문에 일본에서 발행된 한국전쟁사에 관한 책은 다 구해 읽었다면서 산청·함양사건에 얽힌 필자의 어린 시절과 더불어 지나온 갖은 시련에 대해 연민의 정을 느낀다고 했다. 그렇기에 나의 책을 읽으면서 눈물을 많이 흘렸다는 것이다.

"가족 모두의 삼합인장 등 숫자, 82령부 부적 등을 알아서 해주세요."
그는 그 말을 남기고 홀연히 가버렸다. 당시 나는 어리둥절하기도 하고 다소 황당한 느낌도 들어서 인사만 받고 그냥 돌려보낼 수밖에 없었다.
그가 다녀가고 3일 후 잘생긴 젊은이와 빼어난 미모의 젊은 여자가 찾아왔다. 두 사람은 3일 전 그의 이야기를 꺼내며 밀봉된 봉투를 건네주고 정중하게 인사하고 자리를 떠났다.

나는 그것을 서랍에 넣어두었다가 2~3일이 지난 후에 개봉했다. 거기에는 자신과 가족의 삼합인장 등 필요한 모든 것을 부탁한다는 간단한 설명과 함께 거액의 수표가 들어 있었다.
그 후로도 "정재원 선생님. 산청·함양사건사업에 협력하겠습니다. 필요하신 것 있으시면 언제라도 전화주세요." 하며 자주 연락이 온다.

불운한 과정을 딛고 크게 성공하여
재벌이 된 장혜진 씨

2003년 2월 1일 전화가 요란하게 울렸다.

"정재원 회장님. 저예요."

"누구십니까?"

"저 장혜진이예요. 1991년 5월에 제천에서 효원철학원을 하셨지요?"

"네. 그런데요."

"선생님께서 저보고 큰사람이 될 인물인데 유흥업소에 있어서 안타깝다고 하시면서 이름이 사주와 상극하니 상생의 이름과 행운숫자와 인장 등 큰부적을 해주셨어요. 그것도 외상으로요. 성공하면 갚으라고 하시면서 돈으로 따지면 큰돈이라고 금액도 안 가르쳐주셨어요. 그때 제 나이가 21살이었어요. 선생님께서 저의 키와 혈액형, 몸무게를 물으셨어요. 저는 그때 철학원에서 이런 걸 왜 묻는지 이상하게 생각했지만 다른 생각은 없으신 것 같아서 알려드렸어요."

필자는 그때 당시의 기억을 떠올리며 잠자코 듣고 있었다.

"나이는 21살, 키 170cm, 몸무게 48kg, 혈액형 A형, K대학교 영문과 휴학중이고 학비 때문에 서울에서 1,000만 원만 받고 이곳 제천으로 와서 아르바이트를 하고 있지요. 1,000만 원을 갚으면 다시 학교에 갈 것입니다."

그녀는 그때 했던 말을 상기시켜 주려는 듯 계속해서 말을 이어나갔다.

"선생님께서는 다 듣고 나신 후에 지금 사용하고 있는 이름을 쓰라고 알려 주셨습니다. 그날 이후 제주도 관광호텔 유흥업소로 근무지를 옮기게 되었습니다. 어느 날 저녁시간쯤 호텔에서 음악을 들으며 커피 한 잔을 마시고 있는데 50세쯤 되어 보이는 어떤 신사분이 저를 힐끔힐끔 쳐다보며 앞으로 오더니 조심스럽게 의자에 앉아도 되겠냐며 점잖게 물었어요. 저는 유흥업소에서 일하면서 그런 사람을 자주 보아왔기에 그러시라고 대답했어요. 그때 저는 짧은 미니스커트와 보랏빛이 나는 윗옷을 입었고 머리는 긴 생머리를 하고 있었어요."

그녀는 상념에 젖은 듯 당시의 일을 간단하게 설명해주었다.

"그 신사분은 일본에서 온 어느 회장님을 모시는 수행비서였고 저를 보고 마음에 들어 이것저것 상세히 물어보셨습니다. 그러고 나서 저를 일본인 회장님께 소개해 주었고 회장님은 제가 진 빚 1,000만 원에 그들이 요구한 4,000만 원을 더한 5,000만 원을 그들에게 건네면서 저를 자유롭게 해주었습니다. 거기다 저에게 일본으로 함께 가 살자는 솔깃한 제안까지 하였습니다. 저는 여기에서 이렇게 살 바에는 차라리 그게 낫겠다 싶어 흔쾌히 응하면서 집에 보내줄 얼마간의 돈을 요구하였더니 한 시간도 안 되어 저의 통장에 15억 원이라는 거금을 입금해 주었습니다. 저는 그런 거액을 바란 것이 아니었으므로 수표로 인출해 그 돈을 돌려드렸습니다. 저는 회장님을 따라 일본으로 건너가 함께 살게 되었습니다. 그분은 상처를 하신 분이었고 슬하에 아들 3명과 딸 2명이 모두 출가하여 살고 있었어요. 저와 정식으로 혼인신고까지 해주며 잘 대해주셨습니다. 더군다나 장성한 자식들도 저를 정식 어머니로 인정해 주었고 깍듯이 대해 주었습니다. 그러나 이미 그분은 중병을 않고 계신 상태로 자신과 남은 여생을 함께 하고자 데리고 온 것이었습니다. 회장님은 저를 너무 사랑하시고 좋아하셨어요. 회장님은 제주도에 고급호텔을 하나 지어 주셨어요. 운영은 위탁운영하는데 수입이 최고로 좋은 호텔입니다. 회장님은 자신의 재산을 저에게 전부 물려주고 돌아가셨습니다. 자식 5남매들도 얼마나 착한지 회장님께서 정리해놓은 재산은 절대로 간섭하지 않습니다."

끝으로 자신은 일본에 어마어마한 재산이 있는데 한국에 함부로 가지고 갈 수 없다고 하면서 자신이 일본에 가기 전 처음으로 받은 돈 15억 원을 25년 전의 빚을 대신 갚는다고 하면서 필자에게 돌려주고 싶다고 하였다.

필자는 감사한 마음으로 장혜진 씨에게 행복을 기원해 주었다. 그리고 최근에는 장혜진 씨가 매일 아침에 일어나면 '정재원 회장님. 감사합니다. 건강하시고 오래오래 행복하세요.' 하며 큰절을 한다고 문자메시지를 전해왔다.

또한 장혜진 씨는 한국에 투자하고 싶어 했다.

그래서 필자가 모 은행장에게 연락했더니 국책사업에 투자하면 안전하다고 하였다. 그 말을 전했더니 장혜진 씨로부터 500억 이상 투자하겠다고 전갈이 왔다. 2016년 8월 은행 직원이 일본으로 가서 투자협약을 체결하였다고 한다. 장혜진 씨는 정재원 회장님 큰일 하시면 꼭 연락을 달라는 말도 잊지 않았다. 필자는 흐뭇한 마음으로 장혜진 씨의 앞날에 큰 희망과 행복을 기원했다.

영업이 끝나는 날까지 광고비를
부담해 주시는 회장님 사모님

2000년 3월 3일 필자는 동대문 사무실에서 손님과 상담 중에 있었다. 그때 일본 도쿄라고 하면서 한 여인의 전화가 걸려왔다.

그녀는 일본에 사는데 동아일보 신문광고에서 『운명』이란 책을 보고 당장 주문하여 하루만에 탐독하였다고 한다. 그녀는 책을 정독하고 나서 가슴속까지 감동이 밀려와 눈물을 멈출 수 없었다고 하면서 한국으로 갈 터이니 시간을 내어달라고 부탁하였다.

그로부터 3달 뒤 6월 3일 오후 4시에 사무실에 찾아온 그녀는 필자를 만나게 되어 무척 기쁜 마음이라고 했다. 그녀는 필자를 보자마자 마치 친정아버지를 수십 년 만에 만난 것처럼 반가워하며 말을 하였다.

『운명』 책 쓰신 선생님 맞습니까? 죽기 전에 한 번이라도 만났으면 하는 것이 소원이었는데 이렇게 만날 수 있게 되니 너무 반갑습니다. 선생님 책을 소설처럼 무려 10번 이상 읽었습니다. 어찌 그리 못된 인간들이 많은지 국군들이 어떻게 그렇게 무자비하게 사람을 마구잡이로 죽일 수 있단 말입니까?"

그녀는 말을 잇지 못하고 통곡을 하면서 10여 분간 구슬 같은 눈물을 뚝뚝 흘리더니 필자의 손을 꼭 잡고 울먹이면서 말문을 열었다.

그녀는 50년 전에 일본으로 건너가 필자만큼은 아니지만 그에 버금가는 고생을 하면서 일본인을 만나 6남매를 두었고 이제는 자녀들도 성장하고 사회에 진출하여 열심히 살고 있다고 하였다.

그녀의 남편은 큰 회사 회장이고 필자에게 일부분이라도 도움을 주려고 한국에 왔다고 하였다. 필자는 그녀의 따뜻한 말 한마디만으로 감사하고 고맙다고 하였다.

그녀는 연신 흐느끼며 말을 이어갔다.

"저의 운세에 관해 말씀 안 해주셔도 됩니다. 선생님이 저술하신 책을 보니 저에 관해 모든 것을 꿰뚫고 마치 현미경으로 제 속을 확대하여 보는 것처럼 정확하고 선명하게 모든 것이 맞아 떨어졌습니다. 저는 돈도 있을 만큼 있으니 더 이상 재물 따위는 필요 없습니다. 지금 여러 회사에서 배당금 등이 매시간 천문학적인 숫자로 셀 수 없이 들어오고 있습니다. 그래서 돈은 필요 없습니다. 단지 우리 가족의 건강과 행복을 바랄 뿐입니다. 막내아들이 보트를 타다가 행방불명되어 제가 미쳐 죽을 지경입니다. 그러니 우리 식구의 삼합인장, 숫자. 82령부적 등을 모두 해주세요. 우리 가족 모두가 건강하게 여생을 마치게 해주세요."

그녀는 필자의 사무실을 나서면서 필자의 손을 다시 한 번 따뜻하게 잡아주었다.

"선생님. 오래도록 건강하게 목적 달성을 위해 나아가세요. 억울하게 희생당한 영혼이 편안할 수 있도록 해주세요."

그녀와 그렇게 2시간 동안 상담하고 아쉽게 헤어졌다. 그 뒤 1주일 후 낮선 사람이 연락도 없이 무작정 필자의 사무실에 찾아왔다. 그는 느닷없이 "1주일 전에 일본에서 왕회장님의 사모님이 다녀가셨지요? 이 봉투를 정재원 선생님께 드리라고 했습니다." 하고 필자에게 봉투를 건네주었다.

필자는 봉투를 여는 순간 깜짝 놀라고 말았다. 봉투 안에는 다년간 신문 광고비용을 지출할 수 있는 어마어마한 큰돈이 들어 있었다. 그리고 앞으로 정재원 선생님께서 사업을 그만두는 날까지 광고비는 전액 부담한다고 메모지에 적혀 있었다.

실타래처럼 얽힌 운명이 해결된 김지후 씨

2007년 5월 5일, 일본에서 60대 여인이 예약 없이 찾아왔다.

"선생님. 저는 일본에서 온 교포 김길자입니다. 일본에서 한국 신문을 보고 책을 신청하여 읽어 보니 제 이름이 불용문자이고 은행 계좌번호, 전화번호, 자동차번호와 도장을 맞춰 보았더니 좋은 것이 아무것도 없더군요. 전화번호도 20, 집주소도 14, 은행통장 비밀번호는 19, 자동차번호 28, 주민번호도 30, 12, 20으로 모두 안 좋아요. 이름도 14, 4, 19 어쩌면 모두가 그렇게 안 좋은지 60 평생 살아오면서 기독교, 불교, 일본 천도교, 철학관, 무속인 등 수없이 다녀도 하나같이 말도 안 되는 말만 하구요. 교회는 십일조만 잘 내면 된다기에 집 판 돈 일부를 내놓아도 헛것이었고 절에 가면 잘 된다고 하였으나 그것도 마찬가지였어요. 무속인이 빙의가 들었다고 해서 여러 차례 굿도 해보았지만 그것도 믿을 것이 못 되더군요. 선생님 책을 읽고 보니 제가 쓰는 각종 숫자가 깡통이라고 나오더라구요. 100% 맞아요. 저는 부모님 유산을 많이 받았지만 모두 탕진하고 남편 사망 후 남편의 재산까지도 모두 탕진하게 되어 이제 죽어야 한다는 생각을 할 때쯤 우연한 기회에 선생님의 책을 읽게 되었어요. 읽어 보니 눈이 번쩍 떠지면서 이제는 살았구나 하는 생각이 들더군요. 그래서 선생님을 찾게 되었어요. 선생님. 살려주세요."

그녀는 다급하고 애절한 목소리로 하소연했다.

"우선 사모님 손금과 모든 것을 감정해야 합니다. 조상님으로부터 받은 유산을 탕진한 것은 우연이 아닌 운명적인 것입니다. 모든 숫자를 바꾸어 쓰면 문제가 해결될 것입니다. 사주팔자와 숫자, 이름이 상생으로 합이 되어야 겠어요. 우리나라 반만 년 역사를 보면 이름은 운명이라는 것이지요. 이름과 숫자와 삼합인장을 상생의 원리로 갖추어야 일생을 잘 살 수 있다는 겁니다. 김길자 씨는 여름 태생입니다. 춘하추동春夏秋冬이라고 한다면 이름은 반드시 사주팔자와 맞아야 합니다. 먼저 春하면 싹이 나고 夏하면 성장, 秋하면 수확, 수확이 多하면 冬에 저장하고 갈무리를 하듯이 이런 방식으로 운명, 즉 이름을 짓는 방법입니다. 대개 우리나라의 역학자들은 사주팔자를 써놓고 계절을 구분하여 원칙을 정하지 않고 발음오행으로 짓는 경우가 가장 많습니다. 예를 들면 木은 ㄱ, ㅋ이고 火는 ㄴ, ㄷ, ㄹ, ㅌ이고 土 는 ㅇ, ㅎ이고 金은 ㅅ, ㅈ, ㅊ이고 水는 ㅁ, ㅂ, ㅍ이라는 것이지요. 이렇게 각 한글 자음들은 木, 火, 土, 金, 水의 오행 중 어느 하나에 해당되므로 그 오행들이 상생되는지 상극되는지에 따라 이름자 풀이의 길흉을 추론하는 것입니다. 이런 식은 맞지 않습니다. 또한 한글 이름을 불렀을 때 소리 나는 대로 운명이 결정지어진다는 주장도 많지만 잘못된 것입니다. 물론 전혀 맞지 않는다는 건 아닙니다."

김길자 씨의 이름을 풀이하자면 1947년 6월 24일 사시생으로

김 金 8 ┐	수 水	時日月年
길 吉 6 ┤ 14	화 火	癸辛戊丁
자 子 3 ┘ 9	수 水	巳酉甲亥
계　　17		

金은 8획이다. 하지만 1을 더하면 水로 변한다. 필자는 김지후金知厚로 개명을 해주었다.

김 金 8 ┐	수 水	천격
지 知 8 ┤ 16	토 土	인격
후 厚 9 ┘ 17	금 金	지격
계　　25		

손금을 잘 관찰하여 사주팔자와 운명, 즉 이름을 관찰한다. 신생아의 경우는 손금은 보지 않는다. 대신 부모형제를 본다. 상극이 되면 안 되고 오행이 맞아야 한다. 즉, 음양 홀수와 짝수를 봐야 하며 각종 숫자가 사주와 맞는 것을 사용하는가를 보며 잘 판별해야 한다. 어느 일간지 신문에서 朴(水)과 李(土)는 서로 상극이니 대단히 좋지 않다고 하는 광고를 본 일이 있었다.

이것은 맞지 않는 방식이다.

김길자 씨는 한국에 와서 전국 곳곳을 다니면서 영험하다고 소문난 곳이면 가리지 않고 찾아다녔다고 한다. 한글이름, 한자이름 등 할 수 있는 것은 다 해보았지만 소용이 없어서 포기하기로 하였다.

그러던 중 필자가 쓴 『운명』 책을 무려 11번을 읽었는데 읽을 때마다 눈물을 흘렸다고 한다.

"저희 아버지께서 제 몫으로 주기로 한 땅이 있는데 또 누구한테 사기를 당하지 않을까 싶어 아직 주지 않고 있어요. 마곡지구 3,500평은 대략 시가로 30~40억 이상 된대요. 그 땅이 언제쯤 제게로 올 수 있을까요? 빠른 시일 안에 받게 되면 선생님께 투자하겠습니다. 부탁합니다."

"그것은 아주머니의 재산이니 받게 되면 김길자 씨의 안전과 노후를 준비하는데 잘 활용하십시오. 저는 그런 대가성은 바라지 않습니다. 김길자 씨의 바람은 곧 이루어질 것입니다. 여하튼 이름이 김지후로 사주와 잘 맞으니 법적으로 개명하는 것은 나중에 하시고 우선 각종 번호와 신정삼합인장을 제작해 드릴 것이니 잘 간직하고 계십시오. 이것은 사용하는 방법이 가장 중요합니다. 즉, 용신이 되는 오행의 날짜와 시간을 가르쳐드릴 터이니 통장에 2,900원이 찍히게 개설하고 은행 인장으로 사용하세요.

"100% 믿고 사용하겠습니다. 감사합니다. 이 은혜 꼭 갚겠습니다."
그녀는 거듭거듭 감사하다는 인사를 하고 일본으로 떠났다. 그 인연으로 그녀는 일본인들에게 나의 홍보대사 역할을 하고 있다.

한국에서 고관대작을 지낸
아흔을 넘긴 초로의 큰손

2001년 2월 2일, 필자가 동대문 사무실에서 숙박을 할 때였다. 새벽 4시경 전화벨이 요란스럽게 울렸다. 잠에 취해 무시하려고 했지만 요란스러운 벨소리가 그칠 줄 모르고 울려댔다.

겨우 수화기를 집어 들었더니 "왜 그렇게 전화를 늦게 받소?" 라며 오히려 화를 내는 것이었다. 잠결에 전화를 받았다가 고함소리에 정신이 번쩍 들었다.

"지금 새벽 4시입니다. 전화를 안 받으면 끊으시면 될 것을 받을 때까지 들고 있는 선생님은 누구십니까?"

상대방의 목소리는 대략 80세 노인으로 추측되었다.

"제가 무슨 잘못이라도 했습니까? 좌우지간에 전화를 늦게 받아 죄송합니다. 지금은 새벽 4시이니 9시쯤 다시 전화를 걸어주십시오." 하고 정중히 말하였으나 노인은 전화를 끊지 않고 말을 이어 나갔다.

"내 말을 들어봐요. 나는 미국에 온 지 30년이 넘었소이다. 한국에서 고관대작을 지냈고 현재는 사채업을 하는 속칭 큰손으로 평이 난 사람이올시다. 한국에 있는 정재계 사람들 중 내 돈을 안 쓴 사람이 없을 정도라오. 미국에서 금융업 등 국제시장에서도 내 이름을 대면 모두가 알 정도라오. 내 나이 90이 넘었고 내 손으로 직접 전화를 건 것은 처음이오. 나는 조선일보 구독자로 신문에서 당신의 『운명』이란 책 광고를 보고 호기심에 책을 구입하여 읽어 보았소. 이 책을 보면서 한 열 번은 넘게 운 것 같소. 내 평생 수천 권이 넘는 책을 보았지만 이렇게 볼 때마다 눈물이 나는 책은 처음이오. 책에 나온 산청·함양사건에 대해 익히 알고 있었소만 이렇게 소상히 정리된 책은 처음 보는 것 같소. 6·25 한국전쟁에 관련된 책도 수없이 보았소만 이렇게 산청·함양사건이 끔찍한 사건인지는 정말 몰랐소이다."

노인은 천인공노할 만행을 저지른 한국군에 대해 가슴을 치며 원망했다고 한다. 아무 죄도 없는 순진무구한 우리나라 백성을 이렇게 잔인하게 죽이고도 정부에서 아무런 배상도 하지 않고 최고 책임자 그 누구도 아직까지 진정한 사과 한마디 없었다는 현실에 우리나라 정부를 원망하는 이야기로 두 시간 넘게 서로 이야기를 나누었다. 노인은 조만간 한국에 갈 터이니 가기 전에 연락하고 꼭 만나자고 하였다.

그 후 1개월이 지나서 노인은 필자의 사무실을 방문하였다. 노인은 마치 50년 만에 이산가족을 찾은 것인 양 마냥 반가워하며 눈물을 펑펑 흘리셨다. 노인은 필자를 보고 하늘이 내려준 분이라고 칭찬을 아끼지 않으셨다. 아흔이 넘은 연세에 보좌관 겸 경호원을 열두 명이나 대동하면서 정정하게 여행을 다닌다며 자신의 건강함도 과시하였다.

자식도 많고 부인도 여럿이라고 하였고 자산은 상상을 초월할 정도라고 하셨다. 노인은 세계적으로 정평이 나 있는 자산가이며 사업가셨다. 필자의 운영비를 본인 생명이 붙어 있는 한 무기한 다 대주시겠다고 하시면서 떠나셨다. 필자는 노인에게 129세까지 건강하게 사신다고 했더니 "내가 그것밖에 못사나?" 하시면서 껄껄 웃으셨다.

그리고 "정재원 선생 큰 부자 되게 해줄까?" 하는 농담까지 하고 가셨다. 2~3일 간격으로 전화가 자주 왔고 인연을 계속 이어가자고 하셨다. 한국에 미모의 여성을 소개해 달라고 하셔서 필자가 확실한 신분의 여성을 소개해 주었더니 너무 행복하다고 하셨다.

삼합인장으로 목숨을 건진 K씨

2001년 2월 23일, 뉴욕에서 전화가 왔다. K씨는 전화를 통해 자신의 이야기를 털어놓았다.

"한국에서 사업을 하다가 크게 부도를 내고 미국으로 도피생활을 한 지 20년이 넘었어요."

그리고 이제는 안정을 찾아 신앙생활 지도자가 되었다고 하였다. K씨는 필자의 저서에 기록된 이름과 숫자, 한국에서 쓰던 인장을 찾아보니 내용들이 자신의 과거를 훤하게 꿰뚫어 보는 듯해서 소름이 돋았다고 하였다. 그리고는 한 치의 오차도 없이 다 맞아 떨어져 책을 여덟 번이나 탐독하였다고 했다.

그로부터 두 달 후에 K씨가 필자의 동대문 사무실에 찾아왔다.

그는 필자를 보자마자 대뜸 "선생님은 하느님이라고 칭해도 되겠습니다." 하였다. 필자는 어안이 벙벙하여 그에게 되물었다.

"무슨 말씀입니까? 저는 평범한 사람입니다. 저를 그렇게 존귀한 사람으로 칭하시면 안 됩니다."

하지만 K씨는 확신에 찬 듯이 말을 이어 나갔다.

"선생님은 돌아가신 후에도 세계 만방에 그 훌륭한 이름과 업적이 넓고 높이 퍼지게 될 것입니다. 확신합니다. 선생님. 저에게 모든 것을 만들어 주세요. 비용은 요구하시는 대로 드리겠습니다."

그리고 15일 후에 K씨는 다시 나를 찾아왔다. 대구가 고향이라 한국에 온 김에 그 곳에 가서 봉사활동을 하였더니 상상도 못할 큰돈이 들어왔다고 하였다. K씨는 그 돈을 필자에게 모두 주겠다고 하였다. 선생님의 도움으로 생각도 못한 돈이 들어왔으니 그 돈은 자신의 돈이 아니라고 하였다.

필자는 극구 사양하며 그 돈은 K씨의 노력에 의해 번 돈이니 받을 수 없다고 하면서 받지 않았다. K씨는 아쉬운 듯 다시 미국으로 돌아갔다.

미국으로 가는 그에게 희망의 말을 해주고 싶었다. K씨에게 "한국인이라는 자부심으로 외국에서 열심히 살기 바랍니다. 오래오래 건강하시고 목적하시는 바를 반드시 이루게 될 것입니다."라고 말했다.

6개월 후에 K씨로부터 다시 전화가 왔다. 슈퍼마켓에서 무장강도에 의한 총기사고가 났는데 7명이 현장에서 사망하고 10여 명이 부상당했다고 하였다. K씨 역시 그 현장에서 총격을 당했다고 한다.

"선생님. 총알이 제 왼쪽 가슴으로 날아들었습니다. 그런데 저는 아무런 상처 없이 이렇게 살아있습니다. 다 선생님 덕분입니다. 선생님은 제 생명의 은인이십니다. 선생님이 새겨주신 삼합인장을 왼쪽 주머니에 넣고 다녔는데 총알이 그 곳으로 날아왔습니다. 도장만 깨지고 전 무사할 수 있었습니다."

K씨는 삼합인장에 의해 목숨을 건졌고 그 소문이 퍼지기 시작하여 도장을 쓰지 않는 미국 현지인들의 주문이 쇄도하기도 하였다.

큰 기업가로 변신한 런던의 김지원 씨

그를 알게 된 건 2001년 3월 10일, 영국 런던에서도 이름난 기업가로 알려진 경상도 사나이였다.

"거기가 『운명』 저자 사무실인가요? 정재원 선생님 좀 바꿔주이소."

크고 우렁찬 그의 음성은 악센트로 보아 경상도 출신임이 틀림없었다.

전화를 받자 그는 대뜸 "나도 산청 출신인데 아홉 살에 6·25를 겪어서 산청·함양사건을 대충은 알고 있다카이. 내가 오늘 이 책을 읽고 가슴이 벌렁거려서 견딜 수가 없다 아이가. 자세한 것은 나중에 이야기하기로 하고 얼른 날짜나 잡으소. 내랑 만날 수 있는 날짜와 시간을 퍼뜩 말하이소. 내 빨리 갈라고 한다카이."

그렇게 약속을 잡고 통화 후 12일이 지나서 그는 한국에 왔다. 필자의 사무실을 방문하자마자 이산가족을 만난 듯 필자를 붙잡고 엉엉 소리를 내며 울기부터 하는 것이었다.

"아니 무슨 사연이기에 들어오자마자 이렇게 울기부터 하십니까? 멀리서 오시느라 피곤하실 텐데 그만 앉아서 좀 쉬세요."

"이 사람아. 내가 김지원이 아이가. 나도 양민 학살 사건 때 거기에서 살았다 아이가. 가만히 있어보자. 내 모르것재? 나도 니 모르겠다. 와서 만나보면 알 것 같았는데. 아무튼 너무 반가워서 그랬다 아이가."

"정신 가다듬고 차근차근 이야기하세요. 오늘은 김 회장님을 위해 시간을 좀 넉넉하게 비워놓았습니다."

"그라입시다. 실례했습니다. 너무 반가워서 그만. 용서하이소."

이성을 잃은 듯하던 그는 이내 정신을 가다듬고 자신의 이야기를 간략하게 하였다. 그는 산청·함양사건 때 아홉 살이었고 그가 살았던 동네에는 국군이 밀어 닥쳤으나 방곡, 가현, 서주처럼 하지 않았다고 한다. 방곡이나 가현, 서주 등지에서 벌어지고 있는 사건을 미리 알았기 때문에 마을 사람 거의 도망을 갔거나 깊이 숨어 버려서 엄청나게 끔찍한 사건은 벌어지지 않았다고 했다.

그러나 그 곳에서도 살아남았다는 사실은 요행이었고 극적인 것이나 진배없는 사실이었다. 그는 성장하면서 한국이 싫어져 부산으로 가서 공부를 하다가 우연한 기회에 영국으로 건너가서 공부를 계속하게 되었다고 한다. 그리고 주변의 도움이 큰 밑천이 되어 일찍이 사업에 눈을 뜨게 되었다고 한다.

물론 초기에 많은 시행착오를 일으켜 실패도 거듭했지만 그럴 때마다 주변에서 주는 용기와 도움으로 오뚝이처럼 다시 일어나곤 했단다. 지금은 영국뿐만 아니라 해외 현지공장도 설립하여 10여만 명이 넘는 직원을 거느린 대기업 회장이 되어 있었다.

그리고 가족사항 등 개인적인 일까지 다 이야기한 후 자신의 가족뿐만 아니라 모든 사람들이 건강하고 행복하게 살 수 있는 사회가 지속되기를 바란다는 소원을 피력하였다.

그 해 65세였던 그는 20살에 영국에 건너가 줄곧 그 곳에서 생활해 온 셈이다. 그 사이에 국제 무역 뿐만 아니라 크고 작은 41개의 계열사를 거느리게 되었다고 한다.

그는 특히 산청·함양양민학살사건에 대해서 관심이 많았다. 책을 읽으면서 산전수전 다 겪으며 이렇게 살아남은 필자를 존경한다면서 산청·함양사건의 진상을 밝히는 일에 적극 협력하겠다고 말했다. 그는 그동안 서울에 있는 여러 감정원을 다니면서 감정을 하는 사람을 많이 만나 봤는데 한 사람도 자신의 마음에 드는 사람이 없었다고 한다. 그런데 필자를 만나 보니 신뢰가 가고 동질감도 더해져 믿고 투자를 할 결심을 굳혔다고 했다.

그는 장담하듯 몇 번이고 다짐하며 기약을 하고 영국으로 돌아갔다. 그 후로 자주 전화를 걸어와 사업의 구상에 대해 묻곤 한다. 그리고 필자에게도 여의치 않으면 영국으로 오라고 하였다. 그 때마다 필자는 내가 해야 할 일에 대한 계획을 그에게 전했다.

"나는 아직 여기에 할 일이 많이 남아 있습니다. 더 큰일을 해야만 합니다. 지금까지 한 일은 계획의 시작일 뿐입니다. 아마도 앞으로 3년 정도 지나면 큰 계획을 실행에 옮길 것입니다. 그때는 확실하게 도와주십시오. 국가적 차원에서 사업을 해야 하지만 국가가 하지 않으니 개인적으로도 기필코 해야 하는 일입니다. 산청·함양사건에 대한 큰 사업을 할 것입니다. 서울 한복판에 기념관을 세우고 기념탑도 건립하여 세계인을 상대로 공개하고 후세들에게까지 산 교육장이 되도록 만들 것입니다. 아마도 지금 계획으로는 약 3,000억 원 이상 들 것으로 추산됩니다. 이 사건에 대해 정부나 관계기관에서는 반성이 없습니다. 몇 년 전 국회에서 여야합의로 통과된 보상법을 당시 대통령 권한대행으로 있던 고건 국무총리가 거부권을 행사했습니다. 함께 통과된 광주사건 등의 문건은 그대로 실행하면서 유독 이 사건만 거부를 하다니요. 말도 안 되는 처사가 아니고 무엇입니까? 결국 유족들을 두 번 죽이는 꼴이 되었고 구천을 헤매는 1,500여 명의 영령들은 아직도 영면하지 못하고 있습니다."

기필코 이 일을 이루겠다는 필자에게 그는 큰 용기를 주었다. 빨리 실행에 옮기라고 하면서 그때는 반드시 크게 협력하겠다고 했다.

호주에서 사업에 성공한 김동길 씨

2003년 8월 18일, 월요일 느닷없이 호주에서 왔다는 김동길 씨가 사무실을 찾아왔다. 두어 시간 전에 호주라면서 전화가 왔었다기에 비서가 미리 예약을 하고 그 날짜에 맞춰 방문하시라고 하였더니 알았다고 하면서 전화를 끊더라는 것이었다.

그런데 그는 이미 서울에 도착해 있었고 예약이고 뭐고 필요 없이 무조건 사무실로 찾아온 것이다. 그는 사무실에 들어서자마자 큰절을 올리겠다면서 넙죽 엎드려 절을 하는 바람에 필자도 같이 절을 하였다.

그는 자리에 앉자마자 자신의 이야기를 숨 가쁘게 털어놓기 시작했다. 필자가 태안물산(주)을 경영할 때 주요 품목이 수산업이었다. 그도 노량진수산시장과 중부시장에서 각종 수산물을 제공하고 수산물가공업까지 곁들인 제법 큰 회사를 경영하다가 1970년도에 300억 원의 부도를 맞아 도산하고 뉴질랜드로 피신하게 되었다는 것이다.

그 후 여러 나라를 왕래하며 피신 겸 새로운 사업의 기틀을 마련하려고 온갖 수모와 고통을 받은 일. 그 와중에 가족 일부가 교통사고를 당해 죽음에 이르고 이를 견디지 못한 아내는 자살을 해버린 일.

결국 자신의 사업 실패가 원인이 되어 모든 가족을 잃어버리고 혈혈단신이 된 자신의 처지를 비관하여 자살을 시도하였으나 자신은 살아남은 일. 결국 호주로 다시 돌아와 여러 직업을 전전하다가 우연한 기회로 축산물 가공업을 하시는 교포 어른을 만나게 되었고 제2의 인생을 시작했다는 이야기를 늘어놓았다. 그리고 그는 20세 연하의 교포 여성을 만나 재혼하게 되었는데 그 교포 어른의 따님이었다. 그러다 보니 장인어른의 지원을 전폭적으로 받으면서 하는 일마다 승승장구하게 되어 오늘날에 이르게 되었다고 한다.

그 후 30여 년을 열심히 일하면서 '최선을 다한다! 최고가 된다!'라는 좌우명으로 한순간도 허튼 일을 하지 않고 오직 앞만 보며 살다보니 지금은 목축농장과 축산물 가공업, 축산물 수출회사 등 13개의 계열사를 경영하는 제법 성공한 기업인이라고 뿌듯해했다.

자신의 잘못으로 본래 가족을 모두 잃고 실의에 빠져 마음을 다잡지 못하고 있었을 때 이해와 사랑으로 자신을 대해준 지금의 아내가 항상 고맙기 그지없다는 말도 덧붙였다.

그는 필자의『운명』책을 16번이나 정독했고 수산물 가공납품 등으로 부도를 내고 도피한 자신과 태안물산(주)을 부도내고 잠시 도피한 필자의 삶이 유사한 데가 많다고 느껴 처음 만난 사람이지만 더욱 친밀감을 가지게 되고 친형제를 만난 듯한 반가움이 들었다고 한다.

또한 이제 제법 많은 재산을 모은 자산가가 되었고 이만하면 더 큰 욕심이 없으므로 그동안 노력하여 모은 재산을 일부 환원하는 차원에서 자신의 모국인 한국에 투자를 하려고 생각한다는 것이다.

그래서 필자를 찾아온 목적은 한국에 투자하여 고국에 환원하는 방식에 대해 의논하기 위함이며 꼭 필자를 통해 답을 얻고 싶었다고 했다. 그것은 부도를 내고 홀연히 떠나버린 고국에 대한 자신의 죗값을 일부나마 갚는 계기도 마련하고 노후에 자신의 명예도 회복하고 싶은 소망도 담겨있다고 했다.

그의 말은 끝없이 이어져 밤새워 꼬박해도 시간이 부족할 것 같았다. 그쯤에서 말을 끊고 필자는 그에게 다음과 같이 말했다.

"해외투자란 함부로 할 수 있는 것이 아니므로 신중에 신중을 더하여 결정을 하셔야 할 것이고 절차도 제대로 밟아야 하는 것임을 잘 아실 것입니다. 우선 김 선생님께서 어떤 부류의 투자를 하고 싶어 하시는지 알려주시면 제가 잘 알아보겠습니다. 그래서 김 선생님 운세에 맞춰서 업종을 선정하도록 하겠습니다. 우선 호주로 돌아가셔서 투자에 대한 마음을 신중하게 다시 검토하시고 확신이 서면 다시 연락을 주십시오. 김 선생님께 잘 맞는 각종 번호들을 산출하고 또 삼합인장과 82령부적 등 여기서 할 수 있는 모든 조치를 취하여 한 달 이내에 특수우편으로 우송해 드리겠습니다."

그는 그러겠다고 하면서 한 가지 더 부탁을 하였다.

"지금 내 건강이 양호한 편이라고 하지만 과연 내가 언제까지 건강하게 사업을 할 수 있는지 앞으로 어떻게 하면 좀 더 건강하게 오래 사업을 할 수 있을지도 아울러 의견을 주시기 바랍니다. 오래 살고 싶다는 욕심보다는 건강하게 오래 일해서 사회봉사 차원에서 열심히 투자를 늘려가고 싶어서 그러합니다."

"알겠습니다. 그 부분도 상세히 산출하여 이해하기 쉽도록 풀이하여 보내드리겠습니다. 아마도 백수 이상 오래 장수하실 것 같습니다. 그러면 좋으시겠지요?"

내가 긴장을 풀어주기 위해 웃으면서 덕담을 했더니 그도 기분 좋게 따라 웃으면서 희망찬 설계를 부탁한다며 기분 좋게 헤어졌다. 그 후에도 그는 일주일에 두세 번 이상 전화를 해서 투자를 빨리 할 수 있도록 해달라고 종용했다.

필자에게 운명을 맡기고 떠난 여성 CEO

2002년 4월 어느 날 50세가량의 아름답고 초롱초롱한 눈망울을 가진 당찬 기운의 여성이 북경에서 서울에 도착하자마자 필자의 사무실로 찾아왔다.

동대문에서 수출업을 하는 이 여사장은 세계 각지에서 매출 100억 달러의 돈을 벌어들이는 아주 큰 사업가였다. 북경에서 필자의 책을 읽고 나니 필자를 만나지 않으면 안 되겠다는 생각으로 무작정 찾아왔다는 것이다.

"선생님의 책을 5번이나 읽어 보고 또 읽어 보았습니다. 구구절절 옳으신 말씀과 산전수전을 다 겪으신 선생님 삶에 잠을 이룰 수가 없었습니다. 선생님. 절 받으세요."

그녀는 무작정 필자에게 절을 하려고 하였다.

"아이구, 절은요. 악수나 합시다."

필자는 그녀를 만류해야만 했다. 그녀는 중국이 세계에서 숫자를 가장 중요시하는 민족인데 중국인보다 더 훌륭한 사상체계를 발견한 데 대해 감탄을 금할 수가 없었다고 하였다.

"좁은 한국 땅을 벗어나 중국에도 오셔서 선생님의 저서를 중국 번역판으로 출판하세요. 아마 중국인들도 감탄을 금치 못할 것입니다."

그녀는 필자를 신처럼 표현하며 존경을 표하기에 그저 송구스러워 몸둘바를 몰랐다.

그녀는 "인장과 이름, 숫자로 과거를 돌이켜 본 결과 한 치의 오차도 없이 맞아 떨어져 이렇게 먼 곳까지 한달음에 달려온 것입니다. 선생님께 저의 운명을 맡기고 갈 테니까 선생님이 알아서 해주세요. 제 운명에 관한 설명은 해주지 않아도 됩니다. 이미 제 이름과 은행 비밀번호, 전화번호 등 각종 번호를 책에 나온 것에 대입해 보니 정확해 선생님을 귀찮게 할 필요가 없을 것 같네요."

이렇게 한달음에 달려왔는데 금방 헤어지는 것이 아쉽다하여 식사를 한 후 그녀는 100명의 인장을 부탁하고 떠났다. 그 후로도 그녀와 수시로 연락을 하고 있으며 삼합인장과 각종 숫자 때문에 사업이 더욱 번창한다는 소식을 전하고 있다.

그럴 때마다 필자 역시 기분이 흐뭇하여 여성의 몸으로 낯선 타국 땅에서 고생하는 그녀가 안쓰러워 그녀의 길흉화복을 위해 더욱 열심히 정진하고 있다. 그녀는 그 후로도 필자에게 큰 사업을 하실 때면 투자하겠다고 종용을 하였다.

싱가포르에서 대기업을 일으킨
고아 출신 사업가 곽경봉 씨

싱가포르에서 무역업을 하는 곽경봉 씨가 필자의 사무실로 찾아온 것은 2004년 10월 20일이었다. 예약 이후 필자와 만남을 갖기까지 제대로 잠을 이룰 수 없을 정도로 가슴이 설레었고 또 이렇게 유사한 운명을 짊어지고 태어난 사람이 있다는 것에도 큰 관심이 생겼다고 한다.

필자의 책을 읽은 후 그는 매일 바쁜 일정 중에도 한시도 필자를 잊은 적이 없을 정도였기에 오래전부터 잘 알고 지내왔던 사람으로 착각했다고 한다. 그는 필자를 만나자마자 대뜸 큰절을 했다. 다소 겸연쩍기도 하고 민망스럽기도 하여 얼떨결에 같이 맞절을 하는 시늉을 했지만 의외의 행동에 처음에는 당황스러웠다.

그는 현재 싱가포르에서 1만여 명의 직원을 거느리고 있는 교포 사업가로 필자의 저서 『운명』을 신문광고를 보고 알게 되었다고 한다. 그는 한국과의 무역을 위해 서울에 오는 경우가 많았다. 싱가포르에서도 한국 신문 5~6가지는 항상 구독을 하고 있다고 했다. 처음 몇 번은 흔히 있는 책광고이겠거니

하고 관심을 두지 않았는데 지속적으로 광고가 나오고 필자의 프로필에 산청 함양양민학살사건 유족회 회장이라는 타이틀을 보면서 관심이 쏠렸다고 한다.

그래서 이 책을 꼭 읽어 보아야겠다고 생각하고 책을 구입하여 서울 출장 에서 돌아가는 기내에서부터 당장 읽기 시작했다고 한다.

"선생님의 인생살이가 저와 너무 유사한 점이 많아 책을 놓을 수가 없었어 요. 책을 읽어나갈수록 나보다 더 기구한 운명에 처했던 사람도 있었구나 싶 어 애잔한 마음과 함께 감복이 되었습니다.

원래 아버지 고향이 경남 산청이고 저는 마산에서 태어났습니다. 그런데 초 등학교 4학년 때 부모님을 한꺼번에 여의고 혈혈단신 고아로 살게 되었습니 다. 가까운 친척도 없었고 부모님도 뺑소니 교통사고로 돌아가셔서 아무런 피해보상도 받지 못했으며 원체 집이 가난했기 때문에 부모님이 남겨주신 재 산이라고는 아무것도 없습니다.

그렇게 부모님이 돌아가시고 난 뒤로는 학교는커녕 하루하루를 구걸하다 시피 하면서 연명하였고 넝마주이들과 어울려 다니면서 나쁜 놈들한테 걸려 흠씬 두들겨 맞기를 예사로 여기면서 살았습니다.

그러다 보니 책을 읽으면서 흡사 저 자신이 살아온 내용이 아닌가 싶을 정 도로 기구한 운명적인 삶에 동질감이 느껴졌습니다. 그래서 이 책을 읽을 때 마다 저도 모르게 전율을 느꼈고 때로는 저 자신이 당하는 듯한 분함에 분 노가 치밀어 온몸을 사시나무 떨 듯 부들부들 떨기도 했습니다. 6·25전쟁 당시 총을 맞은 것만 빼고는 저의 인생과 선생님의 인생이 흡사하다고 생각 합니다. 저는 창원 전진이라는 곳에서 6·25를 겪었습니다.

그때 인민위원장이니 뭐니 하는 사람들에 의해 봉변을 당한 사람들이 많았 습니다. 그들에게 조금만 잘못하거나 동조하지 않으면 그 자리에서 죽창에 찔러 죽였습니다. 개죽음을 당하는 것이지요. 어릴 때 기억인데 아마도 즉결 심판인가 하는 것을 행했던 것 같습니다."

엄청난 고통 속에서 겨우 살아오다가 우연한 기회에 호주에서 제법 성공한 좋은 분을 만나 그를 따라 호주로 건너가서 제2의 인생을 시작했다고 한다.

천성이 착했던 그는 그곳에서의 생활에 빠르게 적응해 목동으로, 때로는 잔심부름꾼으로 닥치는 대로 맡겨진 일을 열심히 해나가고 그에 따른 정당한 보수를 받아 저축도 열심히 하였다. 특히 자신을 데려간 축산업자의 따뜻한 배려로 각종 기술도 터득하였다고 한다. 그곳에서 20년 가까운 세월을 살아오면서 모은 돈과 지식을 토대로 사업가로 변신을 꾀하는 데 성공하였다.

처음에는 조그마한 무역업을 시작으로 호주와 싱가포르를 내왕하다가 훌륭한 축산업자의 도움으로 싱가포르 지사장 겸 현지사장을 역임했다고 한다. 그러다가 독립하여 막대한 재산을 축적하게 되었다.

슬하에 3남매를 두었으나 모두 출가하여 분가시켰기 때문에 자신에게는 아무런 걸림돌이 없으며 10여 개의 기업체에 1만여 명의 직원을 거느린 연간 100억 달러 이상의 매출을 올리는 탄탄한 기업가로 자리매김하고 있다고 했다.

그가 필자를 찾아온 것은 인장이나 행운의 숫자를 가지기 위해서가 아니라 그동안 자신이 모은 재산 중에서 500억 원 정도를 고국인 한국에 투자하기 위해서 자문을 구하고자 온 것이라고 했다.

자신이 잘 아는 사람도 없고 믿을 수 있는 사람도 없어서 고민하던 차에 이 책을 접하게 되었다고 하면서 필자가 도와주면 안심할 수 있을 것 같다고 했다. 그래서 필자는 그의 진솔한 마음을 전해 듣고 국가 기관의 잘 아는 사람에게 알아봤더니 재경부 금융-그룹계 투자 최고책임자를 소개해 주었다. 국가가 보증을 서고 투자하는 경우는 1,000억 원 이상이라고 하기에 그에게 전달하여 그 후 구체적인 협의가 이루어져 곧 부가가치가 높은 업종에 투자하기로 결정되었다.

일이 잘 진행되면 싱가포르의 기업은 그대로 두고 한국에서의 투자를 차츰 늘려 자신도 한국에서 남은 인생을 살고 싶다는 뜻도 전해 왔다. 그래서인지 측근들에게 선물하기 위해 삼합인장과 각종 번호를 많이 만들어갔다. 아직은 싱가포르에 머물고 있지만 적어도 이틀에 한 번 꼴로 전화를 걸어와 안부를 물으며 투자에 대한 여러 가지 상담을 하고 있다.

Chapter 3

산청·함양사건

추모공원의 터를 정함에 있어서 많
은 연구와 명상을 거듭했다. 특히
추모공원의 터를 정하는 일은 필자
개인의 문제가 아니라 범국가적 차
원으로 조성되는 사업이었으므로 신
중에 신중을 거듭했다. 그에 따라
장소 선정에도 심혈을 기울여 음양
오행설을 근거로 하고 유명한 풍수
지리학자들과도 논의했다.

진실규명과 명예회복을 위한 노력

산청·함양사건이 발발한 이후 유족들은 물론이요, 각계각층에서 이 사건의 진실을 규명하고 알리기 위한 다양한 노력들이 있었다. 이러한 일련의 과정들을 시간의 흐름에 따라 정리해 본다.

1950년 6월 25일, 한국전쟁이 발발한 이듬해 1951년 2월 5일에 지리산 공비토벌작전이 실시되었다. 작전명령 5호, 작전명은 '견벽청야'였으며 작전부대는 국군 11사단 9연대 3대대였다. 당시 사단장은 최덕신이었고 9연대장은 오익경이었으며 3대대장은 한동석이었다.

이틀 후인 2월 7일 오전 8시경에 가현, 방곡, 점촌 등 산청·함양 주민들 705명이 무단 학살되었다. 사망한 주민의 숫자는 확인된 인원수만 파악된 것이라서 정확하다고 볼 수는 없다. 가족들 전체가 몰살되어 신고할 사람이 없는 경우 등을 포함하면 다소 변동될 수도 있다고 생각된다.

1953년 4월에 이르러 이 참혹한 학살사건의 방곡지구 유족들이 동심계를 조직하여 위로제를 올리게 되었다. 당시 주민들은 피해자의 입장이었음에도 불구하고 장기 출타시에는 이장이 상부에 동향을 보고하라는 지시가 있었을 만큼 숨죽여 살아야 했다. 지금 같으면 참으로 상상할 수도 없는 일이다.

9년이 지난 1960년 5월 22일, 제4대 국회에서 자유당 박상길 의원의 제안 으로 '산청·함양·거창사건 진상조사 결의안'이 채택되었다. 이 사건이 처음 으로 정치권의 이슈로 떠오르게 된 것이다.

같은 해 10월에 이르러 경남도의회 민치재 의원이 "산청·함양 사건은 양민 학살이 분명하므로 위령탑을 설치해야 한다"는 의견을 내는 등 후속 조치를 촉구하였다. 5·16 군사정부는 동 사건에 대해 거론금지령을 내렸으며 민치 재 의원은 11사단 학살행위를 거론하다가 구금되었다.

이후 무려 28년간 이 사건은 그대로 묻혀지는 듯했다. 아무도 입밖에 꺼 낼 수조차 없었기 때문이다. 그러다가 군부정권이 막을 내리고 민주화운동 이 꽃을 피우기 시작하면서 1988년 4월, 부산일보와 신경남일보에서 산청· 함양사건을 특집보도하게 되었고 비로소 이 일이 세상에 알려지기 시작한다.
1989년 9월 23일, 경상남도 국정감사가 벌어졌을 때 이 사건에 대해 강정 희, 전상균, 김성곤 3인이 증언하였다.
다시 2년이 지난 1991년 5월 9일, 산청·함양 등 피해지역에서 국군이 공비 토벌작전을 전개했던 사실을 국방부 회신으로 확인하였다. 이에 유족과 주 민 130여 명이 산청 출신 국회의원 6명에게 자료를 제공하고 명예회복을 요 구하기 시작했다.

그러나 당시 이 일에 대해 크게 관심을 가진 사람도 없었고 지지부진하던 끝에 1993년 10월 7일, 김종필 민자당 대표가 강재섭 대변인을 통해 산청·

함양사건을 김영삼 대통령에게 보고하게 된다.

이후 약 11일 후인 10월 18일에 유족회는 서울 민자당사와 KBS, MBC 방송국에서 모의합동장례식을 거행했다. 당시 이 장면이 전국적으로 보도되면서 사회적으로 큰 반향을 일으키게 되었다. 이런 사건이 있는지도 몰랐던 국민들의 충격은 컸다. 모의장례식에는 피해자 유족을 비롯하여 강정희, 곽덕경 등 130여 명이 참석해 모의상여를 메고 청와대 앞과 시내를 돌며 이 사실을 알렸다.

다음 달인 1993년 11월 1일, 마침내 산청·함양사건에 관련한 특별법안이 민자당 당무회의를 통과했다. 유족회는 청와대와 국무총리실 등 관계 요로에 민원 청원서를 제출하게 되었다.

이후 2년여가 지난 1995년 12월 18일, 사건 발생 44년만에 '거창사건등관련자명예회복에관한특별조치법'이 이강두 의원 외 20명의 발의로 제14대 국회 177차 정기의회에서 통과되었다. 참으로 감격스러운 순간이 아닐 수 없었다.

다음 해인 1996년 1월 5일, 법률 제5148호 '거창사건등관련자명예회복에관한특별조치법' 시행령을 대통령이 공포하였으며 제14970호로 채택되었다. 몇 달 뒤인 6월 18일부터 7월 9일까지 1차 진상조사가 마무리되었다. 사망자 705명 중 386명이 확인되어 피해자 유족으로 등록되었으며 멸몰 등으로 인해 나머지 319명은 확인되지 못했다.

2000년 9월, 유족들은 특별법개정 건의를 위해 김용균, 이강두 의원 및 한나라당과 민주당 등에 총 11차례 방문하여 입장을 전달하고 인터넷, 청와대신문고 및 국무총리실에 특별법개정 건의를 위한 민원을 신청했다. 당시 추모공원 시공업체로는 공모를 통해 남해종합개발, 홍한건설, 신흥토건이 확정되었다.

2001년 12월 13일, 드디어 45년만에 위령사업 공사를 착공하게 되었다. 김용균 산청합천 국회의원, 군철현 산청군수, 이강두 의원 부인을 포함, 각계각층 인사 500여 명이 참석해 착공식의 첫 삽을 떠올렸다. 200억 원의 예산 확보로 가능하게 된 일이었다.

부지를 선정하고 공사를 추진하는 등 본격적인 위령사업을 시작하면서 필자는 억울하게 희생 당한 705위의 영령들을 위로하고 명예회복에 최선을 다하는 한편 그 유족들에 대해서도 개별 보상을 받을 수 있도록 하는 개정법률안을 내는 데 박차를 가했다.

산청·함양사건 추모공원 건립

5·16 정권 이후에도 이 사건을 들추려 하면 체포감금이 이어져 그 누구도 함부로 말을 꺼낼 수조차 없었다. 25년 넘게 아무도 언급할 수 없었던 사건은 1988년 부산일보와 신경남일보에 '산청·함양사건'이라는 제목의 대하실록이 특집 보도되면서 드디어 세상에 모습을 드러내게 되었다.

이후 '가현, 방곡, 점촌, 서주지역 양민학살 유족회'가 구성되고 경상남도 국정 감사에서 세 명의 유족이 이 사건을 증언했다. 그리고 끊임없이 나라에 진실을 알리고 명예를 회복하려고 노력한 결과 '거창사건 등 관련자 명예회복에 관한 특별조치법'이 제14대 국회본회의를 통과하기에 이르렀다.

이어 1996년에는 대통령령 제14970호의 '거창사건 등 관련자의 명예회복에 관한 특별조치법 시행령'이 공포되었다. 그러면서 1999년에는 산청·함양사건 합동묘역사업을 위한 비용을 국비로 확보할 수 있었고 그렇게 한 맺혀 있던 희생자들의 안식처를 만들기 시작했다.

특별조치법이 통과된 후 산청·함양 그리고 거창사건의 추모공원 설계비로 각각 2억 원의 예산이 배당되었다. 그러나 거창 측에만 자금이 지원되었을 뿐 산청·함양유족회에는 예산부족을 이유로 자금이 집행되지 않았다.

산청·함양사건이 먼저 일어났으므로 우선배당을 요구했으나 거절당했고 지원단장은 1년 후에 집행해 주겠다는 말만 했다. 이 과정에서 거창 유족들과 분열이 생기기 시작했다. 지금은 작고한 당시 산청 소속 민은식 도의원은 박 지원 단장에게 항의했고 산청·함양유족회는 정확한 예산처리가 될 때까지 결사적으로 대항하려 했다. 필자는 40년을 기다렸으니 1년만 더 기다리자는 말로 유족들을 설득해 농성을 끝냈다.

마침내 산청·함양사건 추모공원을 위한 2,482억 원의 예산이 책정되었다. 그러나 기획예산처에서는 예산부족을 이유로 시간을 끌며 집행하지 않았다. 국회에서 '거창 등…'이라는 명목으로 이 비극적인 사건의 추모탑을 세우는 비용 약 500억 원을 국비로 책정했지만 이 또한 제대로 이루어지지 않았다.
국회를 통과한 자금을 집행하지 않는 것은 온당치 못한 처사였다. 강남 반포동에 있는 기획예산처를 수차례 방문했지만 결정권자인 변 국장은 아예 만날 수도 없었다. 장관 나오라고 고함도 쳐보았으나 소용없었고 도리어 형사 하나가 입구에서부터 졸졸 따라다니면서 방해를 일삼는 게 아닌가?

담당관이던 곽 과장에게 항의했지만 거창 유족들도 애먹이는데 산청·함양 유족들까지 말썽을 부린다면서 3개월 내내 기다리라는 말만 계속했다. 결국 변 국장의 집으로 찾아가 돗자리를 펴 놓고 무작정 기다렸다. 3일째 되는 날 밤 12시경에 한 중년신사가 나타나 "이 밤중에 집 앞에서 돗자리를 펴고 며칠을 기다리다니요." 하고 인사했다. 변 국장이었다.

필자는 산청·함양유족회 회장임을 밝히고 도무지 만날 방법이 없어 자택에서 기다렸다면서 죄가 있으면 달게 받겠다고 했다. 국장은 "정재원 회장님 잘 알고 있습니다. 집에 노모가 있어 차 대접도 못해 죄송합니다. 내일 사무실로 오세요." 하고 말했다. 혹시나 하고 다음날 만나기는 했지만 예산은 요지부동이었다. 다른 지역에도 같은 사건들이 있으니 조금 기다려 달라는 말만 되풀이했다.

하는 수 없이 사투에 들어갔다. 80세 넘은 시골의 유족들까지 상경하자 기획예산처에 바리케이트가 쳐지고, 접수된 공문이 없다면서 유족들을 막았다. 모든 것을 내가 책임지리라 하고 바리케이트를 부수고 들어가 버스에 플래카드를 걸고 기획예산처 앞마당에서 농성을 벌이기 시작했다. 때마침 비가 내리고 있었다.

"기획예산처 장관 나오시오. 국회심의를 통과한 유족회 추모탑 건립 예산 500억 원을 집행하시오!"

사태가 이렇게 되자 서초경찰서장과 전경 등 500여 명이 출동했다. 서초경찰서장은 산청에서 같이 온 산청경찰서 소속 민 모 형사를 다짜고짜 뺨을 때리고 발로 차면서 "이 불순분자들을 신고도 하지 않고 여기가 어딘데 얼굴을 내밀게 하는 하는 건가? 모두 경찰서로 연행하라."고 지시했다.

필자가 자초지종을 이야기했으나 서초서장은 무조건 연행해서 법대로 처리하겠다면서 강경하게 나왔다. "서장님, 이 일은 유족회장인 제가 단독으로 한 것이니 나이 든 유족들은 보내고 저 혼자만 연행하십시오." 하고 말해도 소용없었다. 80세 넘은 노인들 수십 명이 "국군이 우리 가족들을 몰살시켰어요. 회장 말고 우리를 잡아가세요."라며 소리치고 있을 때 갑자기 전화벨이 울렸다.

서초서장이 전화를 받으면서 고개를 끄덕끄덕 하더니 갑자기 "유족 여러분 죄송합니다. 오늘 오신 것을 환영합니다. 오늘 식사를 대접하겠습니다."라고 말하는 것이었다. 이 무슨 코미디인가?

경찰 500명이 철수한 뒤에 백차 두 대가 오더니 호위까지 하며 배웅을 했다. 그때 서장이 "이런 일을 하려면 사정기관에 신고하면 됩니다."하고 알려주었다. 그러나 피눈물나는 세월에 악만 남은 우리가 절차를 따질 겨를이 있었겠는가.

그 후로 예산처 담당관들은 한풀 누그러졌다. 필자의 아내인 박서현이 기자처럼 사진기를 메고 다니면서 계속 촬영하자 담당관이 왜 그리 사진을 많이 찍느냐면서 난색을 표하기도 했다.

결국 민은식 도의원이 나서서 "당신들 직무유기하고 있어요. 본분을 다 못하고 있다 그 말입니다. 유족들은 한이 맺혀 있는 분들이니 통과된 예산이 빨리 집행되도록 협조하세요." 하고 으름장을 놓은 뒤에야 긍정적인 검토를 하겠다는 대답이 나왔다.

우여곡절 끝에 자금이 확보되었으나 이번엔 부지 선정이 문제였다. 지원단에서는 거창과 합쳐서 건립할 것을 제의했으나 유족들은 산청·함양 추모탑을 따로 건립하기로 결정했다. 경남 산청군 금서면으로 부지가 확정되자 용역회사로 대한엔지니어링이 선정되었고 사업 시행을 위한 기본 계획과 설계 등이 결정되었다.

57년 만의 합동위령제

2008년 11월 7일은 필자와 유족회 사람들에게 매우 뜻깊은 날이었다. 이날 '제57주기 산청·함양사건 양민희생자 합동위령제 및 추모식'과 더불어 산청·함양사건 추모공원 내에 역사교육관 제1, 제2 전시실을 지어 준공식을 가진 것이다.

산청·함양사건 추모공원은 산청·함양사건 당시 억울하게 희생된 영령들을 모신 합동묘역이다. 합동묘역 조성과 위령탑 건립은 1996년 1월 5일 거창사건 등 관련자의 명예회복에 관한 특별조치법 공포와 1998년 2월 17일 거창사건 등 관련자 명예회복심의위원회의 사망자 및 유족 결정에 의해 이루어졌다. 2001년 12월 13일 합동묘역 조성사업 착공 이후 4년에 걸친 공사 진행으로 정부에서 지원한 150억 원을 들여 합동묘역과 위패봉안각, 위령탑, 일주문, 영상실 등을 갖춘 산청·함양사건 추모공원을 건립한 것이다.

산청·함양사건 양민희생자 유족회에서 주관한 이 행사에는 신성범 국회의

원을 비롯한 산청·함양지역 기관단체장, 유족, 지역 주민 등 모두 1,200여 명이 참석해 희생자들의 넋을 위로했다.

신 의원은 추모사에서 산청·함양사건은 한국전쟁 중 가장 비극적인 상처를 남긴 사건이라며 영문도 모른 채 희생당하신 분, 그리고 어린 시절 부모를 잃고 성장했을 유족들의 마음속에는 아직도 전쟁이 계속되고 있을 것으로 안다고 유족들을 위로했다. 그는 이어 억울하게 희생당한 분들과 유족들에 대한 충분한 보상이 이뤄질 수 있도록 국회 차원의 활동을 벌이겠다고 약속했다.

위령제 및 추모식에 앞서 시극공연, 희생자 추모 한풀이 공연 등 식전행사가 열렸으며, 추모시를 낭송하고 산청중학교 합창단이 위령가를 합창할 때는 슬픔을 이기지 못한 유족들이 울음을 참지 못했다.

필자는 산청·함양사건 추모공원의 터를 정함에 있어서 많은 연구와 명상을 거듭했다. 특히 추모공원의 터를 정하는 일은 필자 개인의 문제가 아니라 범국가적 차원으로 조성되는 사업이었으므로 신중에 신중을 거듭했다. 그에 따라 장소 선정에도 심혈을 기울였다. 음양오행설을 근거로 하였고 또한 유명한 풍수지리학자들과도 논의하였을 뿐 아니라 현재 그곳에 살고 있는 지역 주민들과 유족회 회원들의 의견도 수렴하여 합의를 보았다.

추모공원 전면에는 왕산玉山이 있는데 이 왕산에서 바라보면 부처의 좌상처럼 보인다는 것이다. 즉, 부처의 정좌상으로 형상화되어 있음을 볼 수 있다. 그래서 이곳은 예로부터 최고의 명당으로 꼽는 좌청룡, 우백호의 형상을 닮아 천혜의 명당이라는 일설이 전해 내려오기도 한다.

더구나 이곳에는 산청·함양사건의 705 영령들이 안장되어 있기에 20~30년 후면 나라를 이끌고 다스릴 호걸豪傑과 재사才士가 많이 나오게 될 명당이라고 말할 수 있다. 특히 위령탑의 높이가 21m인 것은 두령만인앙시頭領萬人仰視를 나타낸다. 즉, 많은 사람을 이끌어 지도하게 될 수령首領이라는 의미다. 또 위령탑 옆의 조각상이 55m인 것은 통솔 천지안전統率 天地安全인데, 지상에서 기회를 포착하여 성실하게 모든 일에 임하면 하늘로 올라 성공할 수 있다는 의미다.

  그래서 추모공원 위령탑 아래에 정좌하여 기도를 하면 어두운 마음과 부정적인 마음이 없어지고 소원을 이루게 된다. 기도는 최소한 하루에 2시간 10분씩, 일주일에 한 번씩 하는 것이 좋은데 형편에 따라서는 한 달에 한 번씩이라도 정성을 다 기울여 기도하면 각자가 소원하는 많은 바람 중에 최소한 한 가지 정도는 성취하게 된다고 감히 말한다.
  산청·함양사건 추모공원에서는 모두가 경건한 마음으로 어떤 경우에도 국민은 하늘과 같고, 역사는 정의의 편에 있으며, 인명은 절대적인 가치라는 것을 확인하면서 희생된 영령들이 우리 후손에게 남겨준 진정한 자유와 번영의 소중한 가치를 되새기는 장이 되어야 할 것이다.

  추모공원에서 쉬고 있는 705 영령들은 지리산 끝자락 돌밭을 일구어 옥토로 가꾸고 대대로 살아오면서 오직 흙 파고 씨 뿌려 가꾸는 일밖에 몰랐다. 순진무구하게 땅처럼 거짓 없이 그렇게 살았다. 가뭄이 들어 농사를 망치면 그것이 하늘의 뜻인 줄 믿고 초근목피草根木皮로 연명하면서 조금도 하늘을 원망하지 않았다. 그것이 내 나라 군대의 총칼에 죽어야 하는 이유가 되는가!
  잘못을 알고도 고치지 않는 것만큼 더 큰 잘못은 없는 것이다. 국가가 저지른 잘못이라면 국가가 응당한 보상을 해야 하는 것 아닌가! 이 모든 것은 분명히 차별 없이 밝혀져야 한다. 반드시 응당한 보상의 책임을 국가가 져야 하는 것이다.

  우리 유족회는 신명을 다 바쳐 소기의 목적을 위해 싸울 것이고, 기필코 관철시킬 것이다. 그렇게 하여 다시는 이 땅에 인명을 능멸하는 일이 있어서는 안 될 것이고 이런 슬픈 역사는 존재하지 못하게 해야 할 것이다. 그래야만

318

천추유한을 지닌 채 아직도 잠들지 못해 구천을 떠돌고 있을 원혼들의 원한
을 다소나마 달랠 수 있을 것이다.

숫자 운명학

인간의 생활과 가장 밀접한 것은 수리이다.
수리와 인간 개개인이 갖고 있는 고유한 운수
를 파악하여 대비시킨다면 인생을 성공적으로
영위할 수 있다. 모든 사람에게는 자기 운수
와 맞는 '일생의 숫자'가 있는데 홀수와 짝수
처럼 서로 조화를 이루어야 한다.

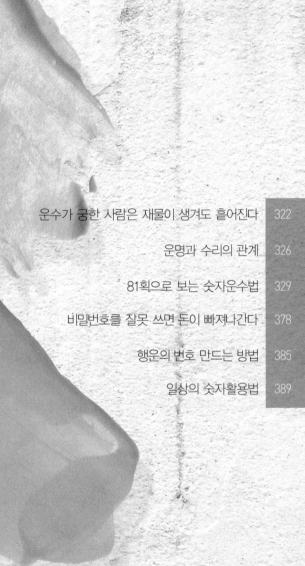

운수가 궁한 사람은 재물이 생겨도 흩어진다

2007년 필자가 편역한 『명심보감明心寶鑑』 성심편聖心篇에 이런 말이 있다.

'아무리 신묘한 약일지라도 원한의 병은 고치지 못하고, 뜻밖에 생기는 재물이라도 운수가 궁한 사람을 부자 되게 하지 못한다. 일이 생겨나게 하여 일이 생기는 것을 그대는 원망하지 말고, 남을 해치고서 남이 해치는 것을 그대는 분해하지 말라. 천지간天地間 모든 일엔 자연히 다 과보果報가 있는 법, 멀게는 자손에게 있고 가까이는 제 몸에 있다.'

내가 남에게 잘하면 남도 나에게 잘하게 되고, 남을 도울 줄 알면 남도 나를 도울 때가 있는 법이다. 자기 잘못은 모르고 남 탓만 하는 것은 이기적인 생각에서 비롯된 것이다. 제 아무리 욕심에 눈멀어 버둥거려 봐야 우리는 자연의 순리와 인생의 섭리에서 벗어날 수 없다.

이와 관련해서 오래 전, 명당을 둘러싸고 벌어졌던 예화 한 가지를 소개하고자 한다. 한 농부가 산에 갔다가 어느 덕망 높은 집안의 어른 사후에 묏자리 쓰는 모습을 보게 되었다. 대감이 안치된 자리는 천하의 명당으로서 대대손손 자손들이 부귀영화를 누린다는 자리였다.

그날 밤, 집에 돌아온 농부는 한참 고민을 하며 잠 못 이루다가 몰래 돌아가신 아버지의 유골을 모셔 왔다. 아무도 모르게 산에 올라간 그는 낮에 본 묏자리에 묻힌 대감의 시신보다 더 깊은 위치에 자기 아버지의 유골을 파묻었다. 물론 그 대감이 받아야 할 음택을 가로채서 자신의 아버지가 받게 할 목적이었다.

과연 시간이 흐르면서 농부의 가세가 좋아지고 재물도 모이기 시작했다. 그는 양반집 족보까지 하나 사서 살던 동네를 떠나 타지에서 양반 행세를 하기 시작했다. 자식들도 서당에 보내서 공부를 시켰다. 모든 것이 그의 뜻대로 되는 것 같았다.

그러나 얼마 지나지 않아 한동안 잘나가는 듯 보였던 집안에 풍파가 닥치기 시작했다. 부인이 병에 걸려 죽더니 자식들은 사고를 쳐서 송사를 당하게 되었다. 송사를 감당하느라 그동안 모아 놓은 재산이 손바닥에 모래 새듯이 빠져나가게 되었다. 엎친 데 덮친 격으로 그가 본래 양반의 신분이 아니라는 것까지 밝혀지면서 온 집안이 풍비박산 나고 말았다.

"명당인 줄 알았더니 다 헛짓이었구먼."

허탈하게 주저앉아 있는 그에게 한 노승이 지나가면서 이렇게 말했다고 한다.

"이보시오. 하늘이 아무리 좋은 것을 주어도 받을 그릇을 갖추고 있지 못하면 오히려 독이 되는 것이라오. 간장 종지만한 그릇에 두레박으로 물을 부어주면 물이 가득차는 게 아니라 오히려 종지가 엎어지는 것 아니겠소?"

마찬가지로 엄청난 재물을 물려받았다 하더라도 자신의 운수가 나쁘면 결국 탕진하게 마련이다. 그처럼 모든 것은 순리에 의해 움직인다. 산은 금을 지니고 있기에 파헤쳐지고, 나무는 양분이 있어 벌레에게 파 먹히듯 사람은 자신이 저지른 일로 인해 다치고 곤란을 겪게 되지 않는가.

고통을 지불하지 않고는 아무것도 시작할 수 없다. 사람은 다른 이의 고통 속에서 태어났으며 또 고통 속에서 죽어간다. 그렇기 때문에 더불어 사는 것을 피해서는 안 된다. 또한 인생은 투쟁의 연속이기도 하다. 투쟁은 언제나 고통을 동반하는 것이다. 그것은 신이 우리에게 준 숙명적인 선물이다.

행복의 문은 한쪽이 닫히면 다른 쪽이 열리게 되어 있다. 하지만 우리는 닫힌 곳만 응시하고 곧 좌절하고 만다. 대범하게 새로운 길을 찾아야 한다. 행복의 문은 우리의 노력 여하에 따라 또 다른 길을 열기 때문이다. 나는 새롭고 원대한 꿈을 다시 일으키고자 개명하는 데 주저하지 않았다.

뜻을 품고 계획을 세워 과감하게 밀고 나간다면 원하는 대로 이뤄진다는 재再를 써서 개명한 이후 명상을 하면 줄곧 떠오르는 말이 있었다.

'너 재원再原이로구나. 진작 그렇게 고칠 것이지 왜 이제야 고쳤느냐! 만시지탄이나마 지금부터라도 열심히 하면 좋은 결과를 얻을 것이야.'

그동안 고생하며 아픔을 겪은 것이 안타까운 양 내 귓전을 맴돌았다. 늦은 감이 있으나 그나마 다행스럽다는 생각이 온 뇌리를 휘감았다.

재再를 내 인생의 새로운 출발점으로 여기고 우선 각종 인쇄물에 사용하기로 했다. 그리고 도장을 새겨 은행통장에도 사용했다. 그러나 좋은 이름으로 바꾼 뒤에도 재물이 모였다 흩어지는 경험을 하게 되었다.

나는 의문이 들었다. 왜 사람에게는 그리도 풍파가 많은가? 왜 사는 모습이 천양지차로 차이가 나는가? 왜 누구는 풍요롭고 누구는 빈한하게 살아가야 하는가? 같은 조건임에도 불구하고 왜 차이가 발생하는가? 지속적인 명상을 통해 새로운 몇 가지 사실을 알 수 있었다.

우선 동식물에게 필요한 빛과 기는 태양이다. 식물의 경우 제때 제대로 빛을 공급받아야 잘 성장할 수 있다. 마찬가지로 인간은 운수에 맞는 빛, 즉 기운을 정확하게 받아야 하는 것이다.

그런데 이 기운이라는 것의 좋고 나쁨을 어떻게 판단하느냐가 중요한 문제였다. 눈에 보이지 않아도 우리는 바람이 곁을 스쳐가는 것을 알 수 있다. 이처럼 기운도 눈에 보이지 않지만 사람들 주위를 감싸고 흐른다. 나는 40여 년간의 다양한 경험과 실험을 통해 이를 알아낼 수 있었다.

운명과 수리의 관계

인간의 생활과 가장 밀접한 것은 수리이다. 수리와 인간 개개인이 갖고 있는 고유한 운수를 파악하여 대비시킨다면 인생을 성공적으로 영위할 수 있다. 모든 사람에게는 자기 운수와 맞는 '일생의 숫자'가 있는데, 홀수와 짝수처럼 서로 조화를 이루어야 한다.

사주팔자에 양이 많은 사람은 음의 숫자를 써야 하고, 음이 많은 사람은 양의 숫자를 써야 한다. 숫자는 인간의 생명을 다룬다고 해도 과언이 아닐 정도로 중요하다.

좋은 숫자를 갖고 있는 사람은 건강과 행복, 그리고 장수를 누린다. 어디를 가도 먹고사는 일에 얽매이지 않고 모든 이에게 환영을 받는다. 반면 나쁜 숫자를 지닌 사람은 일이 잘 풀리지 않고 건강도 약해지며, 심지어 단명할 수도 있고, 삼재를 잘 만난다. 도박에 잘 빠지고 마약, 투기 등으로 패가망신꼴이 된다.

삼재란 인재人災, 풍재風災, 수재水災를 말한다. 인재는 흔히 악연이라고 부르는, 사람을 잘못 만나 빚어지는 재앙이요, 풍재는 망망대해에서 풍랑을 만나 침몰하는 격이며, 수재는 한 세기에 있을까 말까 하는 수난水難을 당하는 것을 의미한다.

하지만 이런 운수의 사람이라도 숫자를 잘 맞추어 쓰면 피할 수 있다. 나쁜 운을 상쇄시키는 효과가 있어서 이는 마치 시들어가는 화초에 물을 주어 생기를 되찾게 하는 것과 같은 이치다.

사람은 누구나 이름을 갖는다. 그러나 아무렇게나 이름을 지어서는 안 된다. 물론 사람들은 신중하게 이름자를 선택하여 짓는다. 그럼에도 이름처럼 살지는 못한다. 그것은 이름이 숫자와 운수의 조화가 맞을 수도 있지만 때로는 잘 맞지 않아서 벌어지는 일인 것이다. 우리 이름의 숫자에는 분명히 살아서 움직이는 수리가 있기 때문에 타고난 사주와 잘 맞추어 이름을 지어야 하는 것이다.

인간은 태어나면서 용用과 체體를 타고난다. 즉, 희신喜神과 기신忌神이 있다는 말이다. 용을 제대로 갖고 태어난 사람은 어머니 뱃속에서 나온 날부터 부모가 상승하고 번창하게 되지만 기신을 갖고 태어나면 출생시부터 부모가 쇠퇴하는 것이다.

숫자에는 방향이 있다. 주역은 3과 8이 동쪽(木, 파랑), 4와 9는 서쪽(金, 하양), 2와 7은 남쪽(火, 빨강), 1과 6은 북쪽(水, 검정), 5와 0은 중앙(土, 노랑)으로 규정하고 있다. 이러한 위치를 따져보면 우리에겐 숫자가 맞는 것과 맞지 않는 것이 있다는 걸 알 수 있다.

그런데 문제는 어떤 사람에게 어떤 숫자를 써야 하는가이다. 물론 주민번호가 좋으면 평생 좋을 테지만 그 반대라면 불행할 것이다. 싫든 좋든 주민번호 또한 그 사람의 운수와 직결된다고 보아야 한다.

주민등록번호는 인위적으로 바꿀 수 없는 숫자 배열이다. 그렇다면 사주와 맞지 않은 번호를 가진 사람들은 어떻게 해야 할까. 방법은 간단하다. 이를 대체하면 된다. 아무리 나쁜 숫자를 가지고 있다 할지라도 좋은 운수로 작용할 수 있는 숫자를 넣어 서로 상승작용할 수 있도록 하는 것이다.

가령 이름의 수리를 바꾸면 주민등록번호의 단점을 보완할 수 있다. 금융기관의 비밀번호를 운수에 맞게 쓰는 것도 좋은 방법이다. 또한 인장印章 속에 숨겨진 비밀을 찾아 부족한 오행을 사용하면 해결된다. 이렇게 하면 불운을 피할 수 있다.

생기生氣란 상생相生을 말한다. 나라에는 군왕이 있고 그 밑에 신하가 있다. 하지만 신하들 가운데서도 충신이 있어야 한다. 그들이 있어야만 군왕이 나라를 잘 다스릴 수 있다. 충신이 군왕을 잘 모실 때 백성들이 편안해진다. 그렇게 군왕과 신하의 조화로움이 중요하듯 행운의 숫자 역시 중요하게 작용하는 것이다.

사람은 누구나 행운의 숫자를 지니고 있다. 그러나 그것을 찾지 못하고 헤매는 이가 많다. 주어진 행운의 숫자를 빨리 찾아야 행운도 그만큼 빨리 오기 마련이다.

봄 태생은 木의 운세를 받기 때문에 木生金이라 한다. 木은 양陽이고, 金은 음陰이다. 음양이 서로 상생하므로 금에 대한 숫자를 주며 사용한다는 것이다.

여름 태생은 火다. 火는 양이므로 음의 수인 水를 주어 火生水가 되는 것이다. 그래서 여름에 태어난 사람은 水에 대한 숫자를 가져야 한다. 가을 태생은 金이다. 金은 음이므로 양의 수인 木을 주어 金生木이 된다.

주역은 목극토木剋土, 토극수土剋水, 수극화水剋火, 화극금火剋金, 금극목金剋木, 목생화木生火, 화생토火生土, 토생금土生金이지만, 체질의 음양 원리는 금생목金生木, 수생화水生火, 화생수火生水가 바로 오행의 상생원리라고 말한다. 그래서 火의 사주는 水의 숫자가 되고, 水의 사주는 火의 숫자, 金의 사주는 木의 숫자가 된다. 그리고 木의 사주는 金의 수數가 행운의 숫자인 것이다.

81획으로 보는 숫자운수법

81 운수법은 이름의 수리와 주민등록번호, 은행비밀번호, 자동차번호, 전화번호 및 각종 입찰번호 등을 판단하는 데 있어 중요한 기초자료이므로 독자가 판단할 수 있도록 자세히 설명하였다. 이는 주운主運, 총운總運, 부운副運, 자력운自力運力(이름이 지어지기 전의 운세) 판단에 도움이 될 것이다.

숫자 다음에 표시된 ◎표는 대길을, ○표는 보통의 길함을, △표는 흉함 중에서도 조금 나음을, ×표는 흉한 숫자의 표시임을 참고하기 바란다. 보는 법은 사용하는 숫자의 합을 이용한다. 예를 들어 전화번호 뒷자리가 1234라면 각 자리를 더한 10이 자신의 수가 되는 것이다.

01 ◎
강한의지력으로 영달과 개척, 형통과 복록을 의미하는 수리

만사가 뜻대로 잘 이뤄질 뿐만 아니라 매사가 순풍에 돛 단 듯하다. 건전한 행복, 항상 번영하는 암시력이 강해 죽을 때까지 복록을 누릴 수 있는 대단히 좋은 수리다.

찬란한 아침 해가 솟아오르듯 희망찬 시작을 나타내고 생명의 근원인 물과 빛이 온 누리에 내려 만사형통하고 복록을 얻는다.

영달(榮達)과 개척

02 ×
의지가 박약해 항상 동요하여 혼란과 혼돈으로 안정되지 못하는 수리

매사에 헛수고요, 공로가 없으며 혼돈하고 안정되지 못한 형상으로 의지 또한 박약하다. 무언가를 하려고 하는 마음에는 불가능이 없다고 하는데, 이 수리는 아예 무언가를 하려고 하지 않는다. 의지가 약해 항상 마음이 흔들리게 되어 몸을 손상시키며 재물을 깨뜨리고 독립적인 기백이 없다. 어떤 일도 어려우며 흉악하게 유도되어 난중지난사難中之難事를 겪게 될 흉험의 수리이다.

동요(動搖)와 혼돈

330

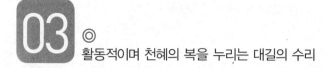

03 ◎
활동적이며 천혜의 복을 누리는 대길의 수리

기백이 넘치고 대단히 활동적이며 큰 뜻에 의해 대업을 이루는 데 주저함이 없다. 또한 다복하고 건강 장수하며 가문을 번창하게 만드는 수리로서 명성과 재를 함께 획득하는 진취적인 기상이 특출하다.

매사에 진취적 사고를 가지므로 대길大吉하고 상서로우며 복록이 넘칠 정도의 운수

희망과 증진

로서 큰 뜻을 가지고 큰일을 함으로써 대업을 성취할 것이다. 굳건하고 안정된 바탕 위에 휘황하게 세워지는 금자탑과도 같은 수리다.

이 수리가 여자라면 온화하며 내조자로서 남편의 큰 뜻을 받들어 한층 더 성공하게 만들고 자식을 훌륭하게 가르치는 현모양처로서의 품위를 한층 발휘하게 된다.

04 ×
낭비와 방탕으로 요절하게 되며 재난과 앙화가 꼬리를 물고 다니는 수리

요절(夭折)과 불안

방탕과 낭비로 흉하게 급변하는 형상으로서 일평생 고독하게 되는 수리인데 때로는 독흉獨凶하는 비참을 당하게 된다. 재난과 앙화가 항상 따라다니며, 아무리 동분서주하며 노고가 많아도 이득이 없다. 결국 불안에서 헤어나지 못해 발광하고 파멸로 들어서

는 흉한 운수로 유도되어 요절하게 될 대흉의 수리다.

05 활달하고 변화하면서도 좋은 일에 기여, 성공하고 복록을 누리게 될 수리

천지만물이 음양으로 서로 사귀어 감응하며 화합하여 모든 일을 완벽하게 처리하는 형상이다. 매사에 긍정적인 사고는 많은 것을 흡수하게 된다. 가끔 위대하게 성공할 운수를 감추고 있는 것이 다소의 흠이라고 하겠다.

정신력과 자생력이 민첩하고 활달할 뿐만 아니라 신체 또한 건강하고 건전하다. 복록이 있고 장수할 운세다. 또한 부귀하고 번영하여 이르지 않는 곳이 없어서 능히 큰 공을 세울 수리다.

수복과 장수

그 공로는 가히 하늘을 찌르고도 남을 위세로 등등해질 것이다.

06 덕행德行과 더불어 선조의 은덕恩德을 받아 일생을 평안하게 지내는 좋은 수리

하늘의 큰 덕과 땅의 큰 행복을 함께 누릴 수 있으며, 복록과 경사가 매우 풍부하다. 가문의 명성이 널리 진동하고, 부유한 집안으로서 천성이 맑고 깨끗하다. 가문의 운수는 대단히 왕성하여 온갖 재물과 보화가 집안으로 모여드는 경이로움도 있다.

그러나 가득 참이 다하면 반드시 모자람이 생기고, 가득 차면 흘러넘치고

천덕(天德)과 온건

곧 이지러지듯이 아래로 곧장 떨어지면서 급속히 운세가 하락할 염려도 있다. 이런 수리는 자만하거나 성실 근면하지 못하면 엄청나게 나쁜 운세로 쇠락할 수도 있음을 간과해서는 안 된다. 매사에 주의하지 않으면 안 된다는 가르침을 가진 수리이다.

주민등록번호 및 실제로 태어난 달이 음력으로 1, 2, 3월이면 대단히 좋은 작용을 일으킨다.

07 ◎
독립심과 의지력이 리더십을 발휘하면서 뜻한 바를 필경 이루는 수리

독립심이 강하여 홀로 행하기를 좋아하며 권위와 위엄을 갖춘 형상이다. 준엄한 태도, 독단적인 권위와 힘, 그리고 고집도 겸하고 있어서 동화력과 친화력이 다소 모자라는 단점이 있기도 하다.

그러나 의지가 강해 추진력과 박력이 있기 때문에 많은 사람들에게 인기를 얻으므로 추종세력이 많다. 또 여성의 경우 직업부인형으로 가정과 사회에 큰 몫을 할 것이다.

독립과 강건

08 ◎
의지가 견하고 진취적인 기상이 특출하여 목적을 이루는 수리

청하는 곳에 얻음이 있고, 구하는 곳에 찾음이 있으며, 두드리는 곳에 활짝 열림이 있는 것이다. 의지가 흡사 철석鐵石과 같이 견고하고 진취적인 기상이 특출하여 온갖 난관을 극복하고 마침내 목적을 관철시킨다.

명성과 실리를 함께 얻으며, 인내하고 극기하여 끝내는 큰 공적을 이룬다. 나아감과

근기(根氣)와 야심

물러감을 자유자재로 할 수 있고 또한 명예가 있으면서도 예의와 염치를 안다. 뜻하는 바를 반드시 이룰 뿐 아니라 그에 따른 엄청난 영광과 함께 그 기세가 천지를 진동시키게 될 대길운의 수리다.

09 ×
재화가 허물어지고 공로가 헛되이 되어 불행과 파산, 파멸을 초래하는 수리

불행과 실패와 파멸이 천지를 온통 휘젓고 있다. 융성함이 다하여 패망으로 전락하는 수리로서 병약하고 요절하게 될 불안을 안고 있다.

여자는 과부가 될 수리이며 크게 실패하고 좌절하여 쓰러지게 된다.

재물은 없어지고 공로는 헛되게 되어 빈천하게 되며 역경과 빈천에서 헤어나지를 못하는 운수로, 흉악함이 막대하여 파멸하게 된다.

역경과 흉악

이 수리에서 파산과 파멸은 곧 죽음을 의미한다. 역경과 더불어 앙화는 끝을 알 수 없고 결국 파멸과 함께 요절하게 되는 대흉의 수리다.

10 ×
공허와 몰락, 그리고 암흑천지에서 헤매는 고독한 수리

몰락과 실패

매사에 최선을 다하는 듯 아무리 노력해도 모든 일이 뜻과 같지 않고 일평생 온갖 고초와 괴로움을 맛보며 앞길이 암담하다. 하는 일마다 헛수고요, 공로가 없으며 늘그막엔 더욱 괴로운데 엄청나게 슬픈 수리다. 모든 것이 암흑지경으로 변해 허공을 헤매듯 끝이 보이지 않는 형국이 된다. 특히 자기 관리에 소홀하거나 근면성실하지 못하면 더욱 좋지 못한 일을 겪게 된다.

성공을 바라보면서 어떤 일에 매진해도 성공은커녕 재앙과 앙화만 들이닥치며 실패와 몰락만 가득 남는 형상이다. 특히 여인은 애정의 번뇌가 그치지 않으며 비참과 괴로움으로 불행하게 지낼 운세의 수리다.

11 ◎
천지조화의 복록으로 최고의 부귀와 영화를 얻을 수리

천지창조와 같이 천지간에 만물이 다시 새로워지는 형상으로 하늘이 내린 금복金福을 크게 누리는데, 곧 하늘이 준 복록이라고 하겠다.

매사를 도모하면 원하는 대로 얻을 수 있고, 하늘에는 언제나 좋은 징조

봉춘(逢春)과 영달

의 찬연한 구름이 길게 둥둥 떠 있으므로 필요할 때마다 행운의 비를 내려 주어 만사가 순리대로 계속 발전한다. 이것은 천지조화로 인한 대길운을 뜻한다.

　항상 온건하고 착실할 뿐만 아니라 한때 좋지 않은 일이 나타나더라도 곧 부귀영화를 얻게 된다. 쇠퇴하는 가문이라 할지라도 다시 크게 일으키는 최고의 운수다. 때로는 교통사고가 가끔 발생하며, 관재 구설수 및 모함을 당해 대가성이 없는 사람이 있을 수도 있으므로 주의를 요하기도 하는 수리다.

12 ×
실패와 병약으로 타고난 수명을 제대로 누릴 수 없는 비극의 수리

　의지가 박약하고 환상과 헛된 꿈이 많으며, 항상 불평과 불만에 싸여 자기의 본분과 분수를 지킬 줄 모른다.

　실패의 연속은 언제나 재난의 발단을 지니고 있으므로 결국에는 고독, 병약, 역경에 빠져 괴로워하게 된다. 이 수리를 가진 사람은 몸을 망치고 이름을 더럽히도록 유도하는 암시가 있으며, 여인은 간음하여 처절한 굴욕에 빠지거나 과부가 되며, 뜻밖의 재난과 횡액을 초래하게 되는 대흉운의 수리다.

좌절과 실패

13 ◎
학문과 예술적 재능이 풍부하고 뛰어난 지모와 책략을 가진 수리

학문과 예술적 재능이 특출할 뿐만 아니라 지모와 책략이 뛰어나 모두를 압도한다. 문무를 겸비하였고, 용기와 지략이 범인을 능가한다. 참을성을 갖춰 온유함을 바탕으로 큰일을 도모하고 감당해내는 탁월한 지략을 발휘한다. 설령 아무리 어려운 일이라도 끝내 근심거리가 되지 않으면서 결국 부를 취득한다.

인기(人氣)와 명예

어떤 어려운 경우에도 교묘하게 잘 조화시켜 큰 공을 세우므로 부귀와 행복을 누리는 데 별 하자가 없는 운수라 하겠다. 특히 겨울 태생인 사람은 반드시 크나큰 행운과 명예를 얻게 되고, 일신과 가문이 크게 융성 번창하게 되는 좋은 수리다.

14 ×
비 오는 밤길을 걷는 형국으로 실패와 빈곤과 파괴를 당하는 수리

실패와 몰락

어렵게 벌어서 모을라치면 어떤 일이 생겨 한 푼도 남기지 않고 빠져나가는, 밑 빠진 독에 물 붓기와 같은 형상이다. 매사에 실패만 거듭하고 되는 일이 없어 몰락하게 되며 있는 것조차도 마구 깨뜨려지는 수리로서 가난하기가 물로 씻은 듯하고 형제자매가 뿔뿔이 흩어지니 천륜의 즐거움을 얻기 어렵다.

만사가 뜻과 같지 않아 아무리 도모해 본들 되는 일이라곤 없다. 만일 삼재 배치가 맞지 않을 경우는 신체도 병약하여 심지어는 단명하거나 크나큰 형벌을 받게 되는 운세의 수리다.

15 ◎ 출중한 수완으로 민첩하게 큰 공을 세워 명성과 덕망을 얻게 될 수리

사방팔방으로 명성과 존엄이 자자할 뿐만 아니라 도모하는 여러 가지 사업이나 일이 원만하게 잘 이뤄지는 형세다.

덕망과 화평

또 매사를 처리할 때 수완이 뛰어나고, 민첩성을 발휘하여 크나큰 공을 세우기도 한다. 게다가 인품이 훌륭할 뿐만 아니라 복록과 장수를 누리므로 모든 것을 원만하게 이룰 수 있는 형상이다. 많은 사람들과 더불어 순리에 따른 덕을 베풂으로써 화평을 이룬다. 온화하고 선량하여 아량이 풍부하게 되는 수리다.

16 ◎ 존귀한 지위와 덕망이 높아 평안과 부귀, 명성과 영예를 공유하는 수리

나쁜 일이 생긴다 하더라도 그것이 오히려 좋은 일로 바뀌는 형상이며, 우두머리가 될 수 있으면서 좋은 윗자리를 차지하게 되는 수라다.

지위는 존귀하고 덕망은 높으며 평안하고 부귀할 뿐만 아니라 존경과 영예, 명성과 영광을 크게 받게 되는 대길 대운의 수리라고 할 수 있다.

스스로 이루거나 귀인의 도움으로 큰 업적을 성취하며 도량이 넓고 인품이 중후하여 명성과 신망이 일신에 모인다. 능히 수많은 사람들을 감복시키고 큰 업적을 일으키는 대길운의 수리다.

중망(衆望)과 통솔

17 ◎
강인하고 강직하여 아무리 어려운 일일지라도 능히 돌파, 성사시키는 수리

권위를 중히 여기는 강직한 성격이므로 개인주의적이라 타인과 대화에 앞서 스스로 발전과 성공을 이끌게 된다. 다만 타인과 불화를 초래하는 경우가 있어 지나치게 강렬하고 강직한 성격을 간파하고 다소 고쳐 나가면 크게 성공, 발전하는 운세의 수리다.

의지가 철석같이 견고하고 확실성을 갖추고 있어서 어떤 어려움이나 난관이 있더라도 능히

권위와 창달

돌파하고 모든 일을 성사시켜 대업을 이루고 영예롭게 이끌 기백으로 작용하는 운수이다.

18 ◎
지혜와 용기로 매사를 강력하게 추진, 큰 발전과 성공을 이루는 수리

강기(剛氣)와 발전

강철 같은 심장과 의지로 매사를 강력하게 추진하여 크게 발전하고 성공하는 운수로서 지혜와 용기도 구비했다. 권력과 지모를 갖추고 있어 뜻하고 바라면 금방 일어설 뿐만 아니라 어떤 다른 어려움이 일어날지라도 반드시 돌파하여 명성과 이익을 두루 얻는 길운의 수리다.

그러나 때로는 자아가 너무 강렬하여 포용력이 결핍될 수 있기 때문에 온화하고 부드러운 마음가짐을 기르도록 해야 할 것이다. 그에 따라 더 크게 뜻한 바 염원이 성취될 수 있는 운수다.

19 ✕
재능 있고 활동적이긴 하나 하는 일마다 불운이 겹치는 허망한 수리

재운도 있고 활동적이긴 하지만 하는 일이 제대로 이뤄지는 것이 없는 허망한 수리다. 재주가 있고 유능하지만 운이 당최 따라주지 않으니 하는 일마다 공허한 형상이다. 아무리 노력해도 재물이 축적되지 않으니 중도에서 좌절하게 되어 몸을 망치고 그나마 있는 재물도 깨뜨리게 되어 정신적 질환도 얻게 되는 불길의 운수다.

또한 병약하여 어려운 고통을 겪게 되어 일생

재난과 역경

이 불행한 운수로 전개된다. 부부 생리사별하고 관재와 고독, 병사, 역경, 모함을 잘 당하게 되는 엄청나게 나쁜 수리다.

20 ✕
흉측과 병고에 시달리다가 파멸하게 되고 결국 패망하는 지독히 나쁜 수리

파멸과 공허

이 수리는 19와 마찬가지로, 아무리 해도 이뤄지지 않는 지극히 나쁜 수리다. 파멸하고 쇠퇴하여 패망하며 하는 일마다 안 되는 쪽으로 유도된다. 건강 악화가 좌절의 원인이 되며 일평생 신체 허약하여 병고에 시달려 만사 이뤄지는 것이 없다. 평안할 때가 전혀 없는 운격으로 재난이 자주 들이닥치고 역경에 빠져서 모든 것이 뜻과 같지 않으며, 온전치 못하다. 심신이 고초를 겪다가 단명하게 되는 운수이다. 뜻밖의 실패가 발생하고 축재가 지극히 힘들다. 특히 부부와 자녀운이 매우 나쁜 수리이다.

21 ◎
두령 격이고 권위가 충만하여 많은 사람을 지도하는 대운大運의 수리

풍광이 수려하고 하늘에는 구름 한 점 없이 밝은 해가 온 누리를 환하게 비추는 형상으로서 만물이 왕성하여 모든 형태를 잘 이루는 확립된 기세다.

독립적이고 권위를 자랑할 수 있을 뿐만 아니

두령(頭領)과 권위

라 능히 많은 사람을 지도하는 수령의 위치에 설 대길운의 수리이다. 사람됨이 중후하고 특출한 기백으로 더욱 능력이 뛰어나므로 모든 사람들에게 존경과 신뢰를 크게 얻으니 자연적으로 부귀와 영예, 영광을 한껏 누릴 수가 있는 대길의 수리다.

22 × 심신이 병약하고 고독해지며 모든 일이 실패의 연속으로 치닫는 수리

파란과 고독

자신이 하고자 하는 모든 일이 뜻과 같지 않고 심약하여 병고에 시달릴 뿐만 아니라 심신의 장애가 있으며, 손실이 크고 항상 좌절을 겪는다.

만사가 헛수고요 공로가 없으며, 병약하여 일어나는 가정불화와 심신의 과로로 질병에 걸릴 위험이 크므로 일평생 평안함을 얻지 못한다. 특히 여자의 경우는 더욱 불행하여 재혼, 삼혼자가 많으며, 자녀운도 불길하고 교통사고도 자주 생기며, 관재구설 모함을 잘 당하고 재물 손실이 매우 크게 될 불행의 수리다.

23 ◎ 맹호가 날개를 더한 형상으로 권세와 권위가 매우 왕성한 수리

위대하고 웅장하며 융성하고 번창하는 운수로서 권위 또한 하늘을 찌를 듯한 형상이다. 비록 미천한 출신이라 하더라도 나날이 성장하고 발전하여 마침내 수령의 지위에 오르게 될 대길운의 수리다.

흡사 대전大戰에서 승리하여 개선하는 장군과도 같이 위세가 당당하며 주위로부터 많은 신뢰와 존경을 받는다. 맹호에게 날개를 달아 준 형상으로 권위가 매우 왕성하여 사물을 능히 제압하며 융성과 번창함이 이를 데가 없다. 설사 어떤 난관이 있을지라도 기꺼이 헤쳐 나가고 모두를 승리로 이끌 수 있는 수리다.

두령과 번창

24 ◎ 지혜와 지략, 지모가 출중하여 적수공권으로도 일가를 번창시키는 수리

흥산(興産)과 개화

재능과 지혜를 겸비하였으므로 매사 확고한 통찰력으로 큰 업적을 세울 수가 있다. 맨손으로도 능히 크게 성공하여 부귀를 누릴 뿐만 아니라 늘그막에 몇 배나 번창하고 융성하여 자손들까지도 부귀와 영화를 누릴 수가 있으며, 가문은 화기애애로 즐거움이 가득하다. 인생 도전에서 큰일과 큰 업적을 이룩하자면 다소 고통과 어려움이 있을 수도 있으나 재주와 지략, 지모가 출중하여 적수공권赤手空拳으로도 일가를 크게 일으키고 번창시키는 대길운의 수리다.

25 ◎ 대단히 총명한 성품을 지녀 지위를 얻으며 권위와 부귀를 누릴 수리

지략과 성정이 영민하고 타고난 기氣가 발
산되므로 큰 지위를 얻으며 권위와 부귀를
누릴 수 있는 운세의 수리다. 특히 언행이 일
치되며 한번 뱉은 말은 마치 확인確印을 찍
어 놓은 문서와 같아서 정확하고 신용이 있

영민(英敏)과 안전

다. 다만 지나치게 완벽을 추구하다 보면 날
카로운 비평과 다소의 불평을 할 수 있으나
큰 결점은 아니다. 남다르게 뛰어나고 귀한
재능과 실력이 있지만 너무 한곳으로 치우쳐서 몰두하는 경향도 있다. 사람
을 대할 때 부드러운 덕성을 함양함이 좋은데, 지나친 주장과 아집으로 자
칫 사회생활에서 충돌할 수도 있는 수리다. 그러나 그 충돌을 의식하고 한
발 뒷걸음을 치는 여유를 가지면 좋은 작용으로 돌변하는 운수다. 1~3월생
은 크게 좋은 작용을 한다.

26 ○ 파란이 중첩되고 변화무쌍하지만, 때로는 기이한 운명적 영웅의 수리

타고난 성품이 지혜롭고 영특할 뿐만 아니라 기개와 의협심이 강하다. 그
러나 변화와 변동이 무쌍하고 종잡을 수가 없으면서 풍파가 그치질 않는다.
이 운명 수리의 사람은 온갖 어려움을 당하더라도 능히 돌파하고 사선을 넘
어서 큰 공로를 이루는 사람도 있다. 다만 힘과 투지가 부족할 경우에는 세
상의 온갖 풍랑에 이리저리 휩쓸리게 되고 좌절을 맛보면서 재산이 크게 깨

파란(波瀾), 변칙, 영웅

뜨려지고 가문이 쫄딱 망하는 사람도 있다. 만일 이름의 조건이 사주와 행운의 숫자 등을 보완해 주지 못할 경우에는 방탕과 안일에 빠지거나 음란, 단명, 관재구설, 형벌, 배우자와의 생리사별 또는 독신, 고독, 빈곤, 무자녀, 자녀요절 등 대부분의 일생이 역경에 처하게 되고 불운한 운수가 되기 쉬운 수리다. 그러나 불세출의 괴이한 인물, 즉 장사, 위인, 예술가, 스포츠맨, 군인, 경찰, 법관 등이 오히려 이러한 운수에서 잘 나타나는 경우도 있다.

27 × 풍파와 좌절, 실패와 고통을 연속적으로 겪게 되는 비탄의 수리

 풍파와 좌절

옛것을 보내고 새것을 맞이하는 운수인 것 같으나 결국 실패하여 좌절의 고통에 빠진다. 자아가 점점 자라면서 일찍 성공하여 일찍 실패하는 운격이며, 남에게 비방과 공격을 많이 받는다. 특히 자아가 지나치게 강하기 때문에 오히려 까다롭고 엉뚱한 데가  많다. 그러므로 자연적으로 고독하며 괴롭다. 누구로부터 어떤 도움도 받을 수 없게 되며, 중도에 좌절, 실패하기 쉽고 늘그막엔 더욱 심하다. 이 수리를 가진 사람은 출국하거나 유학하는 계기가 주어져도 결국 낙오자가 될 운격이다.

28 ×
토끼가 호랑이 굴에 들어간 격으로 조난을 자초해 불길에 휩싸이는 수리

좌절과 조난

일평생 노고가 끊이지 않으며 악운을 피할 수 없는 조난 운을 가진 수리다. 행동에 거리낌이 없어서 엉뚱하고 까다롭다. 배척, 재액, 곤란을 초래하고 재난과 앙화가 꼬리를 물고 따라다닌다. 일평생 행복하기가 아주 어렵고, 여인은 갈팡질팡하며 대부분 고독하고 과부운에 빠진다. 어쩌다 의협적이고 호걸풍의 기개를 가진 사람이라 하더라도 대부분 역경과 고통으로 파란에 휩쓸려 좌절하게 되고 결국은 불우하게 된다. 성격이 지나치게 강직하여 고지식할 뿐만 아니라 쓸데없이 까다롭게 굴어 타인으로부터 비방과 비난의 대상이 되는 수리를 가진 운격이다.

29 ◎
명성과 실리를 널리 취하여 대성하고 만사 대길할 최고의 수리

지모(智謀)와 성공

책략과 지모가 풍부하고 성공을 거둠에 비할 바가 없을 정도로 좋은 운세의 수리다. 흡사 용이 바람과 구름을 얻은 형상으로서 뜻한 바를 자유자재로 이룰 수가 있다.

지모를 겸비하여 원대한 포부와 현란한 기백이 있으므로 능히 큰 업적을 관철시킬 수 있다. 또한 명성과 실리를 취하여 대성을 이루는 등 만사여의하고 엄청난 명성과 복록을 얻는 최고의 수리다.

30 ✕
고난과 역경에 시달리다가 결국 매사가 실패로 끝나는 허망한 수리

　고난과 역경에 부딪치는 일이 이루 헤아릴 수가 없고, 늘 불안정하여 선악조차도 구분 못해 헷갈리며, 좌충우돌하게 된다. 시작은 있으나 끝이 없으며 머리만 크고 꼬리가 짧은 것과 같다. 매사 완결되는 것이 없고 지혜와 재능이 있다 할지라도 시작부터가 복잡하게 되며, 동서남북 사방팔방을 분주히 떠돌아 다녀도 맺어짐이 없다. 객지에서 고독에 휩싸이게 되고 모든 일을 열심히 하여도 실패만 쌓이는 수리다. 간혹 죽을 뻔하다가 겨우 살아나는 수도 있지만, 역경과 비운에 시달리다가 결국 패망하는 대불길의 수리다.

31 ◎
백절불굴의 의지와 용기로 대망을 쟁취, 영예와 부귀를 갖는 수령의 수리

　명예와 부귀를 함께 누릴 수 있는 좋은 운수로서 지혜와 용기, 그리고 인의仁義를 겸비한 백절불굴百折不屈의 운세를 가진 수리다. 특히 강철같이 견고한 의지를 갖추고 있어서 꺾임을 불허하는 보스형이다. 그러므로 능히 어떠한 난관과 어려움이 있을지라도 돌파할 수 있으며 명성과 명예, 그리고 예리한 판단으로 큰 업적을 이룰 수 있다. 게다가 수령이나 지도자가 될 만한

덕망과 인품, 능력을 갖추었고, 부귀하고 번영하며 능히 수많은 사람들을 통솔할 수 있음은 물론이요, 존경과 신망 또한 매우 두텁다. 명성과 재에 대한 실리를 두루 얻을 뿐만 아니라 크게 행복하고 부귀하며, 많은 사람들의 명망을 한 몸에 받는다.

스스로의 의지意志대로 사업과 가문을 크게 일으키는 중흥의 시조로서 번영하게 되는 영화로우며 상서로운 운수이다.

32 ◎ 특출한 수완을 발휘, 큰 희망을 찬연히 꽃피울 수 있는 대길의 수리

요행과 희망, 그리고 보람이 특히 많은 운수이다. 때가 되면 반드시 좋은 운이 오게 되어 있고, 운기運氣가 일어나 사업은 뜻과 같이 잘되는 대길의 수리다.

비록 중도에 약간의 곤란이 있더라도 태어날 때부터 재주와 능력이 뛰어날 뿐만 아니라 특출한 수완을 지녔기 때문에 능히 난관을 돌파할 수 있음은 물론, 오히려 그것을 전화위복의 계기로 삼기도 한다. 가을과 겨울 태생이면 더욱 대길하다.

33 ◎ 힘차게 솟아오르는 아침 해처럼 기세가 등등하여 전도가 양양한 수리

아침 해가 동녘 바다를 뚫고 높이 솟아오르는 형상으로, 그 기세가 대단히 등등하여 크게 발전하는 격이다.

가문이 융성하고 번창하며 명문대가를 이룰 운세의 대길 수리다. 재주와 덕망을 겸비하여 용감하고 결단력이 있음은 물론 책임감과 사명감이 투철하다. 따라서 어떠한 난관과 고충도 능히 돌파하고 타개하여 마침내 큰 뜻을 이뤄내고야 만다.

견고한 의지와 정신력으로 큰일과 큰 업적을 성취하여 명성과 실리를 널리 알림은 물론이요, 그 위세가 온 세상에 진동하는 운수다.

34 ×
흉악과 병약으로 환난이 잦으며 파괴와 고통, 파멸로 이어질 흉운의 수리

가정적으로 엄청 불우하여 이별이 있는 불운한 수리다. 노력하여 잘 이뤄 놓아도 보람은커녕 곧 파괴되고 마는 대흉운의 수리다.

조실부모하여 고독하고 적막하게 살아야 한다. 갑자기 성공하는 경우도 있으나 곧 파산하고 마는 운수다. 조금 이뤄 놓았더라도 이내 산산조각으로 변하는 매우 나쁜 조짐이 자주 나타나며, 일평생 행복이 없다. 또 흉험의 기운이 겹겹으로 에워싸고 있어서 환난과 재앙이 꼬리를 물고 일어난다.

참담하고 비참하기 그지없으며 아무리 뼈가 으스러지도록 노력해도 모두가 헛수고로, 아무런 노력의 대가도 인정받지 못한다. 언제나 고통과 곤란,

안팎의 불화로 몹시 시끄러우며 만사가 일그러지기만 하여 도대체가 제대로
이뤄지는 것이 없게 되는 참담한 수리다.

35 ◎ 특출한 재능과 지모로 선량과 화합과 순리로 대길운을 이끄는 수리

능력과 재주가 특출할 뿐만 아니라 지모
智謀와 계책도 원대하고 심오하다. 특히 문
학과 예술, 스포츠 등 기능 면에서 탁월한
재능을 발휘하며 훌륭하게 발전하고 성공
하는 등 전도가 밝고 광활하다. 만약 큰
뜻을 품고 큰일을 일으키고자 한다면 과감
하게 밀고 나가면서 창의와 진취적인 사고

기예와 부귀

로 발전시킨다면 반드시 자신이 원하는 대로 이뤄짐을 보게 되는 훌륭한 수
리다.

그러나 능력과 기회가 있음에도 불구하고 우유부단한 면모가 다소 있으
므로 지나치게 앞뒤를 잰다든가 우물쭈물 망설이다가는 모처럼 찾아온 절
호의 기회를 놓칠 우려가 있으니, 이 점을 특히 염려해야 한다.

36 ✕ 고난과 파란이 그치지 않은 형세로 역경을 겪은 후 조금 나아지는 수리

앞길이 멀고 파란이 중첩되어 항상 화근의 발단이 있으며 고난이 매우 많
다. 비록 의협적인 기질이 있고 남을 위해 어려운 일을 하기를 좋아하나 자
신은 곤고困苦하여 오히려 타개할 방법이 없다. 산 넘어 산이듯 항상 고난과

파란이 쌓여 있다. 밝은 두뇌와 깊이 생각하는 지혜가 다소 있으므로 계획을 잘 세워 바라는 것을 달성하여도 안정되는 운세가 없어 실패 후에 고생하고 성공을 해도 또다시 실패의 연속이니 방탕한 생활을 하게 된다.

다소의 기쁨이 나타나는 듯하다가도 이내 슬픔이 계속되고, 작은 것이나마 조금 성공했을 때 매사를 조심하면 가끔 평안하고 태평하게 지낼 수 있는 듯이 보이나 이내 상황 변화가 심하게 작용해 잠깐이라도 방심하거나 자신감을 잃게 되면 금방 모든 어려움이 생기는 불운한 수리다.

36은 나쁜 운수의 수리이지만 철저히 자기 분석을 하고 또한 잘 갈무리를 하면 이룬 성공을 잃지 않을 수도 있다. 어려움을 겪을 때도 의기소침하지 않고 최선을 다해 정확한 판단력을 발휘하면 성공의 길로 들어설 수 있다.

37 ◎ 천운과 천복을 타고나 위엄과 존경, 복록을 받게 되는 대길운의 수리

천운天運을 타고난 사람을 흔히 제왕의 운수라고 말한다. 이 수리는 하늘이 내린 복을 타고났으므로 위엄이 있을 뿐 아니라 존경의 대상이며 희망과 신뢰 또한 매우 두터울 수밖에 없다.

매사에 진취적이고 독립심이 강하여 스스로도 능히 힘든 일을 실행하여 성공에 이른다. 이 수리는 천운과 천복을 함께 타고났으므로 하는 일마다 대성하게 되고 영광과 영예가 따른다.

특히 자기 분야에선 권위가 대단하고 매우 충실하여 큰 공을 거두는 형상으로서 그 무엇에 비할 바가 없는 좋은 운세의 수리다.

38 ◎ 탁월한 재주와 총명한 두뇌로 예능계에서 특출하게 될 대길운의 수리

채능과 명예

현란한 재주와 총명한 두뇌가 있으므로 박력과 추진력은 좀 모자라는 듯하지만 심혈을 기울여 노력하면 반드시 성공을 획득할 수 있다.

재주가 뛰어나고 매우 총명하므로, 특히 문학 등 예능에 탁월한 재능을 발휘한다. 인품 또한 매우 온화하고 성실할 뿐만 아니라 만인과 융화도 원활하다.

수명과 복록은 하늘이 내린 형상의 수리다. 지혜롭고 행복하며 재물과 명예를 크게 누림은 물론 자손과 가정도 융성하여 크게 번창하게 될 대길 대운의 수리다.

39 ◎ 지혜와 장수, 권위와 권세를 겸비하여 부귀영화를 누리게 될 수리

하늘에 구름이 걷히고 휘영청 밝은 달이 비치는 형상으로 부귀영화는 물론 지혜와 장수, 권위와 권세를 두루 겸비한 탁월한 운세의 수리다.

나아감과 물러감은 말할 것도 없으며 취하고 버리는 것도 자유자재요, 무소불통, 무소불능이다. 처음에는 약간의 어려움이 있을지라도 능히 난관을 뚫고 개척해 갈 능력과 기개가 있으므로 어떠한 근심이나 고민도 할 필요가 없다. 매사를 소신껏 열심히 밀고 나가며 노력하기만 하면 된다.

집안도 자손도 대대로 번창하게 되니 지극히 귀중하고 좋은 운수이다.

권위와 부귀

40 ✕
지략, 재능, 담력은 풍부하나 덕망이 결핍, 파란과 곡절을 겪고 좌절과 쇠퇴의 길을 걷게 될 흉험의 수리

파란과 쇠퇴

지략과 재능이 풍부하며, 담력은 보통 사람을 능가하고 용감하나 덕망이 결핍되고 비방 공격을 받는 불운의 수리이다.

모험심과 투기심을 갖추고 의욕적으로 활동하면서도 겸허하게 처신하며 물러나서 분수를 지키는 것이 평안함을 보전할 수 있는 최상책이다. 이 수리는 재물이 파괴되고 부부궁이 산란하여 도처에 처첩이 난무하여 부부풍파를 일으켜 가산을 탕진하게 된다. 이 숫자가 여자의 운명이라면 초혼에 실패하고 10년 이상 독수공방한 이후에 재혼을 하기는 하나 이것도 원만하지 않은 불운의 연속이 된다. 모험과 투기를 좋아하여 실패와 좌절을 거듭 겪게 되므로 언제나 좌불안석일 수밖에 없는 수리다.

41 ◎ 덕망과 부귀와 복록이 무궁무진하게 몰려드는 전도양양한 수리

부귀와 명성

덕망이 높고 명예가 사방에 진동하며 재주와 지모도 탁월하여 재물이 끊임없이 들어온다. 부귀와 영화, 복록이 무궁무진하게 집안으로 몰려오므로 앞길이 크게 양양하다. 인품은 충실하고 진실될 뿐만 아니라 담력과 경륜도 매우 뛰어나서 뭇사람의 존경과 신뢰를 한 몸에 받는다. 뜻하고 도모하는 일과 그 업적은 일사천리로 대단히 순조로우며, 또한 크게 발전하고 융성한다. 용기, 지혜, 덕망을 모두 겸비했으므로 천하에 명성을 떨치게 되며, 수명장수壽命長壽하고 부귀영화를 맘껏 누리면서 가문이 날로 번창하고 융성하는 수리다.

42 ○ 총명하고 박학다식하여 예술과 기예에 탁월한 수리

총명하고 박학다식하며 재주가 뛰어나다. 특히 문학, 예술, 발명, 기예 면에서 특출하다. 다만 한 가지 아쉬운 점은 전심전력을 하지 않음으로써 성공을 눈앞에 두고도 결실을 맺지 못하는 수가 많다.

분발하고 열심히 노력하면서 타고난 재주를 힘껏 발휘하면 다소 어려움을 겪더라도

다예(多藝)와 재능

목적하는 바 성공에 도달할 수가 있는 수리다.

43 × 산재散財와 무존無存으로 외화내빈外華內貧하는 매우 좋지 않은 수리

특출한 성격과 예의, 지혜와 그 기품은 세상일을 통달하였으므로 자기 뜻대로 이루며 자기 마음대로 뒤흔들 것같이 생각하나 성사가 전혀 없어 일생을 파란과 고통으로 지내게 되는 수리다.

또한 일이 실패한 후에 정신적 압박으로 인해 정신착란증을 일으키기 쉬우며 심신이 허약해 큰 병을 얻어 고통에 시달리는 악운까지 만나는 흉측한 수리다. 봄 태생이면 더욱 나쁘다.

외화(外華)와 내빈(內貧)

44 × 빈천과 파란, 파괴와 병고가 한꺼번에 밀려오는 대흉액의 수리

사람이 죽거나 재산이 몽땅 탕진되어 가정이 박살나게 된다. 지극히 흉액한 조짐으로 참담하고 암담한 비운의 수리다. 매사 파괴로 일관하게 되고 재난은 끝이 보이지 않는 대흉의 운수로서 만사 되는 것이 없고, 역경, 번민, 우환, 병고, 신음, 조난 등으로 가족과 부부 간에 생리사별하게 되고, 폐질과 빈

비업(非業)과 패전 빈천

천이 속출하니 지극히 불행을 겪게 되는 흉험의 수리다.

45 ◎
순풍에 돛을 단 듯 만사가 뜻대로 잘 되며 형통하는 대길운의 수리

만사형통, 일월승천의 대길운이어서 매사가 자신의 의지대로 잘 이뤄지는 현격한 수리다. 더욱이 덕망이 높고 지모가 출중하여 세상의 큰 업을 이룩하고, 능숙하게 처리하는 경륜도 겸비했다. 큰 뜻과 큰 업적을 성취할 수 있음은 물론이요, 설령 어떤 어려움이 있을지라도 반드시 이루고야 만다.

순풍(順風)과 순리

매사가 순풍에 돛 단 듯 순조로우므로 성취하게 되고 부귀영화를 누리며 지극히 행복하고 명성과 권위를 천지사방에 떨치기도 하는 행운의 수리다.

자신의 의지에 따라 도모하는 일과 그 업적은 더욱 기세양양해지고, 지혜와 용기도 현출하여 성취를 더욱 높인다. 그에 따라 만사여의하고 만사형통하여 권위가 상승하고 그 명성이 그치질 않는 대길 행운의 수리다.

46 ×
금은보화를 실었으나 풍랑을 만나 좌초하고 파선하는 흉측의 수리

아무리 좋은 기회가 주어진들 무엇하랴. 자신의 역량이 부족해서 자신에게 주어진 행운도 갖지 못하는 흉운을 가졌다. 모든 것은 자신의 생각대로 되는 것이 없다. 그것은 의지와 기백이 허약할 뿐만 아니라 주변의 악운이 자신을 감싸고 있어서 도무지 헤어나지를 못하기 때문이다.

온몸이 그물로 덮어씌운 듯 친친 감겨 꼼
짝달싹을 못하게 된다. 일평생 곤고함이 몸
을 떠날 줄 모르는 대단히 흉한 운수로서,
의지 또한 박약하여 쉽게 기로나 미로에 빠
지게 될 수리다. 아무리 부유한 가정에 태어
났어도 가난과 실패로 헤매다가 인생을 마
감하게 되는 운수이다. 특히 부부 생리사별
의 쓰라림을 맞게 될 불운의 수리다.

47 ◎
천지에 꽃이 만발하여 아름다운 향기를 뿜으며 알찬 결실을
맺는 수리

꽃이 만발하여 천지간에 벌과 나비가 모여들고, 아름답고 알찬 결실을 맺
는 형상으로 의식주는 매우 풍족할 수리다. 만사는 뜻과 같아서 발전이 무
궁하니 명성과 권위도 대단하여 하늘이 내린 부富의 복록을 누린다.

자손도 크게 번창하고 가문은 융성하여 화목함은 물론이고, 경사와 여유
가 항상 내재한다. 또 사람들과 더불어 큰

일을 도모하여 성취를 이루며, 매사가 나
아갈수록 원하는 것을 모두 취할 수 있어
모든 일이 자유자재이니 막힘이 없다.

오래도록 행복을 누리다가 후손에게 물
려줄 수도 있으며 덕망과 아량도 풍부하여
많은 사람들의 존경을 크게 받을 대길 운
세의 수리다.

48 ◎ 지혜와 지모, 덕망 또한 높으니 존경과 신뢰를 받을 수리

지혜와 지모가 출중하고 덕망 또한 높으니 만인의 존경과 신뢰를 한몸에 받으며 참다운 스승의 표본으로 살아가면서 평생 신망의 대상이 될 행운의 수리다.

군사(軍師)와 존경

큰 업적과 경륜이 탁월할 뿐만 아니라 하늘이 내린 재물과 부귀를 얻을 수도 있다. 위엄과 명망이 끝없이 펼쳐져 온 세상에 떨치게 되고 영예와 권위도 대단히 높아진다. 또한 온유하고 아량과 덕성이 풍부하여 자손과 만인의 귀감이 될 수 있기 때문에 곧 만인의 스승이 될 대길 덕망의 운수다.

49 ✕ 개척정신의 박약으로 크게 실패하게 되어 불운이 겹겹으로 쌓이는 수리

변전(變轉)과 초고(初苦)

초년에 고통이 따르면 말년에는 좋은 일이 주어져야 살아가는 과정에서 작은 희망이라도 가질 수 있는데, 이 수리는 초년고생이 끝까지 불운을 몰고 다니는 흉운을 가졌다.

비상한 재주와 지혜가 있어 자수성가하는 듯하다가 성공이 좌절로 변해 필경에는 실패를 거듭함으로써 곤욕을 치르게 된다.

잘 운영하면 그나마 반평생은 그런대로 안락하게 지낼 수도 있는 운수다. 불운이 따르고 매사가 헛수고로 끝나며 되는 일이라곤 없어 끝내 억울하고 불평등한 대우만 받게 된다. 부부 사이에도 생리사별 수가 있고, 고독, 빈천, 허약, 병고, 신음, 형벌을 받는 수리다.

50 ✕ 용두사미 격이라 낭패를 당하게 되고 곤혹과 파멸을 자초하는 수리

성쇠(盛衰)와 파멸

시작의 각오와 끝의 마무리가 같아야만 매사를 소원하는 만큼 이룰 수가 있는데 이 수리의 경우는 용두사미 격이다. 처음은 왕성하나 끝이 부진한 형상이다.

시작은 좋으나 끝이 안 좋고, 한 번은 성공하나 자칫 잘못하면 다시 일어서기 어려워 말년에는 곤혹스럽고 적막하게 될 운수다. 게다가 만사를 즉흥적으로 처리하려는 경향이 있어서 매사가 꾸준하게 지속되는 경우는 매우 드물다. 늘그막에도 집안과 자녀 일로 마음 편한 날이 없을 뿐 아니라, 갈수록 형편이 나빠지는 대흉의 수리다.

51 ✕ 파란과 곡절이 난무하여 변동이 심하고, 부침으로 비참해질 운세의 수리

파란과 변동이 심하고, 흥망성쇠의 잦은 기복에서 벗어나지 못하며 흉한 일이 자주 찾아들어 편안하기 어려운 수리다. 초년과 중년에는 잠깐 동안 성

공했다가도 말년이 되면 비참하게 되는 경
우가 많다.

예지력이 약하면 매사에 판단력이 흐려져
일을 그르치게 되어 흉험을 맞게 된다. 게
다가 성격상 모든 일을 즉흥적으로 처리하
는 경향이 있어서 매사가 꾸준하게 지속되
는 경우가 드물게 될 수리다.

52 ◎ 처음엔 다소 힘들더라도 나중엔 태평해질 대기만성형의 수리

공리(功利)와 달관

초년 고생은 돈으로도 산다고 했듯이 비록
처음은 괴롭고 힘들지만 나중은 크게 즐겁고
태평하며 일약 큰 뜻을 얻어서 대성공을 획득
하는 행운과 복록의 수리다. 특히 선견지명이
있을 뿐 아니라 통찰력도 있어 더욱 사물에 대
한 달관의 경지까지 이르게 된다.

재능과 능력은 발군의 기량이며 정통하고 해
박하지 않은 것이 없을 정도다.

의지의 견고함이 마치 철석같아서 금강석에 비유할 만하고, 큰 목표와 뜻
을 반드시 관철하여 이룩한다. 능히 세상의 추이를 잘 살필 수가 있고 모험
과 투기심이 있어도 뛰어난 지모와 계책이 함께 있으므로 반드시 성공하여
행운을 얻게 될 수리다.

53

X

표리부동表裏不同하여 내우 허영으로 변파變破를 일으키는 대단히 불길한 수리

마음이 음충하여 속과 겉이 달라서 신뢰를 잃게 된다. 겉으로 보기에는 부유해 보이고 인격자로 보이나 내심으로는 빈곤하고 허사만 쌓인다.

모든 일에 성사가 없고 금방 실패하여 속으로는 근심과 걱정만 가득 차서 어떤 작은 즐거움도 없는 형상이다. 집안의 운수가 이미 기울어지기 시작하여 남은 재산이 거의 없게 될 뿐만 아니라, 사람까지 죽어나가기 시작하는 운수라서 지극히 불운의 연속으로 이어지는 대단히 흉한 운세의 수리다.

54

X

파란이 중첩되어 아무리 열심히 노력해도 실패만 거듭되는 흉험의 수리

파란과 다난횡사

역마살이 끼어 고향을 떠나 타향에서 분주히 노력하는데도 성공운이 없고 매사에 실패만 거듭한다. 하는 일마다 장애가 발생하여 사람들과 불화가 자주 빚어지고 다툼도 생긴다. 어리석고 완고하여 심신이 항상 안정되지 못해 파란을 겪게 되는 지극히 나쁜 수로 언제 어디서 비명횡사할지도 모르는 수리다.

55 ◎
자신에게 주어진 행운의 기회를 잘 포착하여 성실하게 일을 추진하며 크게 성공할 수 있는 수리

기회와 성실

이 수리는 자신에게 가까이 온 행운을 잡느냐 못 잡느냐에 따라 매사의 승패가 크게 좌우되므로 응용력 발휘가 관건이다. 대길수인 5와 대흉수인 50이 합쳐진 운수이다. 그러나 여기서의 대길수와 대흉수는 각각 50%가 아니고 대길수가 80%를 차지하므로 실패에 대한 지나친 염려는 오히려 대의를 망친다.

견고한 신념과 끈기와 성실로 일을 추진한다면 반드시 큰일과 큰 업적을 이루어 부귀와 명예를 획득할 수 있는 수리다.

56 ×
부부궁이 불길하고 손재와 관재구설 등 재앙이 따라 불길한 수리

손재와 재앙

온후하여 덕화가 있고 재록이 융성한데도 부부궁이 매우 불길하여 초혼에는 실패하고, 이성으로 인하여 손재와 관재구설 등의 재앙이 따른다.

일생을 우유부단하여 망설이기만 하다가 어떠한 도전이나 결단을 한 번도 못 내려 보고 처량하게 궁상만 떨다가 결국은 비명으로 끝낼 불행의 운수다. 따라서 죽기 살기로 분투 노력하지 않으면 설상가상으로 지독한 불운이 찾아와 인생을 끝내야 하는 수리다. 사리 분별력이 부족하여 언제 어디서나 한 치 앞을 알 수 없을 정도로 절망과 암흑에서 헤매게 되고, 엎친 데 덮친 격으로 신체 부상이나 장애로 인해 불구가 될 대흉의 수리다.

57 ◎ 탁월한 재능을 바탕으로 최선을 다하면 영광과 부귀의 천혜를 얻을 수리

성격이 굳어 크고 어려운 일에도 흔들리지 않으며, 재주와 지능을 겸비해 역량을 최대한 발휘하면 크게 발전하여 부귀영화를 누리며 행복하게 될 수리다.

천혜(天惠)와 영광

그러나 수리가 오행상 맞지 않으면 일생 고난과 고통이 따르고 만사가 뜻대로 되지 않을 수도 있다. 따라서 절대 의기소침하거나 실망할 필요가 조금도 없다. 반드시 최선을 다했을 때 전화위복이 되어 천부의 복을 마음껏 누릴 수가 있으며 최후의 승자가 되어서 크게 웃을 수가 있다. 힘껏 밀고 나가면 반드시 모든 영광과 부귀와 천혜를 얻을 수리다.

58 ◎ 강한 의지로 재복이 융성하여 재화가 많으며 말년이 더욱 좋은 수리

관록보다는 의욕과 능력을, 경력보다는 창의와 실천력을 더욱 존중해야 한다. 의지가 강하고 재복이 융성해 많은 재화를 얻음으로써 부귀복록을 누

리게 되는 대길 재운의 수리다. 의지意志는
기氣를 통솔하고 기는 몸에 가득 차 있다.
의지가 움직이면 기가 따라가게 마련이다.
그러므로 의지를 중히 여겨 기氣를 살려야
한다.

　인덕과 지혜로움이 만연하고 사람들과의
신뢰가 두터워 굳은 의지를 널리 펼치게 된
다. 자기 관리를 잘하면 말년운이 더욱 좋
은 수리다.

59 ×
총명한 두뇌를 가졌으면서도 인내력이 부족하고 소심하여 실
패하는 수리

　의지도 강하고 두뇌가 총명하고 현철한
성품은 능히 영웅적인 대지大志를 달성할 수
있을 것 같으면서 실패의 재앙이 사방에서
밀려드니 중도에서 관직을 비롯한 모든 일이
파괴되는 형상의 수리다.

　어려운 고비를 넘기면 쉬운 일이 생기게 마
련이다. 뜻을 견고히 하면 이룰 수 없는 일
이 없다고 했는데, 이 수리는 의심이 가득하
고 소심하여 인내력이 부족하므로 실패와 파괴를 자초하는 형상이다. 특히
수액水厄을 주의하고 가문 내의 많은 고통을 혼신으로 다스리고 사회에 봉
사를 많이 해야만 조금이라도 액운을 면할 수 있다.

　한 가지 일에도 끈기 있는 인내력을 키우는 것이 급선무인 수리이다.

60 ✕
대불운의 먹구름이 항상 도사리고 있어 하는 일마다 크게 패하는 수리

불운과 고난

모든 생각과 행동이 유두무미有頭無尾격이라 머리만 있고 꼬리가 없으므로, 경영하는 일마다 시작만 있고 결과가 없는 꼴이다. 활동하는 데도 항상 불안이 따르고 처세에도 언제나 패하는 형상의 불길한 수리다.

아무리 동서남북을 분주히 돌아다녀도 성사되는 것보다 실패하는 것이 많다. 거듭되는 실패로 인해 고통과 고난에 묻혀 극악한 운을 만나게 되어 결국 불행을 얻게 되는 운수다.

61 ◎
영광과 명예와 실리를 함께 얻을 수 있을 뿐 아니라 심신에 운기가 서려 있어 존귀하고 부귀할 대길운의 수리

부귀와 명성

어떤 일이나 어떤 경우에도 뜻한 바를 이루려는 굳은 의지와 신념이 가득 차 있으며 매사에 결단성이 있다.

목적을 어렵지 않게 달성함으로써 명성과 영광, 부귀를 함께 취하게 된다. 그러므로 항상 평안과 안정을 누릴 수가 있다.

또한 사회의 신망이 두터워 만인으로부터 존경을 받는다. 사람에게 호흡呼吸이 육체의 생명生命이듯이 명성名聲은 정신의 생명이고, 명예名譽는 우리가 하는 행위에

의해 생기므로 어떤 명예로운 행위가 이루어질 때까지는 절대 얻어지지 않는 것이다.

이성이나 가정운도 좋아서 부부 자녀 간에 화합하여 부족함이 없는 복된 생활을 하게 될 명쾌한 수리다.

62 ✕ 재운도 복록도 없고 불화를 겪어 불행의 늪에서 헤어나지 못하는 수리

불화와 무력

복록도 재운도 없으며 매사에 이질적이라서 서로 화합하지도 못하고 또한 신용까지 잃어 점점 불행이 겹쳐 일어나게 되며 뜻한 바가 중도에서 꽉 막히는 형세의 수리다.

심신이 허약하고 신체가 병약하여 불화가 잦으며 실의에 빠지기 쉽다. 그로 인해 항상 재난을 짊어지고 다녀 큰 고통을 받게 되고 결국 파산하는 대불운의 수리다.

63 ◎ 오랜 가뭄 끝에 단비를 만나듯 풍요롭고 융성하여 발전하는 번영의 수리

영광과 번영으로 매사가 융성하는 대길의 수리다. 오랜 가뭄 끝에 단비를 만나듯 활기차고 기풍이 당당해지며 크게 발전하는 수리다. 기왕 있었던 장애물도 저절로 사라진다. 또한 장래가 창창하게 열리는 운수로, 자기도 모르게 대성하게 되는 호운을 만나게 된다.

자신에게 주어진 모든 일들, 스스로가
행하는 모든 길이 밝고 넓게 열리며 대성을
이루어 부귀영화를 누리고 크게 성공하는
운수여서 가정도 화목하고 자손도 번창
한다. 일평생 평안하게 지내게 되는 대길의
수리다.

64 ×

모든 일이 뜻대로 되지 않아 언제나 재앙이 득실거리는 불운
의 수리

불운不運은 행운幸運이 무엇인지를 우
리에게 가르쳐 준다. 불운을 겪지 않았
을 때는 행운에 대해 절감하지 못한다는
의미다.

이 수는 뜻하지 않은 재앙이 많으며
가정이 파탄되고 가족이 뿔뿔이 흩어지
며 사업에도 큰 차질이 생길 불운의 수
리다. 또한 재난과 질병으로 횡사하는
등 부침浮沈이 거듭되는 운수로 일평생 안정을 찾을 수 없는 형세를 가지는
운수다.

불운 속에서 용감해지는 것은 성인聖人으로서의 가치가 있는 것이며, 불운
속에서 현명해지는 것은 운명을 극복하는 것이라고 한다. 어려움을 겪을수
록 지혜와 용기가 필요하다는 말이다.

65 ◎
대길운을 얻어 다복장수하고 부귀영화를 한껏 누리는 천혜의 수리

복록(福祿)과 형통(亨通)

대부분의 사람들은 자신이 다복多福하고 건강 장수하며 부귀와 영화를 누리는 것을 인생 최대의 행복이라 여기게 된다.

이 수가 천혜를 얻어 다복 장수하여 부귀영화를 한 몸에 누리는 대길 대운의 수리다. 명성이 온 천지에 드높아 일생이 평안하고 가내가 화평하다.

부귀영화가 당대에서만 그치는 것이 아니라 자손에까지 넘쳐나는 최상의 행운을 가진 수리이다. 나만의 복록을 얻고 행복해지기보다는 만인의 행복을 나눌 줄도 알아야 복이 배가할 것이다.

자기를 아는 자는 남을 원망하지 않고, 천명天命을 아는 자는 하늘을 원망하지 않는다. 복福도 자기에게서 싹트고 화禍도 자기로부터 나오는 것이다. 재앙은 악惡을 쌓음으로써 생기고, 복福은 선행善行을 함으로써 얻어지게 되는 것이다.

66 ✕
지나친 과욕이 실패를 부르게 되고 결국 패가망신하여 좌절을 겪을 수리

행복과 불행은 스스로 불러오지 않으면 절대 오지 않는다. 지나친 욕망은 매사를 그르치게 되고 오히려 더 불행해지는 것이다.

이 수리는 아주 짧은 행복 뒤에 궁박窮迫이 밀려와 모든 것을 잃으며 패가망신하게 되어 진퇴양난에 빠진다. 과욕은 금물이듯이 다욕으로 크게 파재

궁박(窮迫)과 파가(破家)

파산하며 횡사하는 수리이다. 가족이 뿔뿔이 흩어지고 관재구설 시비가 자주 생기고 사면팔방이 꽉 막혀 움직일 수 없는 비참한 운명을 가진 수리다.

탐욕은 언제나 만족에 도달하지 못하고 끝까지 욕구를 만족시키려는 무한한 노력 속에서 결국 개인을 탕진시키는 바닥 없는 항아리이다.

67 ◎
대운을 얻어 뜻하는 바를 마음껏 이룰 수 있어 천혜를 누리는 대길의 수리

노력 없는 대가는 없는 것이다.

성공과 천혜(天惠)

이 수리는 맨손으로 창업하여 성공하는 자수성가형으로 입지전적 운명의 수리를 타고났다.

근면하고 성실하여 하는 일마다 여의하고 목적하는 바가 어렵지 않게 달성되어 부귀영화를 누리는 대운 대길의 수리다. 다만 과욕은 부리지 말라. 자칫 큰 패운이 있을 수 있으니 경계해야 함을 절대 잊어서는 안 된다.

욕심이 지나쳐서 망하는 사람은 있어도 욕심이 없어서 위급에 몰리는 사람은 없는 것이다. 넘침은 부족한 것보다 못한 것이다. 좋은 수리를 갖고도 욕심이 지나쳐 실패하는 일이 없어야 한다.

68 ◎
투철한 정신력과 강한 의지력으로 모든 계획이 견실해 성공을 이루는 행운의 수리

견실(堅實)과 지력(知力)

지혜가 출중하고 매사에 다재다능하여 무너진 가정도 다시 굳건히 일으켜 세우는 운세의 수리다. 책략이 치밀하고 근면 성실하여 온갖 난관을 극복해 나가는 투지를 지닌 수리다.

투철한 정신력과 강한 의지는 파란과 곡절이 나타나도 능히 해결해 낸다. 매사를 긍정적으로 판단해 더 큰 지혜를 창출하게 되는 대길운의 수리다. 발명과 창조의 재능이 뛰어나 주변의 신망이 두터우며 크게 성공을 이루는 수리다.

69 ✕
나태하여 불안과 동요가 심해지고 궁박해지는 대단히 불길한 수리

나태하고 투지도 전혀 없어 가난과 병액이 겹쳐 무력하니 앞날이 암담할 뿐이다. 불안과 동요가 그칠 날이 없으며 죽음의 고비를 수없이 넘기는 수리이다.

동요(動搖)와 불안

정신력이 희박하여 활로를 찾을 수가 없어 방황하는 흉한 수리를 지녔다. 이 수리는 자신으로 인해 자신의 가족은 물론 많은 주변 사람에게도 큰 해를 입히게 되므로 멸시와 핍

박의 대상이 되어 항상 외롭게 될 흉험을 가졌다.

건강상으로는 특히 이비인후과에 속하는 병액이 그치질 않는 수리다.

70 × 암흑천지에서 헤매며 일생 전혀 빛을 볼 수 없는 수리

적막(寂寞)과 쇠퇴

천지가 암흑으로 뒤덮여 전혀 빛을 볼 수 없는 고통 속을 헤맨다. 공허와 암울함 속에서 항상 근심 걱정에 사로잡혀 고독하고 적막하게 지내는 수리다.

어느 한 방향에서도 길이 보이지 않으며, 설사 길이 있다고 해도 전혀 그 길을 찾을 수 없는 암흑의 기로에서 헤매게 되는 대흉의 수리다.

오랫동안 허망한 세월을 보내며 이별과 궁핍에 고통받고 형벌, 살상의 재화가 끊일 날이 없다. 친정 또는 처가에까지 액운이 미치니 큰 재앙의 수리라 하겠다.

71 △ 용기와 기백이 약해 전력을 쏟아도 크게 전진하지 못하는 수리

불운 속에서 다소의 호운을 만나도 힘이 부족하고 생각이 모자라 행운을 놓치게 되니, 그저 하늘 뜻에 맡겨 편안한 때를 기다려야 하는 운세의 수리이다.

어려움을 헤쳐 나갈 길이 전혀 없지는 않은데도 의지와 사고력이 부족해

매사를 그르치게 된다. 매사를 진행함에 있어 신중을 기하고 확실한 대안을 세워 열심히 최선을 다하면 다소의 소망은 빛을 보게 될 것이다.

욕심을 부리지 말고 항상 한 걸음 양보를 해야 할 것이며 명산에 가서 기도를 많이 드려야 자기 명命대로 산다.

72 ✕
먹구름이 밝은 달을 가리는 형상으로 항상 불안정한 수리

낮의 먹구름은 때로 단비를 내리게 하지만 밤의 달을 뒤덮은 먹구름은 사위를 분간할 수 없게 만든다. 그 구름이 도무지 걷히지 않는 형상은 매사가 칠흑과 같다는 의미다.

휘영청 밝은 달밤이었다가 갑자기 먹구름이 뒤덮어 버린 후 다시는 걷히질 않는 운수다. 겉으로는 행복하게 보여도 속은 고민이 태산 같다. 언제까지 어둠에 싸여 있을지 모르게 되는 형상이라면 암흑 속에서 살아야 하는 대흉을 나타낸다. 처음에는 번성하고 영화로운 것 같았으나 끝이 보잘 것 없으며 길흉이 중복되는 흉한 수리다.

73 ◎
천혜의 은덕과 자연의 혜택을 받아 일평생 안정과 복록을 누릴 수리

화평과 행복

천혜의 은덕과 덕망으로 일평생 편안하고 후회 없는 인생을 보낼 수 있으며 행복을 누리게 될 수리다.

또한 어진 부인의 내조가 특출하여 가정이 화평하게 되고 모든 일이 충실해져 말년에는 더욱 행복하고 안정된 생활을 하게 된다.

인생의 행복 중에서 화평한 가정과 건강한 가족 간의 우애가 가장 인간적인 행복이라고 본다.

74 ×
끝없는 미로를 헤매다가 출구를 찾지 못해 어둠 속에서 보내는 수리

미로와 액화

어둠은 걷히지 않고 자꾸만 깊어져 사위를 분간조차 할 수 없는 엄청난 기로에 서게 된다.

어떤 방법으로도 활동력이 없고 능력도 없으니 무위도식하는 격이다. 무위도식은 인간으로서의 도리가 아니다. 밤낮 쓸데없는 공상에 빠져 되지 않는 일만 꿈꾸며 뜬구름 잡는 꼴이니 남들에게 비웃음만 사는 수리다.

한 번 잘못 디뎌 영영 빠져버린 진흙탕 속에서 빠져 나오지 못하고 늘 제

자리에서 구릉을 헤매는, 어처구니없는 형상으로 평생 어둠에 싸여 있게 될 대흉의 수리다.

가도 가도 창해요, 절벽강산이라 동서남북이 꽉 막혀 움직일 수 없는 처참한 신세가 되고 결국에는 인생을 포기하고 말 운수다.

75 ○ 대복大福은 없지만 분수를 잘 지키면 일생을 평안하게 보내는 수리

신중愼重과 평길(平吉)

큰 욕심, 지나친 욕심은 결국 아무것도 얻을 수 없을 뿐 아니라 까딱 잘못하면 오히려 몰락으로 내팽개쳐진다.

얼토당토않은 욕심을 부리지 않고 자신에게 주어진 환경에서 순리대로 대처하면 무난히 한평생을 안온하게 보낼 수 있는 수리다. 만약 과욕을 부리면 오히려 큰 화禍가 닥쳐 불의의 재난을 당하게 되는 불운의 수리로 바뀌게 된다.

76 × 병약하여 단명하는 흉측한 수리로 배우자와의 관계도 돈독하지 못한 수리

고독과 병약

가족 인연이 박하고 병약하며 항시 골골하여 가산이 쇠퇴하며, 명예와 지위는 추락할 대로 추락하는 수리다.

허약하고 병약한 것은 곧 단명을 나타내는 흉험인데, 이 수리는 배우자와의 관계도 나빠

이별수까지 곁들여 있다. 일가족이 횡액과 상해, 이별 등 흉한 운수를 가졌다.

77 △ 흉 중에서도 길운이 있어 인생 전반이나 후반기 중 하나가 흉해도 하나는 길운이 있는 수리

장춘(長春)과 비탄

꽃은 피나 열매를 맺지 못한다. 열매를 맺지 못하면 씨를 만들 수 없으므로 후대가 어렵게 된다는 의미가 된다. 흉 중에도 길한 운이 다소 잠재되어 있는 길흉 상반형세다. 어려운 듯 하다가 윗사람의 도움으로 다소는 극복하게 된다.

일생 중 전반기에 행복하면 후반기에는 몰락하는 비운을 맞게 된다. 전반이 불행한 사람은 후반기에 행복해지는 수리. 기회가 오면 놓치지 마라. 좋은 일이 일어날 수도 있다.

78 △ 길흉이 반반인 평범한 수리, 그러나 말년이 불운한 수리

초년이 길하고 말년이 흉한 수리로 이것 또한 길흉이 서로 엇비슷한 수리로 흉수가 좀 많은 편이다. 더구나 말년이 흉한 것은 초년이 흉한 것보다 그 무게가 훨씬 무겁다.

하늘이 준 재능을 발휘하지 못하고 고생한 보람도 없이 잠깐 빛을 보다가 말년에 불운이 내리

변천과 용두사미

는 수리다.

　겨울과 봄 태생은 기회가 왔을 때 잘 잡으면 엄청난 재운을 얻어 대길운을 맞게 되는데 그 기회는 그리 쉽게 포착되지 않는다.

79 ✕ 역경에 처해 헤어나지 못하여 아무리 발버둥쳐도 활로를 찾지 못하는 황망한 수리

역경과 무모

　길이 아니면 가지를 말고 말이 아니면 듣지를 말라고 했는데, 길 아닌 곳으로 걷다가 진흙탕에 빠지는 수리다.

　게다가 신체는 다소 건강하나 정신 면이 부진에서 벗어나지를 못한다. 그러므로 무절제, 부도덕, 무신용으로 남들로부터 심한 비난을 받게 된다. 무모한 일에 뛰어들기를 잘한다는 것은 사리가 어둡다는 것이다. 현명하지 못해 곧 어둠이 짙어질 것을 보지 못하는 것이다. 엄청난 고난을 겪게 될 큰 파도가 밀려오는 줄도 모르고 바다로 뛰어들어 거센 풍랑에 휘말린다. 그래서 파란과 역경을 수없이 겪고도 활로를 찾지 못하는 암울한 수리다.

　처자 인연이 없고, 가족 간에도 생이별의 수가 겹치는 수리다.

80 ✕ 냉엄冷嚴한 곳에서 공허와 고독, 실의에 빠져 고난의 생활을 해야 하는 수리

길이 항상 바르게 놓여 있는데도 찾지를 못하며 어둠 속을 헤맨다.

　운수에 기복이 심하며, 고생이 비길 데 없이 많은 수리다. 재난이 끊일 날

고난과 흉액

이 없고 병고와 고독에 시달리다가 형벌을 받거나 비명횡사하는 등 흉수 중의 흉수이다.

매사에 침착하지 못하고 처신 또한 밝지 못해 스스로 고생을 자초하게 되어 온갖 수모를 겪게 되는 흉운의 수리다. 자중하여 조용히 살면 큰 재난을 면하고 다소 평탄하게 살 수도 있는 수리이다.

81 ◎
뜻한 바 소원이 성취되며, 명예를 되찾고 부귀와 영화가 찾아드는 행운의 수리

대운성취와 부귀영화

80이 지나면 다시 새로운 운이 되돌아오게 된다. 양기가 다시 돌아와 메마른 초목에 춘풍이 일고 봄비가 내려 다시 슬슬 풀리기 시작하고, 신용이 회복되니 뜻한 바 소원을 성취한다. 명예를 찾고 부귀와 영화가 찾아들어 그 이름을 사해에 떨치는 대길운이 열리는 수리다.

지금까지의 갖가지 풍상은 사라지고 만물이 새롭게 활기를 되찾아 복록이 곳곳에 쌓이고 영광과 명운이 열려 천지를 향해 크게 웃게 될 것이다.

이 수리는 인생에 있어서 가장 크게 작용하는 대운의 운수이다. 천혜의 복을 받아 평생 부귀영화를 누리게 된다.

비밀번호를 잘못 쓰면 돈이 빠져나간다

은행의 비밀번호는 대개 네 자리를 쓴다. 하지만 잘못된 숫자를 사용하면 수치들이 공허하여 항상 불안에 떨게 되어 공로를 찾을 수 없으며, 안정되지 못한 형상으로 몸을 손상시키며 재물을 깨트려 모든 일이 흉악스럽게 흐르는 수리가 되는 것이다.

지금은 사용할 수 없지만 초기에 사람들이 가장 많이 사용하던 비밀번호 중의 하나가 0이 연속으로 네 개 있는 '0000'이었다. 이처럼 숫자 0이 연속으로 있으면 불운하고 파괴와 재난을 당하게 되는 수다.

이런 숫자를 금융기관의 암호로 사용하는 것은 절대 금물이다. 항상 검은 그림자가 도사리고 있으며, 아무리 노력해도 재물이 쌓이지 않는다. 차량번호도 이 수리가 나오면 도난사고가 발생한다. 또한 과속으로 인해 큰 사고를 당하니 조심해야 한다. 물론 언급한 숫자들이 타고난 사주와 용(用)이 되면 안심해도 되지만 그것을 살필 줄 모르는 평범한 사람들은 일단 피할 것을 권한다.

비밀번호로 또 많이 사용되던 숫자가 바로 '1111'이다. 이 수의 좋고 나쁨을 알아보기 위해서는 각 자리의 수를 더해보면 된다. '1111'의 각 자리를 더하면 1+1+1+1=4가 된다. 앞의 '81획으로 보는 숫자운수법'에 보면 4의 수는 요절하고 방탕한 것으로 나온다. 평생 고독하게 지내며 재난과 앙화가 끊이지 않고 아무리 저축을 해도 불어나지 않고 어딘가로 빠져나간다. 노력을 해도 이뤄지지 않는 불길한 수인 것이다.

은행 비밀번호가 '1238'인 경우를 다시 한번 살펴보자. 각 자리의 수를 합하면 '1+2+3+8=14'로 합이 14가 된다. 14는 빈곤과 파괴를 당하는 수리다. 이런 번호로 거래를 하면 돈이 모이지 않는다. 어쩌다가 통장에 돈이 있어도 일이 생겨 빠져나가게 된다. 하는 일마다 파괴와 몰락이 따라다녀 가난을 벗어나지 못한다.

가족관계도 몹시 나쁘게 형성되는데, 특히 혈육이 일찍 사망하는 등 불행이 뒤따른다. 천륜을 누리기 어렵고 이별, 사별, 별거 등으로 가족이 뿔뿔이 흩어진다. 차량번호도 마찬가지다. 접촉사고가 잦고 대형사고도 피하지 못할 수 있다. 접촉사고가 많으면 엔진에 이상이 생겨 화재사고로 이어질 수 있으니 조심해야 한다. 이런 사람은 거주하는 곳에서 남쪽 방향에 주의를 기울여야 한다.

또 네 자리 수의 합이 9일 경우도 좋지 않다. 아홉수는 파멸, 불행, 파산의 운수를 지니기 때문이다. 특히, 자동차번호의 네 자리 수 합이 9가 되면 큰 사고를 생각해야 할 정도로 위험한 수인 것이다. 10이라는 수리도 마찬가지다. 합이 10이면 공허와 몰락, 암흑천지를 헤매는 형상이 된다. 9와 10은 비슷한 운수의 숫자로 종말을 고하는 마지막 의미를 갖는다.

자신의 주민번호 앞의 여섯 자리 수나 뒤의 일곱 자리 수의 합이 9나 10이

되면 소원을 이룰 수 없고, 모든 일이 진행과정에서 중단되기 일쑤다. 건강에
도 문제가 생겨 단명할 수도 있다. 저녁 해가 서산으로 넘어가 사방이 캄캄
해지면서 갈 길이 아득한 형세다. 어둠 속에서 귀신이 소리 내어 울부짖는 형
상이고, 만사에 자신과 기력을 잃어 의욕상실증에 걸린다. 그러다 어두운 구
렁텅이에 빠져서 의욕은 물론 모든 걸 잃게 되는 형상인 것이다. 그뿐이 아니
다. 일은 많으나 대가가 적고, 구설시비가 많다. 뜻밖의 재화를 당하거나 관
재수가 발생한다. 이름에도 9나 10의 수리가 나오면 황천의 장부에 편입되
는 것과 같다. 일찍 죽을 운수가 된다는 것이다.

12의 숫자도 크게 실패할 수다. 매사에 욕심을 부리게 되고, 결국 욕심이
화를 부른다. 그로 인해 의지가 박약해지고 무력함을 다스리지 못해 얼토당
토않은 일을 기도하다가 실패하게 되는 형상이다. 실패는 가족에게도 영향
을 주어 가족에게서 소외될 수 있다. 외롭고 쓸쓸하게 헤매다 조난을 당하
거나 역경에 휘말리게 되고 병약해지는 꼴이다. 특히 신장과 방광에 이상이
생긴다.
그리고 가난 때문에 건강을 잃고 가족과 이별하는 수도 생긴다. 열심히 노
력해도 대가가 적어 불만스럽고 의욕을 잃는다. 대가가 적다는 것은 공로가
적다는 말로 아무리 노력해도 안 되는 쪽으로 기운다. 결국 늙어 괴롭고 외
로움을 당하는 불운한 운명으로 떨어지게 되는 것이다. 이름의 수리가 12로
나올 때 뜻밖의 실패가 발생한다. 심한 경우에는 천수를 누리지 못하는 수
도 있다. 또한 합이 19가 되면 항상 하는 일마다 공치고 망하게 된다.

19와 20은 본래도 안 좋지만 1, 2, 3, 10, 11, 12월생에게는 특히 더 흉
한 숫자다. 그중에서도 20의 수리를 가진 사람은 주위 사물이 모두 파괴되
는 형상이요, 단명할 소지가 있다. 이는 한마디로 흉한 숫자로서 오랜 세월
평안을 얻지 못하고 재난이 겹겹이 뭉친다고 보아야 한다. 흉악스런 재화가
자주 닥치고 비참할 정도로 역경에 빠져 엄청난 시련을 겪게 되어 만사가 뜻

과는 반대로 이뤄진다. 폐질로 인해 일가족이 함께 흉한 고초를 겪는 경우도 있다. 배우자와 생리사별하거나 별거하는 경우도 많고, 어떤 일로 형벌을 받는다거나 하는 괴로움도 당한다. 게다가 관재수를 달고 다니는 꼴이다.

간혹 어릴 때 부모 중 한 분 또는 모두와 생리사별하거나 병고로 인해 가세가 기울어 곤궁하게 살게 된다. 그리고 자녀가 불행을 당하여 한탄하거나 배우자를 잃게 된다.

22는 병약하고 고독해지며 모든 일이 실패의 연속이다. 특히, 1, 2, 3, 10, 11, 12월생에게 더욱 나쁘다. 모든 일이 뜻과 같지 않고 하는 일마다 실패한다. 언제나 곤란과 고통 속에서 헤매는 형국이다.

너무 많은 어려움으로 인해 동가식서가숙하거나 여기저기 부초처럼 떠돌아다니게 된다. 곤란과 고통으로 병약해지고 무기력, 고독, 역경, 불우, 불평불만 등에 시달리며 악운에 몸부림쳐야 한다. 또한 신경통, 관절통, 위장병, 간경변 등의 병을 얻어 우울증, 정신불안, 심장병을 앓게 되는 경우가 많다.

이런 경우는 봄이나 여름에 출생한 사람에게 더욱 많다. 봄, 여름 태생이 이 숫자의 차량번호를 가졌다면 대관령 비탈길에서 추락하는 형세의 사고를 겪게 된다. 또 금융기관 비밀번호를 가졌다면 소매치기나 강도 등을 잘 당한다. 늘 검은 현무가 그림자를 밟고 따라다니는 형국으로 은밀히 기회를 노리고 있으니 매사에 신중하고 조심하지 않으면 안 된다.

27과 28의 숫자는 풍파와 좌절을 연속으로 겪는다. 7, 8, 9, 10, 11, 12월생에게 더욱 안 좋다. 자의식이 지나치게 강해서 충분한 능력이 있다 해도 불합리한 대우를 받거나 비난, 공격을 많이 받아 마침내 실패자가 될 운수로 변한다. 소위 비난운수라고 하여 대개 중도에서 좌절하고 실패를 거듭하는 형상이다.

이런 사람들은 대부분 지모를 함께 갖고 있으므로 한때 널리 명리名利를 얻을지라도 서른에서 마흔 무렵만 되면 그 형세가 하락하고 안팎으로 불화가 발생하여 시간이 갈수록 악화일로를 걷는다. 그리고 자신이 비록 철두철미해도 결과적으로 시비가 분분하고 자주 비난을 받으며, 뜻하지 않은 구설수를 면할 수 없는 형세가 된다. 왜냐면 성격이 엉뚱하며 쓸데없이 지나치게 꼼꼼하여 까다롭게 행동하게 되는데, 이는 다른 사람에게 미움을 사서 배척당하게 되는 것이다. 그에 따라 재액과 곤란이 덮쳐 몸을 크게 다치거나 수술을 하게 될 정도로 큰 사고를 당하게 된다.

또한 어떤 일에 자신도 모르게 연루되어 형벌을 받는 관재수를 당하거나 배우자와 생리사별 혹은 자손이 상하는 불운을 겪는다. 인덕이 없고 큰 재난과 환난을 당하기 일쑤이다. 일생 의식주가 결핍, 행복과 풍요로움을 누릴 수 없다. 부녀자일 경우 대부분 고독해지는 수다. 이혼녀가 많고 과부가 되는 형세다. 남자의 경우도 홀아비로 살아야 하는 형세다.

특히 28을 사용하는 경우 토끼가 호랑이 굴에 들어간 격이다. 그래서 조난을 당해도 불길에 휩싸이는 형세가 된다. 아무리 기개가 훌륭하다 해도 대부분 역경과 고통으로 파란에 휩쓸려 좌절하게 되는 불운한 수다. 그럼 이들을 어떻게 피할까? 말했다시피 단순하다. 행운의 번호를 만들어 사용하면 된다.

자동차번호와 운수에 관한 일화 한 가지를 소개한다. 1996년 제천에서 있었던 일이다. 800억 원의 자본금으로 수십 명의 직원을 거느리고 건설업을 한다는 사람과 친분을 맺게 되었는데, 어느 날 그의 자동차번호가 6464인 것을 발견했다.

"형님, 차 번호를 바꾸셔야 합니다. 이대로 운전하다간 큰 변을 당할 수 있습니다."

하지만 그는 내 말을 흘려들었다.

"이봐, 아우님. 이 차는 대한민국에서 가장 좋은 찰세. 웬만한 사고에는 끄떡없어. 그런 염려는 붙들어 매라구."

몇 번을 말해도 그는 염려하지 말라고만 했다.

"형님의 생년월일시가 병자년 신묘월 신묘일 무술시입니다. 형님이 800억 원 자본금으로 건설업을 하신다고 하는데 이것은 유치원생에게 말장난하는 겁니다. 이러한 사주는 유두무미 격으로 벌여만 놓았지 제대로 되는 일이 없습니다. 내년이 끝장나는 해이니 허풍은 그만 떠시고 자동차도 팔아 치우고 정리하세요. 내 말 한 번 들으시는 게 좋을 겁니다."

하지만 요지부동이었다.

"허참, 이놈아. 두고 봐라. 내가 하는 사업이 얼마나 큰 줄 알기나 하냐? 지금 계약이 끝나고 설계까지 끝낸 상태란 말이야. 그리고 지금 장비가 이미 들어가 땅을 파고 있다고."

나는 그가 허풍을 떨고 있다고 생각하고 현장을 확인했다. 그의 말대로 공사는 진행 중이었지만 확인을 하니 그의 공사가 아니라 엉뚱한 사람의 것이었다. 나는 다시 그를 설득했다.

"형님이 말하는 게 전부 거짓이란 거 다 압니다. 그러면서 왜 그런 비싼 차를 타십니까? 그리고 나에게 허풍 떨 이유가 뭡니까? 이제 그만 자중하세요. 이러다 큰 코 다칩니다."

나는 그에게 몇 마디를 덧붙여 충고했다. 그가 누군가에게 큰 피해를 입힐 것 같은 예감이 강하게 들었다. 심지어 애걸하다시피 무조건 중단하라고 말렸다.

그 일이 있은 지 일주일이 지나서였다. 손님과 상담을 하던 도중 갑자기 정신이 혼미해졌다. 갑작스런 변화에 나는 즉시 명상에 들어갔다. 그러자 허풍을 떨던 그에게 무슨 일이 일어나고 있음을 느꼈다. 그리고 반 시간 가량 지난 후 어떤 사람이 내게 방송에서 그의 사고 소식을 들었다고 알려 왔다. 그가 중앙선을 침범하는 사고를 냈는데, 세 명이 현장에서 즉사하고 그는 중상을 입었다는 것이었다.

　나는 다시 그에 대한 일진을 풀어봤다. 그날은 천지충 날인 동시에 을유일
乙酉日이었다. 그에게 최악의 날이었던 것이다.

행운의 번호 만드는 방법

행운의 숫자는 네 자리로 만들어져 있다. 우리나라 국민들은 대다수가 전화번호나 주민번호를 적당히 조합하여 비밀번호로 사용한다. 혹은 외우기 편한 숫자를 임의대로 사용하는데 이것이야말로 불행을 초래하는 가장 위험한 발상이다.

행운의 숫자를 만드는 가장 최선의 방법은 사주를 풀어서 그에 맞는 숫자를 조합하는 것이다. 그러나 개인이 스스로 하기에는 현실적으로 어려우므로 우선 흉한 숫자를 피하고 좋은 숫자를 사용할 것을 권한다.

모든 인간은 타고난 사주에 의해 상당 부분 영향을 받는다. 그러나 연월일시를 마음대로 골라서 태어날 수 있다고 해도 평생 아무런 어려움 없이 좋은 일만 겪으면서 살 수 있는 사주는 없다. 따라서 삶의 어려운 고비를 넘을 때마다 운을 보완해주는 역할로 숫자를 이용하면 좋을 것이다.

숫자는 크게 홀수와 짝수로 나눌 수 있는데 홀수는 양이고 짝수는 음이다. 0은 짝수로 본다. 각 숫자는 오행과 연관되어 있는데 숫자 1, 2는 목

(木)의 성질을 가지고 있으며 3, 4는 화(火), 5와 6은 토(土)를 나타낸다. 7과 8은 금(金)의 성질을 갖고 있으며 9와 10은 수(水)의 성질을 가지고 있다. 이를 표로 나타내면 다음과 같다.

끝이 1이나 2로 끝나는 수	1, 2, 11, 12, 21, 22…	목(木) – 봄, 나무, (양 +)
끝이 3이나 4로 끝나는 수	3, 4, 13, 14, 23, 24…	화(火) – 여름, 불, (양 +)
끝이 5나 6으로 끝나는 수	5, 6, 15, 16, 25, 26…	토(土) – 간절기, 흙
끝이 7이나 8로 끝나는 수	7, 8, 17, 18, 27, 28…	금(金) – 가을, 금(쇠), (음 −)
끝이 9나 10으로 끝나는 수	9, 10, 19, 20, 29, 30…	수(水) – 겨울, 물, (음 −)

숫자 1, 2, 3, 4, 5, 6, 7, 8, 9, 10과 木火土金水의 用의 숫자는 그 태생의 계절에 따라 많은 변화를 가져다준다. 대체로 봄에 태어난 사람에게는 가을의 숫자가 좋고, 가을생에게는 봄의 숫자가 좋다. 여름생에게는 겨울의 숫자, 겨울생에게는 여름 숫자가 좋다. 서로를 보완하는 역할을 하기 때문이다.

출생월을 따질 때에는 모두 음력 생일을 기준으로 한다. 봄에 출생한 사람[春生: 1~3月生]은 오행상 목월木月이요, 양陽에 해당하니 음陰의 숫자가 필요하다. 따라서 금金의 숫자가 필요한 것이다. 다음으로 여름에 태어난 사람[夏生: 4~6月生]은 화火이므로 양陽이다. 따라서 화火의 행운번호는 열기를 식혀줄 수 있는 음陰의 숫자가 된다.

그 다음, 가을에 태어난 사람[秋生: 7~9月生]은 금金이고, 금金은 음陰에 해당하므로 양陽의 성질을 갖고 있는 목木의 수를 쓰면 좋다. 음이 약한 위치에는 반드시 양陽이 있어야 하기 때문이다. 일반적인 사주오행과 달리 금극목金剋木이 아니고 금생목金生木이 된다.

겨울에 태어난 사람[冬生: 10~12月生]은 역시 음陰의 성질을 가지게 되어 있다. 동수冬水는 꽁꽁 얼어 한랭한 얼음 덩어리이며, 겨울에는 태양太陽도

별로 뜨겁지 않기 때문에 수水의 용用은 화火이다. 화火의 숫자를 표출하여 네 자리 숫자를 만드는 것이다.

한 가지 주의할 것은 음력 1월에서 3월까지 봄이라 하더라도 실제로는 입춘立春을 지나 태어나야만 봄 태생으로 본다는 점이다. 즉, 태어난 해의 24절기 가운데 입춘부터 입하 전까지 태어난 사람을 봄 태생이라고 한다. 마찬가지로 여름 태생은 입하부터 입추 전까지이며 가을생은 입추부터 입동 전까지, 겨울생은 입동부터 입춘 전까지 태어난 경우를 말한다.

그럼 여기서 봄 태생에 대한 행운의 숫자를 만들어 보기로 하자. 1, 2, 3, 4, 5, 6, 7, 8, 9, 10 중 금金의 숫자를 만들면, 먼저 2+3=5, 3+5=8, 5+8=13, 그래서 2+3+5+8=18이다. 이 2, 3, 5, 8을 합치면 18의 숫자가 나오고, 앞의 1을 떼어 버리면 8이 남게 되는데, 8은 오행상 金에 속한다. 그래서 봄 태생의 행운의 번호가 2, 3, 5, 8 金이란 用의 숫자를 쓰면 누구나 길복吉福이 찾아든다는 이치인 것이다.

이런 방법으로 여름 태생도 역시 1, 2, 3, 4, 5, 6, 7, 8, 9, 10 중 用의 숫자는 7+4=11이고, 4+9=13이며, 9+9=18이므로 총 7499=29라는 수치가 나온다. 29에서 앞의 2를 떼어버리면 9가 남는다. 그래서 29는 水, 여름 태생 用의 숫자는 29, 水가 用이란 이치이다.

다음, 가을 태생인 用의 행운 숫자를 살펴보자. 입추立秋 후부터 입동立冬 전까지 태어난 사람을 가을 태생이라고 한다.

가을 태생은 음陰이니 행운의 숫자가 1, 2, 3, 4, 5, 6, 7, 8, 9 중 2+3=5이고 3+5=8이며 5+1=6이다. 그래서 2, 3, 5, 1=11 木의 숫자가 用이 되는 것이다.

다음 겨울 태생의 용用의 숫자는 겨울이라 동冬 하니 화기火氣가 없어 화火가 필요하다. 겨울 태생의 행운의 숫자는 1, 2, 3, 4, 5, 6, 7, 8, 9 중 3+2=5이고, 2+5=7이며 5+3=8이 된다. 그래서 3, 2 ,5, 3의 합은 13, 火가

用의 숫자가 된다. 이러한 이치로 삼라만상의 모든 인간에게 주어지는 행운의 숫자가 구성되는 것이다.

나는 행운의 숫자에 대한 확신을 얻었고, 인류 모든 이에게 전파를 해야 할 사명감을 부여받았다고 생각한다. 그래서 어떻게 하면 더 많은 사람들에게 전파를 할 수 있을까 늘 연구 중이다. 각자의 사주에 맞는 행운의 번호를 원하는 모든 사람에게 암시해 주라는 계시가 있어서 앞으로는 그렇게 할 예정이다. 앞장에 1에서 81의 숫자를 풀이하여 길흉판단을 수록하였으니 이 81획의 운수법으로 신중하게 행운의 번호를 만들기 바란다.

내가 생각하는 이치와 학설을 부정적인 시선으로 보는 사람도 있을 것이다. 그러나 오랜 시간 음양의 이치를 연구하여 그에 상응하는 결과로 풀어낸 것이므로 거짓이나 상술로 사용할 수 없음을 밝힌다. 이 세상에서 가장 오묘한 음양은 바로 하늘과 땅이다. 그 점을 이해할 만큼의 공부가 된 사람이라면 숫자운명학을 부정적으로 볼 수 없을 것이라 생각한다.

일상의 숫자활용법

우리는 일상에서 수많은 숫자를 접하며 산다. 이 책을 보는 독자들은 집 전화와 휴대폰, 자동차, 은행 비밀번호 등 현재 쓰고 있는 숫자가 과연 어떨지 궁금할 것이다. 숫자의 길흉은 앞에 있는 '81획으로 보는 숫자운수법'을 보면서 참고하면 된다. 그런데 숫자의 좋고 나쁨을 볼 때 어디를 어떤 식으로 보아야 하는지 헷갈리는 경우가 많다.

예를 들어 집전화는 지역번호와 국번 그리고 끝의 4자리 숫자로 되어있다. 이 중에서 맨 끝의 네 자리가 본인의 수라고 보면 된다. 휴대폰도 마찬가지로 끝의 네 자리를 본다. 맨 앞이나 중간에 있는 번호는 지역번호이거나 본인이 선택할 수 없는 경우가 많으며 현실적으로도 전화를 개통할 때 맨 끝의 네 자리를 선택할 수 있기 때문이다.

그럼 전화번호가 010-1234-5678인 경우를 살펴보자. 뒤의 5, 6, 7, 8 네 개가 본인의 숫자라고 볼 수 있는데 이 때 각각의 숫자인 5, 6, 7, 8은 모두 좋은 수이다. 따라서 좋은 숫자끼리 모여 있으니 좋은 번호라고 생각할 수 있지만 이것은 오산이다. 개별적인 숫자는 중요하지 않다.

길흉의 구별은 네 자리 수의 합으로 보아야 한다. 위의 경우 5+6+7+8=26으로, 본인의 숫자는 26이 되는 것이다. '81획으로 보는 숫자운수법'에 보면 26은 '파란이 중첩되고 변화무쌍하지만 때로는 기이한 운명적 영웅의 수리'로 나와 있다. 내용을 읽어 보고 계속 쓰든지 바꾸든지 본인의 성향에 맞춰 판단하면 될 것이다.

일상 생활에서 사용하는 네 자리 숫자를 정할 때 한 가지 더 알아두어야 할 것이 있다. 바로 숫자 사이의 궁합이다. 가령 2, 8, 8, 7의 네 자리 숫자를 살펴보자. 2+8+8+7=25가 되니 총합이 좋은 수리다. 그런데 숫자 사이의 궁합은 어떨까? 2+8=10, 8+8=16, 8+7=15가 되어 합을 이루는 중간 과정에 10, 16, 15라는 숫자 세 개가 생긴다. 이 중 16과 15는 좋지만 10은 흉한 숫자다.

이와 같이 네 자리 숫자의 총 합은 좋지만 숫자 사이의 궁합이 안 맞는 경우, 일의 과정은 어렵지만 결과는 좋은 것으로 해석할 수 있다. 물론 네 자리의 합도 좋고 숫자 사이의 합도 좋으면 더할 나위 없겠으나 모든 것을 완벽하게 맞춘다는 것은 쉬운 일이 아니다. 어쨌든 가장 중요한 것은 각각의 숫자가 아닌, 네 자리의 총합이라는 것을 기억하기 바란다.

요즘은 자동차가 많이 보급되어 운전자가 많은데 자동차번호를 내 마음에 맞게 맞춘다는 것은 현실적으로 불가능에 가깝다. 또한 주민등록번호가 운세와 맞지 않는 사람은 단명하기 쉽고 파산하거나 부부생리사별하며, 자손운이 없는 것으로 본다. 여자는 과부가 되거나 화류계로 갈 수 있으며 남자는 홀아비가 된다. 이와 같이 스스로 바꾸기 힘든 숫자를 갖고 살아야 하는 경우에는 인장과 행운의 비밀번호로 보완한다.

주민등록번호는 앞의 6자리와 뒤의 7자리를 더해 모두 13자리로 이루어져 있는데 보는 법은 춘하추동에 따라 변동된다. 길한 것이 흉이 될 수 있고, 흉한 것이 길로 변할 수도 있다. 그러나 일반적으로 앞의 6자리 숫자를 더한 합은 초년운을, 뒤의 7자리 숫자의 합은 중년운을 나타내고 13개 숫자의 총합은 말년운을 나타낸다.

다음은 각종 비밀번호와 휴대폰번호, 자동차번호, 주민등록번호 등의 예시를 표로 나타내었으니 참고하기 바란다. 주민등록번호를 제외한 나머지는 끝의 네 자리 숫자만 볼 것이며 흉한 것은 ×, 좋은 것은 ○표이다. ×가 많은 자동차는 항상 위험하다. 측자파자 성명학에서는 원칙적으로 이름의 수리에 남녀구별을 두지 않으나 주민등록번호에는 특징과 구별이 있다.

각종 비밀번호와 휴대폰번호,
자동차번호, 주민등록번호 등의 예시

● 비밀번호, 휴대폰 등

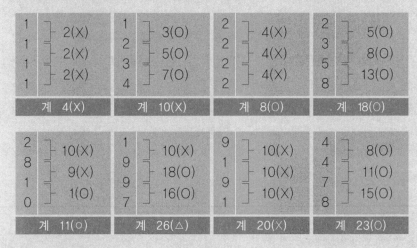

● 대형사고 난 자동차

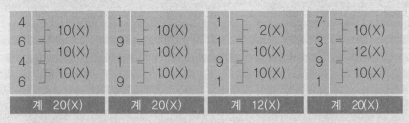

● 부자 주민등록번호

앞자리 숫자	4 4 0 7 2 4	계 21(O)
뒷자리 숫자	2 0 0 6 7 1 2	계 18(O)
앞뒤 합수	21(O) 18(O)	계 39(O)

● 거지 주민등록번호

앞자리 숫자	4 6 0 9 1 0	계 20(X)
뒷자리 숫자	1 0 0 7 6 2 4	계 20(X)
앞뒤 합수	20(X) 20(X)	계 40(X)

● 거부의 사주

앞자리 숫자	4 4 0 7 2 4	계 21(O)
뒷자리 숫자	1 0 0 6 7 2 1	계 17(O)
앞뒤 합수	21(O) 17(O)	계 38(O)

Chapter 5

성명과 인장

김성재金省材, 이채연李采姸으로 개명하니 인인성사因人成事하고 만인유정萬人有情이라. 세상 사람이 모두 형제요, 귀인이로다. 친구와 더불어 높은 자리에 오르게 되니 칭송이 자자하다. 하는 일마다 뜻대로 이루어지고 신수가 대길하다. 가산이 넉넉해지고 신록이 무성하니 원만한 가운데 복락이 깃든다.

청와대 이름을 바꾸어야 한다

경무대는 오행상 34획으로 불火에 속한다. 34획은 불길한 숫자로서 청와대 27획, 금金을 난도질한다. 金은 흉한 오행에 속하기 때문에 역대 대통령들이 수난을 당한 것이다. 청와대는 흉금凶金에 속한다. 역대 대통령 중 윤·최를 제외하고 모두 金이니 청와대의 金과 동격인 것이다. 역학 용어로 비견은 체體인 흉신이며 한 울타리 안에 두 얼굴의 주인이 자리다툼을 하는 형국이다.

한국은 동방목東方木에 속한다. 27획 흉금凶金은 木을 집어삼킨다. 그래서 횡액과 재난, 돌발사태가 자주 일어나며 병든 자가 달리기를 하고 어린이가 강물로 뛰어드는 형국이다.

景	12	┐	
武	8	├ 20	
臺	14	┘ 22	
계	34		

靑	8	┐	
瓦	5	├ 13	
臺	14	┘ 19	
계	27		

현재 청와대가 위치한 자리는 고려 제15대왕 숙종 때인 1104년에 완공된 남경南京으로서 이궁태자궁·세자궁의 총칭이 있던 터였다. 그런데 조선조에 들어와 1426년 세종8년 경복궁이 창건되면서 궁궐의 후원으로 삼아 이곳에 연무장무예를 단련하는 곳, 융무당무예가 융성한 곳, 경농재각 도의 연사의 풍흉을 보는 집 및 과거장이 마련되었으며, 왕의 친경지왕이 직접 농사를 짓던 땅으로도 사용되었다.

그 후 일제의 조선총독부가 경복궁 안에 청사를 지으면서 1927년 오운각 외의 모든 건물과 시설을 철거하고 총독관저를 이곳에 지었다. 지금의 청와대 본관은 바로 그때 건축한 것이다.

1945년 광복과 더불어 미군정이 시작되자 이곳은 그대로 군정장관의 관저로 사용되었다. 1948년 8월 대한민국 대통령 관저로 사용되면서 이승만 전 대통령이 경무대라는 이름을 짓고 사용하기 시작했다.

경무대라는 이름은 경복궁의 경景자와 당시 경복궁 북문 신무문의 무武자를 따온 것이다. 그리고 1960년 4·19혁명 후 민주당 정권이 들어서면서 윤보선 대통령이 '청와대'로 개칭하여 현재에 이르고 있다.

서울은 한반도의 명당이다. 그중에서도 경복궁은 명당의 기본조건인 장풍득수藏風得水(바람을 막고 물을 얻음)를 갖춘 최고의 터로 알려져 있다. 바람을 막기 위해 사방으로 병풍처럼 산이 감싸야 하고, 물을 얻기 위해서는 앞에 강이나 냇물을 끼고 있어야 하는데, 그것도 안팎으로 두 겹 이상이어야 더더욱 좋다. 이런 곳이 바로 서울이다.

서울의 장풍득수를 다시 살펴보면 바깥쪽 병풍 역할을 하는 것이 북쪽의 북한산, 동쪽의 아차산, 서쪽의 덕양산 행주산성, 남쪽의 관악산이다. 그리고 안쪽으로는 북쪽의 북악산, 동쪽의 낙산, 서쪽의 인왕산, 남쪽의 남산이다. 그중에서도 경복궁을 내려다보는 북악산을 가장 중요한 '주산主山'으로 본다. 이 주산을 끼고 동에서 서로 흐르는 바깥의 큰물이 한강이며 안쪽의 작은 물이 청계천이다.

이런 여러 가지 풍수지리학적인 측면에서 명당의 조건을 갖춘 곳이 바로 서울이고, 그중에서도 경복궁은 주산을 등지고 물을 마주하는 배산임수背山臨水로 명당 중 명당인 것이다. 그런데 청와대 터가 좋지 않다고 하는 것은 그곳이 원래 경복궁의 후원 터로 풍수지리학적으로 볼 때 인간의 손발이 닿아서는 안 되는 신의 자리이기 때문이다. 명당이기는 하나 후원의 터이기에 좋지 않다는 것이다.

이런 경무대와 청와대를 거친 역대 대통령들은 한결같이 성공하지 못했다. 현 청와대 자리의 주인은 水의 성씨나 火의 성씨가 들어가야만 정상적으로 국운을 상승시키고, 국가발전은 물론 개인의 영광을 얻을 수 있다. 즉 청와대는 명당 중의 명당이라는 이름에 걸맞게 그에 맞는 주인이 들어가야 하는 것이다.

현실적으로 청와대를 옮길 수 없다면 몇 가지 대안을 제시한다. 우선 청와대를 다른 이름으로 바꾸고 정문을 옮겨야 하며 대통령직무실을 비서진과 하나의 사무실로 통합해서 사용해야 한다. 누구든지 대통령의 자리에 오르면 미국의 링컨 대통령이 어떻게 국사를 운영했는지 살펴보기 바란다.

일주일에 2회 정도 기자회견을 열며 정당 대표들은 물론 각 단체 및 기업인들과도 만남을 정례화하여 늘 국민들과 소통하는 자세를 가져야 할 것이다. 대통령 임기 중에는 모든 사심을 버려야 한다. 이와 같은 국민의 바람을 기억하고 실천할 때 비로소 국민들에게 존경 받고 사랑 받는 성공한 대통령이 될 것이다.

이름의 길흉을 판단하는 법

유명 인사들도 개명한 뒤부터 운이 열리고 업적을 남긴 경우가 많았다. 이승만(李承晩) 초대 대통령의 원래 이름은 李承龍이었으며 백범 김구 선생도 金昌洙라는 이름을 개명한 케이스다. 김대중 전 대통령도 金大仲에서 金大中으로 한자를 바꾸어 개명했으니 이름의 획수가 얼마나 중요한지 알 수 있다.

성명학에서는 한자 획수를 구할 때 부수의 본래 글자 획을 쓴다.

획수 계산 시 변하는 부수

부수(변)는 본자의 획수대로 계산한다. 예를 들어 삼수(氵)변은 본자인 수
水를 줄여서 쓴 것이므로 4획으로 계산하고, 왕玉변은 본자인 옥玉을 줄여서
만든 부수이므로 5획으로 계산한다.

숫자의 성격에 의하여 변하는 획수

모든 숫자에는 그 숫자에 대한 수리가 있다. 즉 한 일一은 1이며 두 이二
는 2인 것처럼 육六은 4획으로 되어 있지만 6획으로 계산해야 한다.

부수별 변화 획수

변	부수이름	원자	획수	예시글자	변화된 획수
⺿ ⺾	초두밑변	초艸	6	영英	9→11
⺖	심방변	심心	4	쾌快	7→8
⺘	재방변	수手	4	봉捧	11→12
氵	삼수변	수水	4	수洙	9→10
⺨	개사슴록변	견犬	4	독獨	16→17
王	임금왕변	옥玉	5	민珉	9→10
月	달월변	육肉	6	간肝	7→9
ß	좌부방변	부阜	8	양陽	12→17
ß	우부방변	읍邑	7	정鄭	15→19

위와 같이 부수를 본자로 계산하는 이유는 글 자체를 줄여서 부수로 사
용하였기 때문에 본래의 획수대로 계산하는 것이 정확하다.

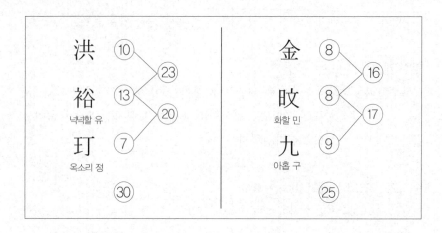

徐美愛라는 이름을 예로 들어 운명의 길흉을 판단해 보자. 획수는 각각 徐(10획), 美(9획), 愛(13획)이다. 성은 조상이요, 이름은 본인으로서 이름끼리 더한 수 즉 9+13=22가 약 30세까지의 초년운을 말해준다.

성과 이름 첫글자를 더한 10+9=19가 50대 중반까지의 중년운이 되며 평생의 운세에 영향을 미친다. 이름 석 자를 다 합한 10+9+13=32의 수리는 총격으로서 말년운을 나타낸다. 종합해 보면 徐美愛라는 이름의 초년운은 22, 중년운은 19, 말년운은 32의 수리로 나타낼 수 있으며 이 운명의 풀이는 앞장의 '81획으로 보는 숫자운수법'을 참고하기 바란다.

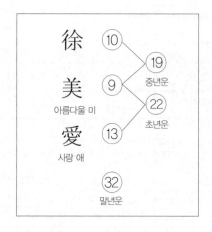

유명 인사들도 개명한 뒤부터 운이 열리고 업적을 남긴 경우가 많았다. 이승만(李承晚) 초대 대통령의 원래 이름은 李承龍이었으며 백범 김구 선생도 金昌洙라는 이름을 개명한 케이스다. 김대중 전 대통령도 金大仲에서 金大中으로 한자를 바꾸어 개명했으니 이름의 획수가 얼마나 중요한지 알 수 있다.

역대 대통령의 이름과 국운의 관계

이승만 초대 대통령

李 金 7 ⌉ 15	생년월일시 : 1875년 3월 26일 寅時	
承 土 8 ⌉ 15 ⌉ 19	사주팔자	대 운
晚 木 11 ⌉ 19	甲癸庚乙 寅亥辰亥 時日月年	庚 辛 壬 癸 甲 乙 丙 丁 戊 己 午 未 申 酉 戌 亥 子 丑 寅 卯 99 89 79 69 59 49 39 29 19 9
계 26		

이승만 초대 대통령의 이름자는 사주와 상극이 된다. 진월생으로 金이 용신이고 土는 반용신으로 이름에 용신이 없으므로 상극을 나타낸다.

26수는 영웅격이지만 파란이 중첩되고 변칙을 하지 않을 수 없는 기이한 운명을 타고난 불행한 영웅의 운세이다.

19수리가 가로막고 있어서 재능이 있고 활동적이긴 하지만 노후가 처참하게 되는 수리다.

성품이 지혜롭고 두뇌가 영특할 뿐만 아니라 기개와 의협심이 강하지만 변화와 변동이 무상하고 종잡을 수가 없는 수리로 풍파가 그치질 않는다.

그래서 그는 12년간을 독재자로 군림했으며, 전쟁을 막지 못했다. 특히 빨치산 양민학살을 명령한 대통령으로 오점을 남겼다.

윤보선 전 대통령

尹 ⊕	4	20	생년월일시 : 1897년 8월 26일 卯時		
潽 ⊛	16		사주팔자	대 운	
善 ⊛	12	28	乙 癸 己 丁 卯 未 酉 酉 時 日 月 年	己 庚 辛 壬 癸 甲 乙 丙 丁 戊 亥 子 丑 寅 卯 辰 巳 午 未 申 95 85 75 65 55 45 35 25 15 5	
계 32					

윤보선 전 대통령의 수리와 사주를 보면 의지가 강한 것 같으면서도 인내력이 부족하고 시심豺心하여 실패하는 이름이다. 거기에다 이름의 수리 32와 청와대의 수리 27은 상극이고, 합수 59 역시 공허, 좌절, 파란을 나타낸다. 경자년庚子年인 1960년 8월 13일부터 1962년 3월 22일까지 대통령 자리에 앉았다. 사주에 관성官星이 기른가 되어 오래는 지배하지 못하는 관이다.

윤보선의 이름 수리와 청와대의 수리는 상극으로 감당할 수 없는 상황이 전개되고, 관성이 억눌리고 쫓기는 운명으로 토끼가 호랑이를 만난 격이다. 만인이 생명과 재산을 위협하고 박해하는 가해자로 둔갑하는데도 법과 관의 보호를 전혀 받을 수 없으니 무방비 상태에 놓인 격으로 산중에서 산적을 만나 생명까지 위협을 받는 상황에 이른다.

사주에 천하일색으로 초중년은 모母를 비롯하여 양아養我하고 양육하며, 교육하는 사부, 학문, 지성, 덕성, 교화 그리고 위로부터 받는 사랑과 은혜, 상속, 신임, 생기, 득의, 지덕을 겸비한 인도자가 되어 소망을 이루었다. 집터는 하늘이 내리고 대통령은 집가가 내린다는 말이 있다.

그 말의 표본이 바로 윤보선 전 대통령의 생가다. 그 집은 가히 대통령을 낼 만한 명당인 것이다. 하지만 권력에는 언제나 영욕이 따르듯 훌륭한 집안에서 태어나 권좌에까지 올랐던 그는 격랑의 10개월을 끝으로 하야해야 했던 것이다.

박정희 전 대통령

朴金	6	┐		생년월일시 : 1917년 9월 30일 寅時		
		├11	사주팔자		대 운	
正木	5	┤				
		├18	戊 庚 辛 丁		癸 甲 乙 丙 丁 戊 己 庚	
熙金	13	┘	寅 申 亥 巳		卯 辰 巳 午 未 申 酉 戌	
계 24			時 日 月 年		72 62 52 42 32 22 12 2	

박정희 전 대통령의 이름자는 金木金으로 입신양명을 하지만 단명할 수리다. 천지상극으로 돌발적 사태가 일어나 생명을 빼앗기게 된다. 이름과 운명이 상극이 되어 재앙이 발생하는 수리라 청와대와는 맞지 않는 오행이다.

그의 사주와 이름은 水月生으로 火가 용신用神이다. 사주의 丁火는 경일庚日의 관이며 용신이다. 관은 백성을 안전하게 보호하는 벼슬을 상징한다. 그래서 그의 관은 입신양명으로 출세 중에서도 최고의 권좌, 즉 집권을 의미한다.

일반적으로 관이라 하면 과거에 급제하고 권력의 상층부를 향하며, 청운의 뜻을 세워 고지에 오르는 야망을 나타낸다. 그래서 관용신을 가지면 백성을 보살피고 다스리는 군자로서 선정을 베풀면서 순탄한 출세길을 내달리게된다.

박정희 전 대통령 사주의 丁火는 부父와 군왕과 유정하여 평생 왕업을 도모하는 것이 꿈이었다. 丁火는 월지月支 해亥에 태胎다. 비록 용신이지만 허약을 나타낸다. 부와 조상은 유정하여 나를 북돋우는 힘이 부족하다.

따라서 스스로 자립하고 자수성가해야 한다. 남방화대운南方火大運에서는 관이 왕旺하니 관운이 욱일승천했다. 그래서 그는 정미운丁未運부터 병오운丙午運에 일약 대권을 장악하여 을사운乙巳運까지 18년간 잘 집권했다. 하지만 월상겁재月上劫財인 辛金은 겁탈의 별이다. 관운은 왕旺하지만 역부족을 타고났다. 그래서 고집과 독선, 독재로 장기집권을 고집하다가 비명사했다.

404

최규하 전 대통령

			생년월일시: 1919년 6월 19일 午時		
崔 木	11 ┐		사주팔자	대 운	
圭 金	6 ├ 17 ┐ 16		庚 己 辛 己	甲 乙 丙 丁 戊 己 庚	
夏 土	10 ┘		午 巳 未 未	子 丑 寅 卯 辰 巳 午	
계 27			時 日 月 年	63 53 43 33 23 13 3	

최규하 전 대통령의 木金土는 운명상 상극하고 27의 수리는 조난에 해당한다. 청와대의 동방목과 극으로 흉한 조직을 일으키게 되어 분란을 조장하는 수리로 운명적 상극을 나타내는데, 과대한 욕망은 끝을 보지 못하고 불운을 겪게 될 결과를 낳게 된다.

未月生으로 水가 왕旺하니 水가 있어야 하는데 용신이 水가 전혀 없으니 기토일간己土日干 비견은 강자에게 순종하게 된다. 時干에 庚金 반용신은 火체로 역시 수가 용신인데 없어 전혀 힘이 없으나 土生金 식상食傷으로 두뇌의 회전이 빠르며 자기 재능을 발휘하는 능력이 왕성하여 큰 소득을 이루게 된다.

식상은 꽃이요, 재財는 열매다. 재의 견실한 수단과 기회가 또한 식상이다.

그래서 식상이 관을 난타하니 이는 병든 자가 달리기를 하고 어린아이가 한강에 뛰어드는 격이다. 최 전 대통령의 이름은 상극하지만 운명상 엄동설한에 떨고 있는 중생이 태양을 얻으니 한곡회춘旱穀回春하는 격이다. 그래서 식상이 기토己土하여 소원 성취하는 기운을 가졌다.

본명은 혹한에 떨고 있는 만백성을 태양 같은 빛과 열로 구제하는 중생제도가 천직이다. 하지만 호랑이 같은 폭군의 학정에 신음하는 백성을 위해 목숨을 던지더라도 보호하고 제도해야 하나 역부족이다.

그의 이름 수리 27과 청와대 27수리는 동격으로 천지동天地同한다. 이름 27수리는 주인과 똑같은 가짜 주인이 나타나서 서로 대립하고 싸우는 천외한 사태가 발생하는 형국이다. 오월吳越이 동주同舟하는 격이요, 외나무다리에서 원수를 만나는 격이다. 만인이 본명을 시기와 질투, 중상모략하며 적대시하게 된다. 무엇을 하든 호사다마로 경쟁자와 장애가 나타난다.

부딪치고 싸우는 형국으로 나중에는 이빨 빠지고 기진맥진해진 늙은 호랑이 격으로 변할 수밖에 없다. 이는 그의 이름과 청와대의 27수리가 동격이기 때문에 나타나는 형상이다.

전두환 전 대통령

全 金	6	┐		생년월일시 : 1932년 12월 23일 戌時		
		┤10		사주팔자	대 운	
斗 木	4	┤				
		┤17		甲甲癸壬	壬辛庚己戊丁丙乙甲	
煥 金	13	┘		戌申丑申	戌酉申未午巳辰卯寅	
계 23				時 日 月 年	86 76 66 56 46 36 26 16 6	

전두환 전 대통령은 축월생丑月生으로 수체水體이다. 火가 용신이요, 水는 기신이다. 대운이 巳午未 용신으로 대권을 장악할 수 있다. 그러나 이름자 중 全은 金으로 청와대와는 상극이다. 10획의 수리는 단명운과 악운의 이름이다.

두뇌의 명석, 친화력과 흡인력이 장점으로 주변에 많은 사람들이 모이기도 했으나 세상만사가 자신의 뜻대로 움직여지는 것은 아니다. 시대가 사람을 만든다고 하나 그 시대 흐름을 이유로 자신이 직접 개입하지 않을 수 없는 상황에 놓였다 할지라도 좀더 현명한 판단으로 역사에 빛으로 남게 될 것이 오욕으로 점철되고 기록되는 판이다.

그의 이름 수리와 사주는 중년에서부터 순탄하고 대운의 명제를 의미하고 있다. 그러나 권좌에 오르는 과정이 그의 폭군적 행위와 맞물려 패망하게 되거나 나락으로 떨어지게 됨이 암시로 나타나 있다.

더구나 이름의 수리, 사주와 대운에 청와대라는 수리와 청와대의 지리적 상관관계가 대입되어 빚어지는 불협화음은 결국 영광과 권좌에서 오욕과 나락으로 굴러 떨어지게 되는 파란을 의미하는 것이다. 영광은 끝났으나 점철된 오욕의 굴레가 아직도 끝이 보이지 않는 이유가 거기에 있다.

노태우 전 대통령

			생년월일시 : 1932년 7월 16일 酉時		
盧 金 16	⌐ 25		사주팔자	대 운	
泰 土 9	⌐ 22		乙 庚 戊 壬	丙 乙 甲 癸 壬 辛 庚 己	
愚 木 13			酉 戌 申 申	辰 卯 寅 丑 子 亥 戌 酉	
계 38			時 日 月 年	77 67 57 47 37 27 17 7	

노태우 전 대통령 이름 역시 38로 金이며 수리도 22로 중절격中折格이다. 盧 16은 金으로 청와대와는 상극을 이룬다. 잔재는 있지만 소극적이고 무기력하며 어떤 일에도 매듭이 잘 지어지지 않는 이름으로 가을 초목이 된서리를 맞게 되는 형국이다.

사주는 신월생申月生으로 金體이다. 木이 용신이요, 水는 반용신이다. 경일庚日 일간日干으로 신월생은 건록격으로 다소 화는 미치나 그런대로 좋은 사주다. 시간時干의 을목乙木은 재財의 용신으로 호재라 한다.

이 재의 용신은 내가 소유하고 지배하며 부양하는 종속물이다. 사유하는 재산과 지배하고 관리하는 기업과 부하를 아끼고 사랑하는 투철한 정신이 배어 있다. 또한 성실과 신용을 바탕으로 인력관리와 부양에 대한 책임감이 강하고 수단과 방법, 요령을 발휘한다. 그에 따라 재가 용신으로 나를 철저히 관리해 줄 인력이 있으며, 스스로 보좌하는 데 심혈을 기울이지만 뒤가무르다.

뛰어난 재능과 성실, 근면, 검소할 뿐 아니라 정의롭게 인력을 지배하고 부양하려는 선한 심성이면서 주변을 부양하려는 능력이 왕성한 장정壯丁의 주인이다. 그러나 그 이름 수리로는 청와대 수리를 감당하지 못하는 약함을 나타낸다. 부족함과 무능이 덧씌워져 재를 감당하지 못하며 오히려 재에 시달리고 쫓겨 큰 화근을 입게 된다. 재는 부富와 더불어 귀貴를 만든다.

천하의 재를 가진 자는 천하의 주인이며 일인자로 만인 위에 군림하고 다스리며 최고의 부귀영화를 누릴 수 있었다. 그와 같이 노 전 대통령의 수리는 만인을 다스리는 권리와 벼슬, 그리고 귀를 겸하고 있다.

김영삼 전 대통령

金 ㉰	8 ⌐17	생년월일시 : 1928년 12월 4일 巳時	
泳 ㉲	9 ⌐12	사주팔자	대 운
三 ㉰	3 ⌐	己 己 乙 戊 巳 未 丑 辰 ㊂ ㊐ ㊊ ㊒	甲 癸 壬 辛 庚 己 戊 丁 丙 戌 酉 申 未 午 巳 辰 卯 寅 87 77 67 57 47 37 27 17 7
계 20			

김영삼 전 대통령의 이름은 水金木이고 12의 수리와 20의 수리는 박약薄弱과 공허를 나타낸다. 특히 이름의 수리가 청와대와는 상극을 이룬다. 누구나 마찬가지지만 한 나라의 책임자는 국운과 밀접한 관계가 있으므로 기본적인 운명이 장소와 위치에 따라 다변하는데 상극관계로 그 자리(청와대)에 앉으면 기의 안정이 흐트러진다.

그렇기 때문에 그런 상극관계로 그 자리에 앉게 될 경우는 변화를 주어야 한다. 집무실이나 숙식장소를 사주와 맞는 위치로 잡아 새로운 기를 증폭시켜 직무에 임하면 상극을 피할 수 있다.

김 전 대통령의 이름 수리는 박약과 공허를 나타내지만 사주와 대운의 흐름은 하늘이 내린 대세 운이라 하겠다. 축월생丑月生으로 水體다. 火가 용신으로 未日, 지장간 火가 용신이다. 기토일간己土日干의 상하 전부가 火로 이루어진 것을 편고한 사주라 한다.

이 사주는 대운의 초년부터 용신으로 구성되어 있다. 삼차원적 견해에서 보면 상승하는 인물, 지고한 인물이 많은 격이다.

그의 인묘진寅卯辰 사오미巳午未 대운은 사주와 조화를 잘 이뤄 초년 때부터 천부의 주주로 부유한 환경에서 아쉬울 것 없이 정치생활을 할 수 있었다. 그러나 호사다마라고 이름의 수리가 청와대와 상극으로 불행한 권좌에서 말년을 맞게 되었다. 하마터면 국가적 파산과 파멸의 상태를 맞게 될 뻔

한 치욕의 위기를 맞았던 것이다.

김대중 전 대통령

金水 8 ┐ ┌11		생년월일시 : 1923년 12월 3일 巳時														
大木 3 ┤ ├ 7		사주팔자				대 운										
中金 4 ┘ ┘		癸 丙 乙 癸		甲	乙	丙	丁	戊	己	庚	辛	壬	癸	甲
계 15		巳 戌 丑 亥		寅	卯	辰	巳	午	未	申	酉	戌	亥	子
		時 日 月 年		101	91	81	71	61	51	41	31	21	11	1

김대중 전 대통령은 대운이 72세부터 들어오니 병자丙子·정축년丁丑年에 대선이 있으므로 선거일이 12월 18일 오전 7시라 하여 100년 만에 오는 최고의 대운이라 당선이 확실하다고 우리나라 최초로 필자가 예언했었다.

위 사주는 축월생丑月生으로서 일간日干은 병화일丙火日이다. 중요한 것은 진용眞用인데, 사주에 절대적으로 필요한 것이 바로 진용이다. 다시 말하면 비견이 진용이다. 비견진용은 같은 인간이요, 인력이며, 인구요, 동포다.

만인을 다스리고 부양하는 생업이요, 보호하는 벼슬아치다. 丑月生 火는 진용으로 만인을 다스리는 최고의 관직이요, 관리자다. 큰 기업과 나라를 다스리려면 막대한 인력이 필요하고 다다익선이듯 만백성을 다스리는 벼슬과 임무를 다하려면 유능한 인재가 대량 필요하다.

축월생 月干인 乙木이 있는데, 계수癸水가 水生木하고 木生火하니 日干인 병화丙火가 세력이 대단히 강하다. 그러나 대운이 해자축亥子丑 수운水運은 체흉이 되어서 크나큰 고생을 한다.

신유술申酉戌 금운金運 대운은 재운이기는 하지만 체흉이기 때문에 庚申대운 41세에서 51세까지는 年干과 時干의 癸水와 月干이 乙木은 부목浮木으로서 썩은 고철인 경신금庚申金과 바다에 침몰하는 운수다.

日干은 丙火 덕분에 위기는 면하였다. 하마터면 목숨까지 잃는 申酉戌 金대운은 꽁꽁 언 한랭한 金이니, 金이면 흉사의 사고무친으로 태산 같은 재화를 빈욕貧慾한 나머지 잉어 잡는 낚시로 고래를 낚으려다가 도리어 고래에게 끌려 들어가서 물에 빠져 살기 힘든 형국이었다.

또 申酉戌 金대운은 재처운_{再妻運}이고, 체는 흉이니 처의 자리가 변하게 되고 이후로는 생재_{生財}나 득재가 오히려 이처 또는 이재로 재앙을 부를 것은 불문가지다. 그런데 백호대살이 진용-길_{眞用吉}이어서 대권에 세 차례나 도전했지만 번번이 패배하는 운수이다. 이유인즉 戊土가 월지_{月支}인 비견 같은 오행은 체흉이 되기 때문이다.

그러나 71세 때부터 丁巳대운 용화_{用火} 생일_{生日}인 丙戌이 백호가 되어 동서남북 온 세상을 호령하는 운수이다. 즉, 관 日干인 丙火가 癸水와 상극한다. 두 개인 年干과 時干은 원래 흉체이지만 강한 화용길_{火用吉}에 굴복하고 동화되어서 그만 진용으로 둔갑해버린다.

관은 본래 국가와 백성의 생명과 재산을 지키고 보호하는 것이 큰 임무이다. 따라서 백성은 법과 관의 보호를 받는다. 그러므로 대관 대통령은 모든 백성의 생명과 재산을 보살피고 의식주를 마련해서 부양하는 것이 으뜸 임무이다. 또 대관은 동시에 나를 보살피기도 하기 때문에 丁丑 1997년은 일약 다시 대권에 도전해서 권세를 장악할 수 있었다.

그러나 김 전 대통령은 이름 수리와 청와대가 상극이므로 국운이 맞지 않았다. 그래서 필자는 당선됐을 때부터 재임기간에 청와대 이름을 바꾸고 재임 5년의 국운을 풀어 대통령에게 전하겠다고 수십 차례 강조하고 측근을 통해 전달까지 했으나 아무런 언질이 없었다.

노무현 전 대통령

盧 金 16 ┐		생년월일시 : 1946년 8월 6일 卯時								
武 火 8 ┤24	사주팔자			대 운						
鉉 木 13 ┘21	乙 戊 丙 丙			乙 甲 癸 壬 辛 庚 己 戊 丁						
계 37	卯 寅 申 戌			巳 辰 卯 寅 丑 子 亥 戌 酉						
	時 日 月 年			82 72 62 52 42 32 22 12 2						

서민으로 출생, 부단한 노력으로 과거에 급제, 벼슬할 수 있는 자격을 획

득했다. 급제하여 벼슬길에 올라 오랫동안 경험을 쌓아 세상 물정에 통달하여 능수능란하다. 그 무르익은 인생으로 오기까지 산전수전을 다 겪은지라 세상만사에 능통하다. 만능의 소유자로 자신이 만만하되 과신하지 않으며 사람을 부리되 돈보다 능률을 따진다.

남이 100원으로 50원의 이득을 본다면 1,000원으로 2,000원의 이득을 얻는 길을 선택한다. 통이 크고 배짱이 두둑하면서 미련을 떨지 않고 지혜롭고 민첩하며 돈이나 벼슬보다 정의롭고 건전한 사고방식으로 매사를 운영한다. 이것이 최초 그가 타고난 사주였다.

이와 같이 흥망성쇠의 파란 속에서도 왕업王業을 이룩하려는 대업의 소유자였었는데 지나친 좌편향 의식과 아집 그리고 좌경화된 참모들 때문에 좌파 네트워크가 형성되어 오만과 독선의 날을 세우며 남의 탓으로 일관한 책임의식 실종 등이 국민의 미움을 더 샀고 실패한 대통령이란 오명을 쓰고 말았다.

왕도는 천하를 다스리기에 앞서 천하를 세워야 하고 그러기 위해서는 천하의 민심을 얻고 잡아야 한다. 노무현 전 대통령이 국가의 대업을 이루기 위해서는 만인을 받아들일 수 있는 하늘 같은 도량과 태산 같은 배포가 있어야 하고, 쓰고 단 것을 함께 삼킬 수 있는 아량과 더불어 만인을 울리고 웃길 수 있는 비범한 재간을 한층 발휘했어야 했다. 벼가 익으면 고개를 숙이듯 한 치를 얻기 위해선 두 치를 수그려야 한다. 고개를 숙이면 숙일수록 상대방도 숙이고 따르게 마련이다.

그렇게 많지 않은 국민의 지지로 제왕에 당선되었다. 비록 겉으론 친절하고 겸손하지만 속내는 확고부동하고 중심이 정립되어 있는지라 뼈대 없는 일은 하지 않는다. 치사하거나 불의는 질색이다. 가장 괴로운 것은 남에게 신세지는 것이다. 대통령 임기 중에 굶주릴지언정 구걸하거나 의지하지 않는다.

노무현 전 대통령의 이름에는 큰 정치적 운기運氣가 서려 있으며 강한 결단력으로 대업을 이뤄내는 격이다. 신망과 신뢰가 두텁고 매사에 진취적이고 독립심이 강해 스스로 힘든 일을 실행하여 성공을 이루게 되는 훌륭한 수리를 가졌다.

이름의 24수리와 21수리는 재능과 지혜를 겸비했으며 근면, 검소하면서 큰 업적을 세우게 되는 것으로 나타났다. 사주는 40%, 이름이 60%의 호운인데 37, 21, 24의 수리는 금상첨화다. 특히 사주팔자는 신월생申月生으로 금체 목관木官 용신으로, 時干乙木은 벼슬을 상징하는 관 진용신으로 명진사해名振四海하는 사주다.

관은 백성을 보호하고 보살피는 것이 근본으로 만백성의 생명과 재산을 보호하고 지키는 임무에 철두철미하다. 강인한 정신력과 투철한 사명감을 겸비했으므로 어려운 일에도 흔들리지 않고 굳건한 의지를 발휘하여 국가 발전과 국민의 안위에 소홀함이 없는 사주를 타고났으나 지나친 자기중심적 사고와 함께 좌의식 이념으로 뭉쳐진 수족들을 대거 등용시킨 것이 대한민국 경영에는 큰 패착敗着이었다.

노무현 전 대통령은 역대 이래 가장 깨끗하고 훌륭한 대통령으로 국민에게 추앙받는 제왕으로 남게 되기를 간절히 바랐건만 결국 자신의 능력한계에 부딪쳤고, 그 한계를 보완해 줄 참모들을 잘못 선별하는 우혹愚惑을 자초하고 말았다. 결국 청와대 이름과 좌향坐向 등 모두 심각하게 재고할 필요가 반드시 있다.

이명박 전 대통령

李金 7 ┐		생년월일시 : 1941년 (양) 12월 19일 申時											
明土 8 ├ 15 ┐		사주팔자			대 운								
博水 12 ┘ ├ 20		丙辛庚辛			庚 辛 壬 癸 甲 乙 丙 丁 戊 己								
계金 27		申丑子巳			寅 卯 辰 巳 午 未 申 酉 戌 亥								
		時 日 月 年			94 84 74 64 54 44 34 24 14 4								
결혼일 : 1970년 (양) 12월 19일					대통령선거일 : 2007년 (양) 12월 19일 7시			
·	癸	戊	庚		甲	丁	壬	丁
·	酉	子	戌		辰	亥	子	亥

이름의 상생상극 작용은 사주팔자四柱八字에 따라 변할 수 있는 작용으로 부족한 부분은 진용신眞用神으로 보완한다.

이명박 전 대통령의 이름 수리 15, 20, 27의 金土水는 운명의 상극이다. 사주팔자와 운명을 관찰하면 사주팔자는 대운 진용신大運眞用神으로서 44세~74세까지 강한 작용으로 승승장구한다.

사주팔자는 子月生으로 冬 水體다. 火가 진용신이요, 木生火 木은 진용신을 상생하는 반용신으로 丙火 진용신이 있어 급제하면 큰 벼슬에 오를 수 있는 용력勇力을 가지고 있으므로 자신이 하고자 하는 일에 거침이 없다. 거기에다가 산전수전 다 겪으며 쌓아온 경험으로 만사 능소능대能小能大할 뿐만 아니라 어떤 난제에 부딪쳐도 능히 처결한다.

이명박 전 대통령은 타고난 사주나 운명이 전 대통령들과 비교해 대단히 특출한 것은 아니다. 다만 이런 사주는 행운이 접목된 사주로 보게 되는데 그 행운은 그저 들어오는 것이 아니라 스스로가 불러들이는 비범한 저력이 있기에 가능했다. 그의 근면·성실과 창의성이 월등히 돋보이는 면모, 그리고 뚝심과 과단성은 가히 놀랄만큼 위대하다.

무無에서 유有를 창조하는 데 둘째 가라면 서러워할 사람이다. 그의 말처럼 신화는 없다. 그에게 신화는 자신의 노력으로 만드는 것이다. 성공으로의 길이 보이면 목표를 설정하고, 그 목표를 향해 끊임없는 노력을 기울인다. 그 목표를 향하는 데는 밤낮이 없고 아침, 저녁이 따로 없는 스타일이다.

최고의 물건을 만들어 최상의 효용가치를 창출하는 것에 만능을 발휘하며, 어떤 일에도 자신감 넘치지만 절대 만용을 부리지 않고, 인재 활용에도 돈이나 연성緣成보다 능률을 우선시한다. 그러나 가끔 연緣으로 인한 화禍가 도사리고 있으므로 잘 다스려야 한다.

제왕의 자리에 앉으면 천리안으로 만리를 내다보는 안목을 가져야 한다. 그는 민첩성과 창의력으로 진취적 사고, 두둑한 배포와 더불어 능히 더 넓고 큰 곳을 지켜보게 되고, 진정한 왕도의 대업을 필히 이룰 것이다. 근면·성실·민첩의 자세가 타고난 운명, 주어진 사주와 함께 조화를 이루는 결과가 곧 성공의 비결이라고 하겠다.

다만 앞에 표기된 것처럼 이름 수리의 金土水는 운명의 상극을 이루므로 주변 참모들을 잘 두어야 한다. 그동안은 참모로서의 역할을 충실히, 그리고 최선의 방법을 강구하여 수행해 어려움을 딛고 용좌에 오를 수 있도록 했으나 거기까지가 그들의 한계다. 그들 중 몇몇은 엄청난 화근을 안고 있다는 것을 간과해서는 안 된다. 만용에 도취된 과욕이 만사를 그르치게 만들 수 있다. 미꾸라지 두세 마리가 큰 웅덩이를 흐리게 하듯 99%의 효율이 단 1%의 실행 때문에 대업을 망치고 국민의 기대가 또다시 허망스럽게 나락으로 떨어지는 일은 절대 없어야 한다.

왕은 천하를 다스리기에 앞서 천하를 세워야 하고 그러기 위해선 천하의 민심을 바르게 보고 선정을 펼쳐야 한다. 만인을 받아들일 수 있는 바다 같은 도량과 하늘 같은 너그러움, 태산 같은 배포가 있어야 하고, 쓰고 단 것을 함께 삼킬 수 있는 아량과 더불어 만인을 울리고 웃길 수 있는 비범한 재력이 있어야 한다.

사주팔자 天干辛年 庚月干은 추상 같은 서리에 의해서 무르익은 성숙한 오곡백과를 상징하는 것으로 辛과 庚金은 익히고 거두는 숙기熟氣요, 수기收氣이듯이, 辛은 완전히 성숙하고 거두는 물체로서 숙물熟物이요, 수물收物인 사주이다. 辛庚의 서릿발 같은 냉혹한 심판과 성숙 작용에 당당히 적응하고 승리한 성공의 작품이다. 사주 天干時丙, 日辛丙火는 만물을 성장시키는 태양처럼 화의 用神이 특출하다. 사주 丙火는 성장하고 변화하는 과정과 생물이 성장할 수 있는 왕성한 기운의 상징으로서 천지만물이 성장하고 변화할 수 있는 절대적 에너지는 바로 丙火가 있기 때문이다.

2007년 12월 19일 대통령 선거일은 이명박 전 대통령에게 천지가 내려진 날이다. 선거일인 정해년丁亥年 12월 19일은 정해일丁亥日이고, 결혼일인 경술년庚戌年 12월 19일의 12월은 무자월戊子月이며, 출생일인 신사년辛巳年 12월 19일은 신축일辛丑日이다. 그래서 丁亥, 戊子, 辛丑은 火生土 土生金의 상생으로 천지조화의 격이다.

전 대통령들도 대통령에 당선될 때까지는 한결같이 훌륭한 사주를 타고 났다. 그러나 직무를 수행해 나가는 과정에서 조화롭지 못한 사고와 과욕, 그리고 측근들의 무가치 국가관으로 인해 온갖 수난을 겪었으며, 퇴임 후에도 수많은 국민들로부터 지탄을 받은 것이다.

이명박 전 대통령은 특별한 예지를 가졌으므로 모든 일에 예비하는 능력이 탁월하다. 그가 가진 강한 통찰력과 명료한 혜안은 악재의 싹을 틔우기 전에 차단하는 과단성을 보여줄 것이다.

그리고 그의 대명사로 일컬어지는 경제력 확충은 만사 구축의 절대 요소이다. 약자의 편에서 보호하고 배려하는 슬기를 발휘, 평등에 따른 진취적 사회를 건설해야 했는데 최측근들에 의해 명예가 실추되고 말았다.

박근혜 전 대통령

朴 金 6		생년월일시 : 1952년 (양) 2월 2일 丙辰時												
槿 土 15	⌉21	사주팔자	대 운											
惠 金 12	⌉27	丙戊辛辛	辛	庚	己	戊	丁	丙	乙	甲	癸	壬	大
		辰寅丑卯	亥	戌	酉	申	未	午	巳	辰	卯	寅	運
계 火 33		時 日 月 年	91	81	71	61	51	41	31	21	11	01	

출생지 : 대구광역시 중구 삼덕동 5-2

출생한 곳은 7의 수리로 독립심과 의지력으로 리더십을 발휘하여 뜻한 바를 필경 이루는 곳에서 출생, 필자는 박근혜 대통령의 프로필에서 표시된 52년 양력 2월 2일 토대로 풀이를 해본다. 시는 丙辰時로 보는 것이 타당하다.

부모를 떠나보내고 우뚝 선 느티나무와 같다. 독립심이 강하여 홀로 행하기를 좋아하며 권위와 위엄을 갖춘 형상으로 준엄한 태도, 독단적인 권위와 힘으로 고집도 겸하고 있어서 동화력과 친화력이 다소 모자라는 것이 단점이기도 하다.

그러나 의지가 강해 추진력과 박력이 있기 때문에 많은 사람들에게 인기를 얻으므로 추종세력이 많다. 최초의 여성 대통령으로 국가와 국민을 위하여 큰 몫을 해야 하는 운이다.

사주 時刊 丙火는 진용신으로 천재의 관을 쓰며 인인성사 성부성재한다. 제왕의 벼슬로서 산전수전을 겪고 사회물정에 통달하여 처세가 능소능대한 것이 제왕이다. 일생일대의 전성시대요 천하의 왕으로 군림하는 왕업을 잇는 것이 필연적이다. 원칙을 중시하여 한 치의 양보도 없다.

시간 丙火 인성이 용신으로서 지혜롭고 총명하며 덕망과 인성을 상징한다. 의식주가 부유하고 빈틈이 없어 자기중심으로 사물을 파악하려 한다. 학문의 기질을 타고나 어떤 분야든지 착실히 하여 반드시 성취한다.

시간 丙火 인성 용신은 인덕이 있어 생활이 윤택해지고, 반면 머리 회전이 빠르지만 즉흥적으로 처리하면 실패한다. 아랫사람을 선택할 때 심사숙고해야 왕업이 원만한데 오판했다고 본다.

박근혜 전 대통령은 국가와 결혼했다는 인터뷰를 한 적이 있다. 오로지 국가와 국민을 위하여 한 몸 아끼지 않고 헌신해야 할 운명이다. 뚝심과 과단성은 가히 놀랄 만큼 크다.

박근혜 전 대통령은 목표를 정해 놓고 그 목표를 향하여 끊임없는 노력을 기울인다. 그에게 가족은 국민이고, 국민에 대한 열정은 24시간 조석朝夕이 따로 있을 리가 없다. 세계 최고의 나라를 만드는 데 전념해야 한다. 최상의 효용가치를 창출하는 것에 소질이 있다.

향후에라도 인재 활용에 보다 전문성과 도덕성과 능률을 우선하면 좋겠다. 왕업의 자리는 천리만리로 내다보는 안목을 가져야 100년이 지난 후에도 업적이 평가되는 것인데 안타까울 따름이다.

명상을 통하여 박근혜 대통령의 평생 운세를 분석해보면 대운으로 我신 戊寅 일주는 甲辰 乙巳 대운에 역학 용어상 鬼귀신 투쌍관으로 호랑이 2마리가 나타나 어머니와 아버지가 흉탄에 맞아 서거를 하게 된다.

甲辰 乙巳 대운에 학업을 쌓으며 미래설계를 하며 丙午 丁未 대운 용신운에 국회의원 보궐선거에서 당선되어 정치에 입문하여 중심 역할을 하게 된다.

戊申대운에 寅申충은 화합충으로 만인의 군림으로 대통령에 당선되었다.

속이 꽉 차고 빈틈이 없는 벼이삭처럼 무게가 있고 침착하게 행동해야 자주 독립할 수 있는 능력이 키워진다.

부모 슬하를 떠나서 독립하는 과정으로 남의 지배와 간섭을 거부하고 주도면밀하며 자신만만하다. 인력이 없이 자수성가하며 고도의 지성으로서 기획과 설계에 능하다. 운기는 100세 장수의 길운으로 보인다.

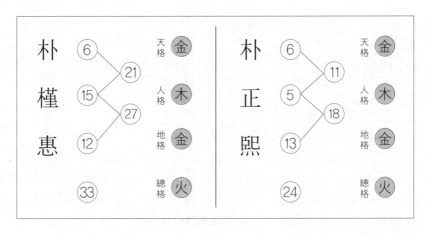

박정희 대통령과 박근혜 대통령의 이름을 살펴보라. 두 이름 모두 金木金수리이다.

27수는 비탄의 숫자이며 金木金수리는 양쪽의 金이 가운데 木을 사정없이 난타하는 격으로 일신상의 문제가 많이 일어나는 수리이다 .

박근혜 대통령은 2006년 신촌 유세장서 50대 남자에게 문구용 커터칼에 휘둘려 얼굴에 11cm가량 상처를 입고 병원에서 치료를 받은 적이 있다. 언제든 신변을 지키는 데 만전을 기해주길 바란다.

대통령에게 바란다

음양오행陰陽五行에 따른 특수 영재교육을 반드시 실시해야 한다. 영재교육은 선천적으로 우수한 소질과 재능을 타고난 아동이나 청소년을 조기에 판별하여 그 능력이 최대한 계발될 수 있도록 돕는 특수화된 교육의 영역을 말한다. 지체부자유아·정신박약아 등의 특수교육과 마찬가지로 영재교육도 특수한 방법으로 이루어져야 효율적이다.

선진국일수록 과학이나 예능뿐 아니라 다방면의 영재들을 모아 특수교육을 시행하는데, 우리나라의 영재교육은 아직 미흡한 데가 많으므로 보다 차원 높은 교육프로그램이 절대 필요하다. 대개 연령별로 상위 2% 정도가 영재라고 한다. 이들은 학습 속도가 빠르고 지적 수준이 높으며 흥미영역이 다양하고 독자적으로 학습해 나가려는 특성을 지닌다. 따라서 이들의 특성과 요구에 맞는 수준 높고 다양한 교육을 제공하고, 능력에 따른 빠른 학습 진도를 허용하며, 현저하게 뛰어난 경우 개인지도나 특별지도를 병행해 성장속도에 맞게 수준을 끌어올릴 필요가 있다.

우리나라에 특수 영재교육기관과 제도적 장치가 없는 것은 아니지만, 그간의 보편화·대중화·평준화 교육시스템이 영재들의 성장에 장애요인으로 작용한 경우가 많았다. 이제부터라도 수준 높은 영재 선발 및 교육 프로그램을 고민해야 한다. 각 분야 전문가가 특수교육을 실현하고 이에 따른 재원은 모두 국비로 충당. 교육자나 교육생 모두가 생활이 안정되도록 할 필요도 있다.

한편 영재를 선별함에 있어 음양오행에 따라 木 火 土 金 水의 체질로 분류하여 가장 잘 조화될 분야를 집중 교육시킬 필요가 있다고 본다. 체질과 전문분야가 맞지 않을 경우 재능은 있으나 제대로 활용되지 않아 중도에서 좌절하거나 해당 분야에 싫증을 느껴 도태될 수 있기 때문이다.

오행적 체질에 대한 상세한 내용은 필자의 독창적 발견이므로 여기서 기술하지 않지만 국가적 차원에서 전문기관을 통해 의뢰해 온다면 국가 백년대계를 위해 기꺼이 참여하겠다. 오행에 따른 영재 선별은 1차로 400명 하는데 木 체질 100명, 火 체질 100명, 金 체질 100명, 水 체질 100명 등 400명으로 하고 土 체질은 화합적 중간이므로 따로 선별하지 않는다.

선별된 영재들은 국가로부터 평생토록 모든 보장과 보상을 받게 되므로 오직 국가와 민족을 위해 헌신한다는 동의와 서약을 해야 한다. 교육이 끝나고 연구 과정에 들어가면 세계 명문대학이나 관련단체에 유학하고 각 분야의 재능을 한층 더 업그레이드할 수 있도록 국가는 최선의 방법을 강구해야 한다. 성과에 따른 인센티브도 주어져야 한다.

1차 선별된 영재교육이 완성단계에 이르면 자연스럽게 체질별로 분류해 모든 분야에서 맡은 바 임무를 차질 없이 수행하게 될 것이다. 木과 金 체질은 모든 일에 대해 기초과학의 설계에서부터 완성까지 한 치의 오차도 없는 기획을 세워나갈 것이고, 火와 水 체질은 정치·경제·사회·문화 등 모든 분야를 관장하는 인재 풀이 될 것이다.

영재는 1차 400명, 2차 2천 명, 3차 3만 명으로 늘리고, 10년 내에 영재교육 및 연구 인력을 20만 명 수준으로 늘려, 결원이나 낙오·도태하는 경우 보충하고 그 후에도 계속하여 오행의 체질에 맞는 영재를 선별해 교육시켜야 한다. 2050년이 되면 세계 초강대국인 미국을 앞서게 되고, 2061년에는 세계를 통치할 세계의 대통령이 우리 대한민국에서 나오게 된다.

한편 영재를 선별함에 있어서 부모의 체질과 사주팔자도 비교·분석하여 합치시켜야 할 것이다. 金 체질과 水 체질은 음陰, 木 체질과 火 체질은 양陽이므로, 음양의 조화가 정확하게 합치되었을 때 영재적 두뇌를 가진 아이가 태어나고 그 영재는 훌륭하게 성장하게 된다. 또 국가가 건강을 보살피게 되므로 100세 이상 건강하게 연구와 실천에 이바지하게 될 것이다.

영재의 선별은 남녀 누구나 가능하다. 사회적 문화적 분야는 오히려 여성이 유리할 것으로 보이는데, 이는 남성보다 더 섬세하고 주도면밀한 체질을 가졌기 때문이다. 이들에게는 거주의 자유를 절대 보장해야 한다. 다만 세계 어느 곳에 거주하든 대한민국의 국위선양이 삶의 제1모토가 될 수 있도록 투철한 사명의식을 가져야 한다.

오늘날 중국의 영재교육생은 대략 50만 명이라고 한다. 중국 전체 인구(17억 명)를 생각하면 그리 많다고 할 수 없다. 선별 과정이나 방법도 우리와 차이가 있을 것이다. 실제적인 교육 방법이나 내용도 베일에 가려 있다고 보아야 한다.

필자가 계획하는 방법은 대상자와 부모에 대한 대운大運과 세운歲運까지도 면밀히 분석하기 때문에 중국 영재들과는 모든 면에서 비교될 수 없다. 주도면밀하게 선별된 대한민국의 영재 1명이 중국 영재 1,000명의 두뇌 수준과 맞먹는다고 보면 되겠다. 중국 영재 50만 명이 특수교육을 받는다 하더라도 우리나라 영재 250명 정도 수준이라는 의미다.

부디 이번 정부에는 성공하는 대통령이 나오기를 간절히 바란다. 넓은 아량으로 임한다면 반드시 성공할 것이다. 세계적 위대한 대한민국을 만들어주시기 바란다.

개명으로 운이 열린 사례

필자가 개운과 개명에 대해 감정했던 명사들과 그밖에 몇 명의 사주 변화를 원문 그대로 수록한다. 본명은 밝히지 않는다.

현재 좋은 이름

이름 : 정○○			생년월일시 : 1945年 8月 1日 午時									
사주팔자			대 운									
戊	戊	甲	乙	甲	乙	丙	丁	戊	己	庚	辛	壬	癸
午	寅	申	戌	戌	亥	子	丑	寅	卯	辰	巳	午	未
時	日	月	年	100	90	80	70	60	50	40	30	20	10

정모 장관은 금상첨화의 사주를 타고났다.

대운이 40세부터 100세까지 계속되는 개운開運으로 백수百壽의 장명長命이다. 年上 月上 투관透官으로 백성을 보호하는 것이 임무다. 관은 법으로써 백성을 보호하며 재산과 생명을 지키고 보살피며, 의식주를 마련해서 부양하고 보호하는 것이 명맥命脈이다. 위 사주는 만인을 다스리는 대운이 40세부터 60년간 이어진다.

일간日干 무토戊土요, 月의 年干 관이 극헨으로서 生으로 변하니 마을 성곽에 나타난 황호黃虎의 형국이다. 기골이 장대하고 위인풍이 서려 있으나 마음은 소심하다. 따라서 겉으로는 둔한 듯하지만 신경이 과민한 편으로 명예를 중히 여기는 사주다. 오행상으로 戊寅은 月上 年上 甲乙木이며, 木극 土다. 天干 戊土가 지지支地 寅木으로 충을 당하는 관계이므로 항상 마음속으로 우열의 싸움이 그치지 않아 마음에 갈등을 일으켜 안정되지 않을 때도 간혹 있다. 그리고 반항심을 불러일으켜 중용의 도를 잃고 쟁론이 있을 때도 많다. 살아가면서 타인과 화합하기 어려울 때도 있어 결국에는 배신을 당하고 따돌림을 당하는 경우도 생긴다.

日干 戊土는 관 용신으로 천지가 뒤바뀌어 대망의 결실이 있는 사주다. 정치적으로 대성하는 격이니 2004년부터 대관大官의 운으로 변한다. 권위와 명예를 상징하고, 신용, 자비, 덕성, 품위, 재지, 발전 등이 따른다. 50세 이후 30년간 대성관大成官으로서 큰 벼슬을 하고 녹을 먹으며, 산전수전을 다 겪는다.

그러나 동고동락한 동지는 잊어버리지 않고 항상 마음속에 간직하며, 처세가 능소능대하여 제왕의 자리에 앉는 운으로 변한다. 2004년부터는 일생일대의 전성기요, 천하의 왕자로 군림하며, 대업을 꿈꾸는 사주가 필연적이다. 수완과 역량이 뛰어나고 백절불굴의 의지로 어떠한 간섭이나 지배도 받지 않고 자력으로 대사를 벌여 성취하게 되는 사주다.

삼합인장三合印章과 개명으로 개운이 된 경우

정동진鄭東鎮을 鄭同軫으로 개명하니 유광명지의有光明之意하며 천심월광天心月光하고 정조만리正照萬里하는 운세로 1947년 1월 16일 辰時生이다. 상서로운 일이 연속적으로 일어나니 하늘의 뜻과 달빛이 고루 만리에 비친다.

삼합인장은 기를 증폭시켜 뜻하는 일이 대통하며 소원을 성취한다. 선빈

후부先貧後富하고 심광체비心廣體肥라 처음에는 힘겨울 수도 있으나 나중에는 풍요로우니 마음이 넓어지고 몸은 살찌리라. 기회를 잘 포착하여 움직이니 그 공로가 갑절이요, 귀인이 와서 도와주니 재물을 크게 얻는다. 이름과 인장이 안성맞춤으로 운세를 상승시키고, 운수가 더욱 대길하니 바른 마음 바른 자세로 가다듬으면 뜻밖의 공명을 얻으며, 그 이름을 사방팔방에 떨치게 된다.

삼합인장과 고친 이름은 인인성사因人成事하고 만인유정萬人有情이라 세상 사람이 모두 형제요, 귀인이로다. 친구와 더불어 높은 자리에 오르게 되니 칭송이 자자하다. 하는 일마다 뜻대로 이루어지니 신수가 대길하다. 가산이 넉넉해지고 신록이 무성하여 원만한 가운데 복락이 깃드니 어찌 기쁘지 않겠는가.

지난 6년간은 하락한 운세지만 금년 5월부터 운이 상승한다. 사업가는 약하고 녹봉은 대길하다. 삼합인장은 막혔던 길이 확 풀리는 형상이다.

은행비밀번호는 고기와 용이 물을 만난 듯 의기양양이다. 일신이 안락하게 되고 모든 일이 순조롭게 진행되므로 천만금을 얻는다. 재물이 풍만하니 사업이나 일이 잘 이루어지고 순풍에 돛을 단 듯 천리를 행한다. 액운이 전혀 없으므로 모든 일이 순조롭게 번창하리라.

교통정리하는 음양대가陰陽大家의 조언을 받으면 산야에 풍년이 들고 만인이 스스로 도우리라. 계속 대길하므로 말년이 부귀영달하여 79세까지 계속 이어진다.

개명과 상호 변경으로 개운이 된 경우

1942년 4월 8일	金 省 材
1947년 5월 15일	李 采 妍

상호는 서흥瑞興이다. 유광명지의有光明之意하며 천심월광天心月光 정조만리

正照萬里라. 상서로운 일이 연속적으로 일어나 하늘의 뜻과 달빛이 만리를 비춘다. 운수 대통하는 상호로 경영하는 일이 뜻대로 잘 이루어지리라.

평상시에 늘 덕을 쌓아라. 그리하면 많은 일이 성취되리라. 선빈후부先貧後富하고 심광체비心廣體肥니 처음에는 힘에 겨울 수도 있으나 나중에는 풍요로우며, 마음이 넓어지고 몸도 살찌리라. 기회를 잘 포착하여 움직이니 그 공로가 갑절이다. 귀인이 와서 도와주니 재물을 크게 얻는다.

가끔 상호와 운세가 상승하여 기가 증폭하기도 하므로 운수가 더욱 대길하다. 바른 마음, 바른 자세로 가다듬으면 뜻밖의 공명을 얻게 되고 이름을 사방에 떨치리라.

김성재金省材, 이채연李采姸으로 개명하니 인인성사因人成事하고 만인유정萬人有情이라. 세상 사람이 모두 형제요, 귀인이로다. 친구와 더불어 높은 자리에 오르게 되니 칭송이 자자하다. 하는 일마다 뜻대로 이루어지고 신수가 대길하다. 가산이 넉넉해지고 신록이 무성하니 원만한 가운데 복락이 깃든다.

이름에 쓰지 않는 한자 136가지

아래, 가급적이면 이름에 쓰지 말아야 할 글자들을 가나다 순으로 정리해 놓았다. 물론 불용문자라 해도 사주, 용신과 맞으면 오히려 길할 수도 있다. 그러나 사주와 작명의 기초를 모르는 일반인이 자녀의 이름 등을 지어줄 때에는 일단 피하는 것이 좋다.

예로부터 우리 조상들은 귀한 자식일수록 천한 이름으로 부르는 경우가 많았다. '모난 돌이 정 맞는다'는 말처럼 어딘가 특출나고 귀하면 조금 더 타인의 관심을 받게 되고, 구설이나 경계의 대상이 되기 쉽다. 그러므로 가능하면 남들 눈에 띄지 않는 평범한 이름으로 불러 불필요한 해악을 피하고자 하는 마음이 컸던 것이다.

복福이나 보寶처럼 좋은 뜻의 글자를 이름에 쓰지 않는 데에는 이러한 정서가 밑바탕에 깔려 있다고 할 수 있다. 또한 아무리 좋은 것도 적절한 자리에 배치되지 않으면 오히려 화가 될 수 있다. 너무 좋은 뜻을 가진 글자들은 그에 걸맞는 자격을 가진 사람이 써야 빛을 발할 수 있는 것이다.

원칙적으로 모든 이름은 사주에 맞춰 그것을 보완하는 방향으로 짓는 것이 좋다. 그것이 어려울 때에는 아래 불용문자를 참고하여 불길한 문자는 피해 가기를 바란다.

불용문자표

문자	음	설명
江	강	풍파가 많으며, 고독·불화·부부이별이 많아 쓸쓸한 삶을 살게 되며 불치병수가 있다.
介	개	성격이 과격하며 부부이별 또는 질병·사고 등으로 인해 고통과 고생이 심하고 조난 등이 빈번하다.
卿	경	사업파산 등 풍파가 많다. 부부이별하고 고독하며, 건강이 좋지 않아 단명한다.
庚	경	부모형제의 덕이 없고 실패가 많으며 질병·사고·고독으로 고통을 받는다. 과부·홀아비 신세가 많다.
桂	계	부부운이 크게 불길하여 생리사별하며, 고독하고 인덕이 없다.
坤	곤	실패와 불운이 따르며 질병과 사고, 단명 등 고통이 따른다.
光	광	성격이 포악해지고 주색으로 몸을 망친다 단명·불치병수가 있다. 특히 시력이 약해지며, 몸에 큰 상처를 입는다.
九	구	고독·질병이 따르는 운수이며 단명·횡액과 조난을 당하기 쉽다.
菊琴錦	국금금	부부운이 박하고 질병·사고 등으로 많은 고통이 따른다. 천박하다.
國	국	관재·구설이 많으며, 교통사고 등 횡액이 빈번하여 불행하고 단명한다.
貴	귀	만사 불통이며, 가정불화가 끊이지 않아 과부나 홀아비가 되기 쉽다. 교통사고수가 있다.
極	극	부모형제의 덕이 없고, 병약하고 허약하여 고통을 받는다. 부부 생리사별과 관재수가 있다.
根	근	단명·불치병·건강을 해치며 부모형제와 자녀의 덕이 박하다.
今	금	하는 일이 실패가 많고, 이사와 직장의 이동이 많으며 부부와 자녀운이 박하다. 불치병 등이 있다.
吉	길	풍파가 많으며, 인덕이 없고 주색으로 인해 망신을 당한다. 교통사고수와 관재수가 있다.
南	남	질병으로 고통이 심하며, 특히 여성에겐 부모형제의 인덕이 없고 불행하다. 과부·홀아비가 많다. 장애자 운이 있다.

男 남	미천한 상으로 인덕이 없고 부부이별 등 고통이 심하다. 여성에겐 더욱 심하다. 관재·모함·시기·질투가 많다.
女 녀	고통이 심하고 고독하고 인덕이 없으며, 무당·과부·화류계 여성이 많으며 파산운이 있다.
乭 돌	의지는 있으나 고난과 고통이 따르며 재산이 흩어진다. 독신운과 파산운이 있다.
童 동	관재·구설 시기 등이 많다. 비천하고 실패가 많으며, 어리석은 사람이 많다.
東 동	고집이 세고 실패하기 쉬우며, 고독하고 질병이 많다. 교통사고 등이 잦다.
蘭 란	부부 생리사별이 많고, 질병·고통이 많으며, 쇠퇴하는 형국이다. 단명운이 있다.
蓮連 련	고독하며 과부· 무당 화류계 여성이 많다. 가정운도 불길하다. 이기심이 많고 파멸운이 있다.
禮 례	사고를 잘 당하며 자만심이 강해 실패가 많다. 과부·무당·화류계 여자가 많다. 부도·교통사고 등이 있다.
魯 로	우둔하고 질병·재난이 많으며 주색에 빠진다. 시기·질투로 평생 고달프다.
了 료	모든 것이 끝나는 형상으로 피하는 것이 좋다. 단명운이 있다.
龍 룡	허망한 꿈을 꾸며, 주색에 빠지기 쉽고, 관재구설을 잘 당하며 고독하다. 불치병이 유발되고 단명한다.
馬 마	천박·빈천하고 실패가 많으며 고통이 따른다.
滿 만	부부인연이 박하고 인덕이 없으며, 흉이 많고 단명운이 있다.
萬 만	인덕이 없고 고난과 고통이 많으며, 자녀운도 박하다. 시기·질투 등이 자자하다.
末 말	부부인연이 박하고 인덕도 없으며, 빈천하게 산다. 단명한다.
梅 매	고독하고 부부이별하며, 파괴·재난이 많다. 무당·과부·화류계 여성이 많다.
命 명	사업실패 등의 흉. 신체허약하여 단명하며, 자녀운도 나쁘다.
武 무	부부운이 박하며, 가정운도 좋지 않지만 사주가 왕성하면 무관하다.
默 묵	삶의 기복이 심하고 고통이 따른다. 허약한 체질이 많고 단명운이 있다.
炳柄丙秉 병	고난과 고통이 많으며, 교통사고 등 불의의 재난을 잘 당한다. 단명운이 있다.

426

寶 보	부부이별수가 있으며, 애정의 번뇌가 심하다. 파산·시기·질투가 많다.
福 복	신체가 허약하고 욕심이 많은 상이다. 파괴·실의 등의 운이 있다. 무당 과부·화류계 여성이 많다.
奉 봉	고난·고독·고통이 많이 따르고 과부나 중이 많다. 단명한다.
鳳 봉	고집이 세고 고독하며 과부·화류계 여성이 많다. 파산·재앙이 많다.
富 부	고집과 욕심이 많고 천박하다. 실패가 많고 단명한다.
分粉 분	부부 생리사별 하기 쉽고 질병으로 고통을 받으며 고독하거나 과부가 많다. 사업에 실패하는 경우가 많다.
四 사	조난·단명·고독한 수리다. 파산 등의 대흉으로 운이 좋지 않다.
山 산	파산·재앙·고독·질병으로 고통이 따르고 과부나 중이 많다.
三 삼	분열이 심하고 구설수가 많다. 이별·질투·단명 등의 운이 있다.
生 생	고독·질병·고통이 따르며 부부운도 좋지 않다. 교통사고 등으로 몸에 큰 흠집이 생긴다.
石 석	고집이 세고 하는 일에 실패가 많다. 부부운이 대단히 불길하다. 빈번한 이적과 시기·질투가 많다.
星 성	박복하고 사업 실패와 고통이 많으며, 과부·홀아비가 되기 쉽다.
壽 수	단명하고 고통과 질병이 많으며 천박하게 산다. 실패운이 있다.
洙 수	질병이 많고 좌절과 고통이 많이 따른다. 관재수가 있고 질투·시기가 많으며 교통사고 수가 있다.
淑 숙	조숙하고 이성관계가 복잡하며, 고독·고통·자변이 많다.
順 순	남편과 이별하거나 불화하며, 과부·화류계 여성이 많다. 고난과 고통이 따르며 단명하는 수다.
錫 석	부부불화가 심하고 재물의 낭비가 많으며 질병과 사고 등이 많다. 이기적인 경우가 많아 시기·질투가 끊이지 않는다.
時 시	하는 일에 실패가 많다. 파괴·흉상·고독·질병·사고가 많다.
植 식	패배와 망신을 반복하는 등 성공과 실패가 기복이 심하며 고독·질병 등이 많다.
實 실	질병으로 고통이 심하며, 인덕이 없고 자식·부모운이 박하다. 횡액을 잘 당하며 파산 등 큰 재앙이 많다.
心 심	신체가 허약하며 질병도 잦다. 고독하고 과부·화류계 여성이 많다.
岩 암	불치병·단명수, 평생 고난과 실패가 많고 부부간의 불화도 있다.

漢字	讀音	풀이
愛	애	부부이별하며, 과부나 화류계 여성이 많다. 시기·질투 등이 많다.
烈	열/렬	부모덕이 없고 고통스럽다. 허약·고독하다. 단명한다.
英	영	고집이 세고 부부간의 불화 등으로 고통이 많으며, 특히 여성에게 그러하다. 교통사고 등 불의의 사고가 많다.
泳	영	실패와 좌절이 많고 인덕이 없다. 시기·질투 등 고난이 많고 교통사고 등 단명수가 있다.
五	오	주위에 적이 많으며, 고독·고통·실패가 많다.
沃	옥	파산 등 재운이 없으며 질병으로 고통을 받거나 고독하다.
玉任	옥임	두뇌회전은 빠르나 부부간의 갈등이 심하고 단명한다.
外	외	인덕이 없고 하는 일에 실패가 많다. 재물의 낭비가 대단히 심하다.
雨	우	구설수가 많으며 평생 고난과 고통이 따른다. 단명수가 있다.
雲	운	불치병이 유발되거나 단명한다. 매사가 어려우며 실패가 많다. 중이나 무당이 많다.
遠	원	평생 고난과 고통이 따르며, 고독하다. 관재·구설이 많다.
月	월	파산·부부운이 특히 나쁘다. 과부·무당·화류계 여성이 많다.
銀	은	고통과 고난이 많으며 질병과 교통사고·파산 등이 일어난다.
二伊	이	부모형제의 덕이 없다. 허약하며, 질병이 많고 사고수가 있다.
日	일	인덕이 없고 가정불화나 이별·파산 등으로 고통이 많다.
子	자	병약하고 부부운이 불길하며, 고통이 많다. 단명한다.
宰	재	신체가 허약하여 고통이 심하고 파산·시기·질투·관재수가 많다.
載栽哉	재	신체허약하고 파산·고난·고통이 많으며, 이직 등 변동이 많다.
在	재	신체허약하고 부부간의 갈등이 심하다. 관재수가 많고 실패가 잦으며 파산 등 고통이 많다.
占	점	부부갈등이 심하고 자녀운이 나쁘며, 건강을 해친다. 무당 등 천박한 성품이 많다.
點	점	부모자녀의 덕이 없으며 고독하고 고통이 많다. 시기·질투 등으로 망신을 당한다.
珠	주	신체의 질병으로 고통이 심하고 애정의 번뇌가 많다. 과부·홀아비가 많다.
仲中	중	중도 좌절하거나 실패가 많으며 부부운도 불길하지만 사주가 왕성하면 무관하다.

鎭 진		인덕이 없고 하는 일에 실패가 많다. 관재수가 있고 단명한다.
昌 창		부부운이 불길하며 고독과 구설수가 있고 색정의 번뇌가 많다. 파산수가 있다.
天 천		부모덕이 없고 부부간의 인연도 박하며 단명하는 수도 있다.
春秋 춘추		부부운이 불길하며 주색으로 고통이 많다. 중상 등 우여곡절을 겪고 실패한다.
七 칠		성격이 거칠고 고독하다. 구설수가 많으며 단명한다.
兌 태		고독과 고난이 많으며 부부이별 등 고통이 따른다. 교통사고 등 대형사고를 겪는다.
八 팔		사업 실패가 많으며, 부부갈등으로 이혼하거나 별거하기 쉽다.
夏 하		실패가 많다. 주색을 좋아하고 과부·무당·화류계 여성이 많다.
海 해		고통이 심하고 하는 일에 실패가 많다. 고독·고통이 많이 따른다. 단명수가 있다.
夏 하		실패가 많다. 주색을 좋아하고 과부·무당·화류계 여성이 많다.
海 해		고통이 심하고 하는 일에 실패가 많다. 고독·고통이 많이 따른다.
幸 행		고통이 많고 실패가 많으며, 주색으로 건강을 해친다. 불치병으로 고통을 받는다.
香紅 향홍		이혼 등 부부운이 나쁘며, 고독하거나 고통이 많다.
好 호		부모형제의 덕이 없고 고독하며 고통이 많다. 색정 등으로 번뇌를 하게 되고 실패한다.
虎 호		성격이 급하고 사업 실패가 많으며 부부운이 불길하다.
鎬 호		인덕이 없고 주색 등으로 부부간의 갈등이 있다. 교통사고 등으로 실패한다.
華 화		부부·자녀운이 없으며, 고독하다. 과부·화류계 여성이 많다. 실패수가 있고 외국으로 가게 된다.
花 화		고독하고 고통스러우며, 부부간의 갈등이 심하다. 과부·화류계 여성이 많다. 실패가 많다.
勳 훈		하는 일에 실패와 고통이 많으며 부부운이 불길하다. 색정 등에 고난을 겪고 단명한다.
熙 희		인덕이 없고 부부이별하거나 고통·단명·관재수가 많다.
嬉熹僖 희		인덕이 없으며 질병으로 고생하고 단명한다.

一 甲 孟 昆 元 宗 先 胤 大 長 太 泰 弘 德 碩 奭 甫

모두 첫째·맏·으뜸·크다는 뜻으로 장남이나 장녀에게 사용한다. 만일 차남이나 차녀 이하의 사람이 쓰게 되면 하극상이 일어날 수가 있는 나쁜 수리다. 부부간의 이별이나 고독, 고통 등이 올 수 있다. 특히 교통사고와 사업 파산, 불치병이 많다.

인장의 역사

인장印章의 역사는 매우 오래됐다. 고대의 인장은 신성한 영물이었다. 기원전 4,000년경에 이르러 이미 사용된 흔적으로 보이는 인장이 인류 최고의 도시문명을 일으켰던 메소포타미아Mesopotamia에서 발견되었다.

고대이집트에는 기원전 2000년경부터 황금충 형상을 본 딴 스카라브 Scarab라는 석인石印이 있었다. 그것에는 회문자, 왕명, 인명, 제신이나 성수의 모습을 음각했다. 이집트에서는 황금충을 '케베리'라고 호칭하여 창조의 신神, 태양太陽의 신으로 숭배했던 것이므로 스카라브는 귀신을 쫓는 호부로서 인체에 간직되었고, 인재印材로는 주로 활석질을 사용하였으며, 금金, 은銀으로 된 것은 흉장胸章이나 지환指環으로도 사용하는 풍습이 그리스나 로마시대에 이르기까지 계속되었다.

중세 유럽에서도 인장은 널리 사용되어 11~14세기에는 작은 토지를 가진 일반인들도 금속인장을 사용했으며, 14세기 영국에서는 사람들의 가문과 신분을 입증하는 증표가 되었다고 한다. 영국에는 군주와 왕실의 기장을 새긴 국새國璽; Great Seal가 11세기에 처음으로 쓰였으며 옥새상서玉璽尚書를 보관하는 옥새Privy Seal가 첨가되었고, 작은 인장들도 제작되어서 왕들도 개인적인 서신 왕래에는 공표되지 않은 인장을 사용하였다고 한다. 1500년 전 영국 극장에서 일하는 한 소년이 도장 사용하는 것을 국가로부터 허가를 받고 사업을 시작하였는데, 도장의 위력으로 유럽의 거부가 되었다는 사례가 있다.

우리나라의 인장 역사는 일찍이 환인이 그 아들 환웅에게 천하를 다스리고 인간세상을 구하게 함에 있어 천부인 세 개를 주어 보냈다는 고려시대 일연의 저서『삼국유사』의 단군고사에 나타나는 천부인삼방이 최초이며『삼국사기』에는 국왕이 바뀔 때마다 왕이 명당에 앉아 국새를 손수 전했다는 기록으로 보아 국새가 왕권의 상징이었다는 것을 알 수 있다. 이것으로 미루어 신라시대에 이미 국새를 사용하였고, 당대에는 개인들도 인장을 사용하였을 뿐 아니라, 이를 극히 숭상하였다. 즉, 개인의 인장에도 용·봉황을 새긴다든가, 청자를 구워 인형을 만들었다든가 하는 것은 인장에 대한 예술적인 감정만을 의미하는 것이 아니라, 인장이 인간에게 주는 영적 감정의 표현이었다. 조선시대 왕실에는 보인소라는 고관대작을 두어 이를 관장케 하였고, 현존하는 국새와 보인이 1,000개가 넘는 것을 볼 때, 이는 인장이라는 것이 단순한 필요성 이상의 기원적인 존재였음을 시사한다.

인장을 조각하는 데 길인吉人과 흉인凶印을 구분하여 중요하게 생각하는 것은 동양에서 오랜 전통으로 내려 온 문화였다. 문서에 찍은 인장은 주인의 권위와 품격뿐만 아니라 당사자임을 입증함과 동시에 모든 책임을 감수한다는 의미가 있고, 인장이 찍힌 문서로 인해 계약이 잘 진행되기를 바라는 마음이 간절하였던 것이다.

글 자체와 인문배치로 인한 길인과 흉인뿐 아니라 인장에 벽사동물을 조각하여 주인의 권위를 나타내고 벽사를 염원하던 인장들도 있었다. 예를 들어 인장에 조각된 용은 권위를, 거북은 장수를 상징하지만 인장에 조각된 귀숙인 사자는 권위와 벽사를 상징하는 인장이었던 것이다.

인장으로 풀어보는 운명

　고통스러운 삶의 여정을 걷는 이들에게 행운이 따르는 인장을 만들어 줌으로써 조금이나마 도움을 주고 싶은 것이 신정인당을 창업한 필자의 참뜻이다. 사주에 따라 인장을 조각하는데, 사주팔자의 진용을 표출하여 동서남북의 방위를 진용인가 가용인가 분석해야 한다.

　즉, 동북, 서북, 동남 간방干方에 한 치의 오차도 없어야 한다. 사주에 따라 이름을 지어서 행운의 번호, 즉 금융기관 비밀번호를 진용으로 표출해 인장과 이름, 행운의 번호를 만들면 여덟 가지의 행운이 따른다.

- 행운이 따르는 인장은 성명과 사주와 일치해야 한다.
- 행운이 따르는 인장은 자기의 분신체요, 제2의 생명체다.
- 행운이 따르는 인장을 갖는 것은 좋은 집을 소유한 것과 같다.

　밝은 미래를 원한다면 최소한 행운이 따르는 인장, 즉 사주와 맞는 것을 준비해야 한다. 인생의 중대사에서 최후의 마무리는 행운이 따르는 이름과 행운의 번호, 그리고 인장이라고 할 수 있다.

인장은 원형을 써야 하고 글자가 선명해야 한다. 크기는 조그마한 것이지만 음양을 잘 표출하여 각인하면 행복을 가져오기도 한다. 그렇지 않은 인장은 불행을 부르기도 하는 희귀한 귀중품에 불과하다. 행운이 따르는 인장은 당신의 신명이며, 제2의 생명인 것이다.

 행운이 따르는 명예운 인장

사주팔자를 보니 남쪽에 명예운이 있다 하고 행운이 따르는 신정수호인을 가지면 어떤 현상이 일어나는지 살펴보자.

첫째, 세상에서 인정받는 좋은 이름과 사랑, 광명을 얻는다.

둘째, 어떤 직위나 직명, 권위를 얻어 대학 교수나 자연과학자가 된다. 즉, 목적하는 바 이름을 빛내고 만인의 축복을 받는다. 특히, 사람의 지혜로는 생각할 수 없는 신비로운 용기와 신과 같이 거룩한 신용神容이 특출하다. 머리가 맑고 깨끗하며 눈이 맑아진다. 그리고 심장이 강해지며 비위가 좋아진다. 그래서 행운이 따르는 참뜻의 진용 인장은 명예와 성공, 신용信用을 얻으며 두혈, 목, 심장 등이 수정처럼 맑고 깨끗해진다.

 서남西南 행운이 따르는 애정운 인장

애정운이 없는 사람을 행운이 따르는 진용의 신정수호인으로 행운의 숫자와 행운의 이름에 맞추어 한 세트, 즉 진용인감, 은행인장, 실무인장을 가지면 최상이다.

기품氣品, 직업이란 생계를 꾸리기 위해 일정 기간 계속 종사하는 것이며, 직업에도 수십만 가지가 있다. 행운이 따르는 진용 인장을 가지면 눈앞에 좋은 일이 생기고, 아무리 괴롭고 어려운 일이 있다 하더라도 오히려 좋은 일로 변한다. 또한 스스로 길흉화복을 만들고 피해 가는 길을 신이 알려주며, 신이 복을 만들어 주어 큰 행복을 얻는다.

복이 어디서 왔든지 방자한 태도를 보이지 않으면 틀림없이 큰 행운이 온다. 운은 신이 인간에게 잠시 맡긴 것이기 때문에 언제나 몸과 마음을 닦으며, 참고 견디는 사람에게 따른다. 그래서 사주팔자를 뽑아놓고 진용을 표출하여 행운이 따르는 애정 인장을 가지면 결혼운과 직업운이 대길하다. 즉, 복부腹部, 골骨, 소화消化 기능이 대길하다. 복부는 서남간에 위치한 간방이다. 뼈가 약한 부분의 부위가 튼튼해지며, 소화가 불량한 사람은 소화기능이 좋아진다.

 서방西方 사교운社交運 인장

사주에 진용이 없는 사람은 사교와 이성, 복분福分과 교분交分, 패균肺菌과 성기의 약함을 행운이 따르는 인장으로 극복한다. 사회적 신망이 두터워지며, 이성교제가 부족한 사람은 행운이 따르는 이성의 눈을 크게 뜨면서 이성관계가 원활해진다. 복분을 누리며 정분이 두터워진다. 생식기가 약한 사람은 음양의 이치에 따라 행운의 인장을 한 세트 갖추면 더더욱 좋은 현상이 나타난다. 그래서 행운의 인장을 씨앗이라고 한다.

착한 일을 하는 사람은 복을 많이 받고 악한 일을 하는 사람은 화를 입는다는 것이다. 진용의 인장은 나쁜 것을 좋게 하는 음양의 수리로서 완화작용을 한다. 또한 좋지 않은 행동을 하는 사람이 한때 잘 사는 것처럼 보이는 것은 순간적인 것일 뿐이다.

행운이 따르는 축재운蓄財運 인장

사주팔자에 음양이 중화자가 아니고 편고나 잡화상인 사람은 축재나 권위, 재산, 건강, 기력, 폐의 기능이 마비되는 현상이 빚어진다.

축재는 전혀 불가능하고 권위는 허망하며, 재산은 산적에게 빼앗기고 목숨마저 위험하다. 건강은 평생 좋지 않고 기력은 전무한 상태이다. 이러한 사주를 가진 자는 밥솥에 쌀을 넣고 아무리 기도를 해도 그것이 밥이 되지 않는다. 불을 붙이지 않는 한 소용이 없다.

행운이 따르는 인장을 한 세트 갖춘다면 축재운은 나날이 높아지고 성장하며, 권위 또한 높이 올라간다. 가는 곳마다 재산이 모이며, 건강 또한 좋아진다. 상처 난 골이 다시 새로워지며, 폐 또한 대단히 좋아진다. 기력이 나날이 좋아져 힘을 과시할 정도가 된다.

행운이 따르는 주거운住居運 인장

사주팔자는 진용이 있어야 중화된 사주라 할 수 있다. 즉, 주거라면 부동산, 덕심德心, 부하部下, 요기尿器, 귀, 신장 등을 말한다.

북北에 위치하면서도 진용이 없는 사람은 평생 집을 한 번도 갖지 못한다. 특히, 덕심과 인심을 발휘하지 못하고 건강상 좋지 못한 현상이 일어난다. 오줌이 불순하고 귀가 멍하며, 심지어 들리지 않을 정도다. 콩팥이 불길해 평생 고생하며 단명할 수 있다.

행운의 인장을 갖는다면 주거는 자연히 생기고 모든 사람이 형제요, 동포다. 모든 작용이 자연스레 좋아지며 귀, 콩팥 등이 좋아진다. 천지 사방에서 나를 도우니 마음대로 안 되는 일이 없을 정도이다.

행운이 따르는 가족운家族運 인장

동북東北 간방于方에 위치하는 사주팔자는 사오미巳午未 생월의 사주팔자로 반드시 水가 진용이기는 하나 木이 희신이라고 할 수 있다. 火나 木이 없으면 진용이 없다는 뜻이다.

가족 인연이 뿔뿔이 흩어지고, 자식, 애정, 형제운이 희박하다. 세상 모든 게 적이요, 모든 일이 마음대로 안 되어 화를 내거나 투정을 하고 한탄을 한다. 사람들에게 내 뜻을 밝혀도 받아주지 않고 팽개치니 살맛이 나지 않는다. 지극히 나쁜 운수이고 평화와 행복을 얻을 수 없는 운수로 바뀌는 팔자다.

행운이 따르는 인장을 갖는다면 헤어졌던 가족을 다시 만나고, 친자親子, 친애親愛, 형제, 배, 관정, 중장中腸, 코 등의 마비되었던 현상들이 정상적으로 움직인다. 하늘을 찌를 듯한 장송도 자그마한 씨앗으로 시작해서 성장한 것이다.

자그마한 가슴에 씨앗이 싹트면 하늘과 땅을 꿰뚫는 무한한 힘이 된다. 자신을 작은 테두리 안에 가두지 않고 자신의 참모습을 보려고 한다면 위대한 존재가 될 것이다.

 행운이 따르는 희망운希望運 인장

희망운에는 발전, 실천, 행동, 수족, 신경, 폐, 인후 등이 속한다. 편고자와 잡화상 사주는 위의 조건이 맞지 않아 희망과 발전이 동결되고 하는 일마다 제동이 걸리며 만인의 모함과 시비를 받는다.

건강상 수족의 마비 현상이 자주 일어나고 신경이 쇠약하며, 간장이 불치될 우려가 많다. 목구멍과 목에 큰 이상이 생긴다. 이러한 체질을 타고난 사람은 단명하고 경제 능력이 전혀 없다.

화극금火剋金 토극수土剋水 충沖의 잡탕인 사람은 재능이 부족하고 인기가 없으며, 통솔력이 부족하여 연애가 부실하다. 만인이 무정하고 천상천하 유아독존으로 이기적이다.

무엇이든 좋지 않은 일을 잘 배우고 그것을 즉각 행동으로 옮긴다. 좋지 못한 것을 취미로 하고 좋은 것은 내팽개치기도 한다. 이런 사주팔자는 본인과 주변을 힘들게 하는, 매우 드문 사주팔자다.

만일 행운이 따르는 인장을 갖는다면 개선장군처럼 만인의 호응을 받으며 인인성사人人成事, 성귀成貴, 성부成富하니 만인이 꿀벌이요, 황금이면 귀인이 된다고 하겠다.

인력에 의지하는 재와, 관왕이 인간마다 은인으로서 다정하게 후대하니 만인이 따르고 상부상조한다. 인덕이 태산 같고 만인의 사랑과 존경을 받으니 글자 그대로 인중왕人中王이요, 최고 호명好命이며, 행운아의 사주팔자로 탈바꿈할 수 있다.

신정인당新正印堂 인장印章의 가치와 특징

한국의 인장은 고려 충렬왕 때의 보각국사普覺國師이며 한국 최초의 국존인 일연一然 : 1206~89대사가 신라·고구려·백제 3국의 유사遺事를 모아서 지은 역사서인 삼국유사三國遺事의 내용 중, 환인이 인간 세상을 다스리라고 천부인 세 개天符印 三方를 환웅桓雄에게 주었다는 단군신화의 고사에 나타난 것이 최초의 설이다.

신라시대부터 왕권의 상징인 국새國璽를 사용하였고, 고려사 백관지百官誌의 기록을 보면 관직인 인부랑印符郎을 두어 궁정에서 사용해 온 모든 인장을 관리하였으며, 개인들도 인장을 즐겨 사용하였고, 조선시대까지 국새國璽와 보인寶印이 1,000개를 넘는 것을 볼 때에 인장의 예술적 가치와 효용성을 인정, 일찍이 활용하였음을 역사서를 통해 알 수 있다.

인장의 원형은 우주공간에서 바라본 지구의 둥그런 모습을 상징하여 지구로 보며 인장의 원형안은 나의 보금자리인 집을 의미하는 것이다.

또한 인장 안에 각인된 자신의 성명은 제2의 생명이요, 분신으로서 인장과 함께 영원히 사는 길이며 이름을 날리는 길이다. 사람의 수명은 100년을 넘기기 힘들지만 인장의 수명은 일부러 소각하거나 파괴하지 않는 한 각인된 이름과 함께 만대에 영원히 남는 불로영생의 소장품인 것이다.

우주 대자연의 섭리와 음양오행의 원리를 통달한 고금의 성현들이 말씀하신 바와 같이 인간의 이름은 개개인의 운명과 직·간접으로 연결된 고리가 있음을 간파하였다.

어느 나라 어느 누구에게든 이름과 사주는 있게 마련으로 필자는 한평생을 살아오는 동안 인장의 중요성을 누구보다도 뼈저리게 체험한 사람 가운데 하나다. 그리하여 이름을 사주에 맞지 않게 쓰거나 인장이 운세와 맞지 않으면 비극과 절망, 좌절과 불행이 잇따라 발생하게 된다는 진리를 터득하였다.

인장의 진리를 발견한 인생은 천명天命, 즉 사주를 한눈에 관찰함으로써 운명을 지배하고 개척할 수가 있다. 인생의 중대사에는 꼭 인印을 찍어서 최후의 매듭을 짓게 되며, 크기는 자그마한 것이지만 인간을 행복하게도 하고 불행하게도 하는 엄청난 힘을 가지고 있다.

인장은 크기가 작아서 자칫 소홀하기 쉬우나 지극히 귀중한 것으로 원형의 수우水牛 : 물소뿔에다 저자가 세계 최초로 개발한 움직이는 오행인 진용眞用 : 사람이 행복한 삶을 영위하기 위해 꼭 필요한 생명수(生命水)와 같은 의미이며, 또한 행운을 가져다 주고 불운에서는 지켜주는 수호신(守護神)의 역할을 하는 간지(干支)로 자신이 타

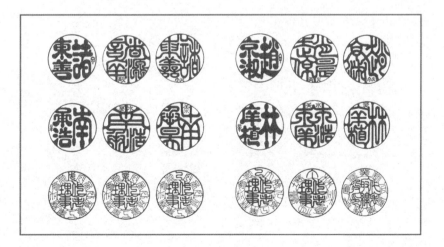

고난 사주팔자의 핵심이 되는 음양오행을 투입, 64방위 중 진용이 지켜야 할 정확한 지점에 삽입시켜 예술적 특성을 최상으로 발휘하며 격조를 더욱 높이고 조화롭게 조각한다.

이렇게 만들어진 인장을 지님으로써 증폭되는 행운의 기氣로 좋은 운세를 유도하여, 당사자가 천운의 혜택을 누리게 하는 것이 신정인당新正印堂만이 가진 독특한 전통이다. 이는 한 차원 높은 독자적인 인장의 세계임을 자랑한다.

명문名門, 명장名匠, 명품名品의 삼합인장三合印章

천지인天地人·근화실根花實의 원리를 배경으로 인감·은행·실무인의 삼합인장이 삼위일체三位一體의 주체가 된다. 필자의 독창적이고 혼과 신을 다해 쓰는 정성이 깃들어 합해지면서 창안한 신필력의 힘이 발휘되어 정교한 미美로 작품화된 최고의 예술 인장품으로 각광을 받고 있다. 초 우주적인 기氣를 발산하는 삼합三合이 형성되어 있으므로 만약 이를 도용하는 자나 악용하는 자는 일생에 구제되지 못할 영령계의 가장 무서운 천생天生의 중살中殺을 받게 됨을 경고하는 바이다. 무슨 일이든 선을 악용하는 자는 설사 본인이 죗값을 치르지 않는다 하더라도 핏줄 누군가는, 설사 아직 태어나지 않은 후손도 결코 이 죗값의 소용돌이 속에서 벗어날 수 없음을 재차 경고하는 바이다.

당장은 눈에 효력이 보이지 않는다 해도 삼합인장三合印章을 소장한 사람뿐만 아니라 자자손손 대대로 천혜의 무한정한 행운의 효험을 틀림없이 받을 수 있다.

- 인감인印鑑印은 발생과 동시에 몸 전체를 돌보고 재산을 지키는 도장이다.
- 은행인銀行印은 재산의 성쇠·증감을 좌우하며 재산을 축적하는 도장이다.
- 실무인實務印의 사용은 일상생활에서 좋은 운기를 작용시켜 재산을 보호한다.

신정인당의 삼합인장본三合印章本

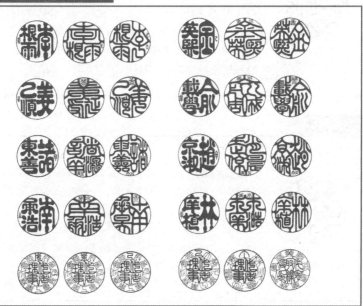

행운의 번호와 행운인幸運印으로 운을 연다

인감인印鑑印

부귀장수富貴長壽

인감 가운데서도 가장 중요한 인감인은 토지와 가옥 등의 등기와 매매 또는 주식이나 유가증권 등 재산의 운영·관리에 사용된다. 시, 동, 읍, 면사무소에 등록해 놓고 필요할 때 인감증명을 발급받는다. 그런데 사회적으로나 법률적으로 반드시 의무와 책임이 있는 것이기 때문에 꼭 사주와 맞는 인장을 사용해야만 운수가 좋아진다. 또 인감인은 인감증명 사용시에만 사용해야 한다.

인감인은 재산을 지키는 도장이다.

은행인銀行印

재록상승財祿上昇

예기치 않은 사고를 방지하기 위해서는 반드시 은행인만을 따로 쓰고 인감인을 은행인으로 같이 쓰지 말아야 한다. 더욱이 은행인은 재물인의 성쇠·증감과 매우 밀접한 관계를 가지기 때문에 중요한 의미를 가지므로 인감인과 구별해서 사용해야 한다. 아울러 필히 은행의 비밀번호를 행운의 번호로 써야만 하고 또 행운의 번호는 본인의 사주와 꼭 맞아야만 행운이 찾아온다.

은행인은 재산을 증대시키는 도장이다.

실무인實務印

수호신장守護身章

막도장이라고도 한다. 사무용에서 가정용까지 일상생활에서 가장 빈번하게 사용하는 것이 실무인인 막도장이다. 그런 만큼 사람의 눈에 띄는 기회도 많고 또 좋든 나쁘든 기氣가 주어지기 때문에 이왕이면 좋은 기가 작용하도록 水牛로 사용하면 더욱 좋다.

막도장實務印이라 하더라도 아무렇게나 사용하고 취급을 소홀히 하면 좋지 않은 영향을 받게 된다.

우주섭리와 음양오행의 원리를 담은 최고의 인장

명성권위名聲權威

주식회사 대표이사의 법인인감은 사장의 운세에 맞추어 사용해야 사업이 발전하고 사방에서 고객이 구름처럼 모일 것이다. 순풍에 돛을 올린 형상으로서 만사가 뜻과 같이 잘 되며 일이 순조롭고 덕망이 크고 출장하여 큰 업적을 이룩하고 능숙하게 처리해 준다. 반드시 대표이사 인감은 대표이사 사주와 음양의 법칙에 맞게 움직이는 오행을 표출시켜 인장 내에 넣어 사용해야만 큰 업적을 성취할 수 있다. 법인인감은 회사를 대표하는 도장이다.

법인은행인감法人銀行印鑑

재록상승財祿上昇

주식회사 대표이사의 은행인감은 금융관련 문제만을 처리하는 데 쓰는 인감으로 재무상 금전의 원활한 융통과 축재의 의미를 지니고 있다. 반드시 은행비밀번호는 행운번호와 함께 사용하여야 하며, 신용으로 재財를 생산하고 재능과 수완으로 인력을 지배하며 사업상 발생하는 모든 일이 호기好機가 발생하여 생산적인 투자활동의 능력을 왕성하게 발휘하므로 재다財多하고 기회가 득다得多하여 돈을 무더기로 벌어들이는 황금알을 낳는 자금형성의 대표적인 인장이다.

법인사용인감法人使用印鑑

성공발전成功發展

주식회사 대표이사의 사용인감은 반드시 사장의 운세에 진용眞用을 표출하여 인장 내에 넣어 사용해야 할 것이며, 특히 비밀번호行運의 번호를 운세에 맞추어 사용해야만 막혔던 길이 열리고 일이 잘 풀리며 고대했던 기회가 주어진다. 축적된 능력을 발휘하여 소원을 성취, 만사가 형통한다. 법인사용인감은 회사의 발전을 도모하는 인장이다.

외국인들도 감동한 세계 속의 신정인당

- 삼합인장의 **인감인**은 생명체와 분신체를 상징하기에 집안에 잘 보관한다.
- **은행인**은 재물과 돈을 상징하기에 금고 안에 잘 보관한다.
- **실무인**은 몸을 지켜주는 호신용으로 지니고 다닌다.

신이 사람에게 준 수명

봄 태생은 118살, 여름 태생은 129살, 가을 태생은 121살, 겨울 태생은 124살을 살도록 조물주가 인간에게 수명을 주었으나 제대로 그 생을 살지 못하고 대부분 인생을 마감한다. 첨단 과학시대에 살고 있는 현실이라 하더라도 아직 밝혀내지 못한 많은 물질과 요소들이 인간의 신상을 위협하는 존재로 다가온다. 지금까지 6만여 이상을 임상한 결과 핵가족 형태로 구성되는 가족구성원의 이상적인 인원은 5인 가정이다. 오행을 형성해 사는 5인 가정은 별 무리없이 잘 사는 가장 이상적인 가족형태라고 하겠다. 이러한 5인 가정이 삼합인장을 지니면 어떠한 어려움도 극복하여 서로에게 도움이 되는 구조로 격상되어 만복萬福이 깃드는 가정으로 잘 살게 된다.

명물名物로 구전되어 퍼져나간 신정인당의 삼합인장

본 신정인당의 삼합인장을 가지고 있으면 만사萬事에 몸을 보호하는 수호역할을 하는 것이다. 동양의 인고한 역사와 전통이 담겨있는 한자세계漢字世界의 인장방위구성진법의 오묘한 조화와 인장원형 안에 혼과 신을 다해 각인되어 들어서 있는 구성서체와 필력에서 나오는 기氣는 흡사 82령부의 영사부적에서 나오는 강력한 삼위일체의 힘파장으로 합치되어 파워가 발산된다. 그것이 저자만이 가지고 있는 오대산의 정기이자 독자적인 신통력인 것이다. 이러한 파워가 삼합인장을 가지고 있는 사람의 영기영역활동으로 작용해 여러가지 위험요소와 각종 위기에서 불운을 물리쳐 나갈 수 있게 해주기에 바로 내 몸을 지키는 수호신 역할을 한다.

도장을 찍는 데 쓰는 경우도 있지만, 호신용으로 가지고 다니면 생명의 위협으로부터 안전을 지켜준다는 소문으로 외국인들도 삼합인장을 주문한다. 원형에 새겨진 자신의 개명된 한자이름을 보면서 신기해하며 인장을 가지고 싶어한다. 또한 자신을 지키는 행운의 마스코트mascot라 여기는 경우가 많아 해마다 삼합인장이 관광상품으로 각광을 받고 있다.

행운을 가져다 준다고 믿어 늘 몸에 간직하거나 가까이에 두어야 행운을 받는다고 여기는 경우가 많다. 또한 삼합인장을 가지고 있으면 위기에서 불운이 비켜나가는 경우를 종종 볼 수 있다. 실제 LA에 사는 교포 K씨가 실무인 인장을 와이셔츠 왼쪽 주머니에 넣고 다니다가 강도의 총에 맞아 그 충격으로 기절했는데 깨어나 보니 자신은 다치지 않고 인장만 산산조각으로 깨어져 있어 인장 덕분에 목숨을 구했다고 다시 실무인 도장을 만들어 달라고 한 적도 있다. 이제 신정인당新正印堂의 인장은 수호인장守護印章이라는 소문이 퍼지면서 일본은 물론 중국·대만·싱가폴·미국·영국·호주·러시아 등등 해외동포뿐만 아니라 외국인까지 한국에 들어오면 자기도 꼭 하나 해서 지니고 싶은 것이 희망 사항이 되었다.

서울시 종로구 종로6가에 소재한 대한민국 보물 1호로 조선시대의 성문인 동대문원래의 이름은 흥인지문 : 興仁之門과 함께 신정인당이흥인지문 바로 옆에 소재 동대문의 명소名所로, 그리고 삼합인장은 명물名物로 입과 입을 통해 세계인의 귀로 퍼지고 있어 그 인기가 엄청나게 상승기류를 타고 있다.

근간에 매스컴에서 화제가 되었던 휴대전화번호가 기사화된 적이 있는데 베이징北京에선 13333333333번호가 2억 5천만 원에, 13911118888은 38만 위안약 7,053만 원, 13911119999는 28만 위안약 5,200만 원으로 중국에서 휴대전화번호가 경매된 적이 있다. 또한 태국의 수리야 중룽르엉킷 교통장관이 특별 경매를 통해 구입한 자동차번호판이 1억 2천만 원이라고 했다.

그러나 숫자란 부르기 쉽고 외우기 쉽다고 해서 중요한 것은 결코 아니다. 물론 각 나라마다 수數에 대해 제각기 뜻과 의미가 주어져 있으나 그 수는 사용자의 사주팔자四柱八字와 맞아야 행운의 번호가 되는 것이지, 사주와 맞지 않는 번호라면 그건 그냥 부르기 쉬운 수일 뿐 결코 행운幸運을 부르는 숫자라고 말할 수 없다.

상호와 성명, 신정인당의 삼합인장

인장은 바로 나의 얼굴이다. 정교한 아름다움으로 작품화된 최고의 예술품으로 각광을 받고 있다. 음양陰陽의 오체五體를 동시에 사용하여 움직이는 기氣의 인印을 가지는 순간부터 운이 상승한다.

- 인생人生은 일대一代요, 성명姓名과 사주四柱는 만대萬代다.
- 사주팔자와 맞는 인장을 갖는 것은 좋은 집을 갖는 것과 같다.
- 인장은 자기의 분신체요, 제2의 생명체이다.
- 도장 계界 역시 연然의 이理를 따라 온고溫故와 지신知新을 거듭한다.
- 순리의 조화와 방촌의 세계를 누비며 그 속에 무궁무진한 대우주大宇宙가 스며 있음을 깨우치고 이를 정확히 구사한 신정인당新正印章의 삼합용신인장三合用神印章을 사용하면 살아서 생동감이 넘치는 신필력神筆力의 신통한 비秘의 힘을 체험할 수 있다.

신정인당의 삼합인장은 사주팔자와 맞는 성명 감정을 통하여 음양의 근화실론根花實論의 용신삼합인장用神三合印章을 인지하지 못한 새로움을 창출하는 온고지신溫故知新의 신기神氣로, 입혼入魂함에 곧게 작성한 신필력神筆力으로 신정삼합인新正三合印을 사용하면 사업발전과 건강, 가정이 평안하고 만사형통萬事亨通한다.

깨진 인장을 지니는 것은 불행을 자초하는 일이다!

인印·장章·신信의 진가

인印·장章·신信을 분석 연구하여 그 진가眞價에 대해 잠시 언급하겠다. 먼저 오행을 진용眞用, 가용假用으로 분석해서 인장 내에 넣어 사용하면 좋다는 점을 밝혀 둔다.

金이 식상食傷이면서 진용인 경우

자기 노력을 발휘할 기회와 수단, 그리고 능력이 왕성하며 최고의 진용이다. 호기가 많이 발생하고 생산적인 투자 활동 능력으로 소득도 많이 발생하고 재다財多하며, 기회가 많아 돈을 버니 자금과 물고기를 많이 잡는 고깃배요, 황금 알을 낳는 생산수단과 좋은 기회 등은 대표적인 진용이다. 평생을 통해 호의호식하는 운세작용이 진용의 뜻이다. 그러나 가용은 이와 정반대다.

목비겁木比劫이면서 진용인 경우

만인이 유정하고 인인성사人人成事하며, 누구에게나 즐거움과 도움을 주고 필요하고 유익하며 아쉬운 존재가 된다. 만인이 나에게 다정하고 인심이 후하며 베풀기를 아끼지 않는다. 인덕이 후하고 만인의 사랑을 받으며 인인성부人人成富·성귀成貴하니 인생 최고의 행운이다. 가용은 반대로 된다.

화재성진용火財星眞用은 타고나면서부터 행운이다. 재능이 뛰어나고 성실하며, 진용이 있으면 검소하고 진실하다. 재가 생산을 하고 인력을 지배하며, 남을 부양하는 왕성한 장정이며 대인이요, 사주가 재성인 진용이다. 가용은 반대다.

관성官星이 토진용土眞用인 경우

백성을 보호하는 진용관성眞用官星이다. 생명과 재산을 보살피는 진관성眞官星이며, 벼슬을 상징하고 동시에 나를 부양하고 보살피며 지켜주는 보호자다.

중국 사주는 관을 극아자剋我者로 판단하고 통용한다. 나를 치고 지배하며 다스리고 빼앗는 무서운 호랑이 관상이라는 것이다. 생부와 부군과 생자가 자식과 아내와 부를 치고 지배하며, 억압하고 빼앗는 것은 짐승이다. 짐승은 약육강식이 철칙이지만 인간은 사랑과 인정과 논리와 도덕으로써 상부상조한다.

우리나라를 대표하는 고관대작이나 정치가, 역대 대통령에 진관상이 많다. 가관성假官星은 반대다.

진인성수眞印星水의 경우

나를 먹이고 입히고 길러주는 생어머니이니 나를 가르치고 인도하며 덕성과 인성을 함양시켜 주는 스승의 별이다. 생기와 윤기와 화기와 덕망을 상징한다.

인성진용印星眞用은 의식주가 부유함으로써 정신력이 활발하다. 부모의 양육과 스승의 교육을 제대로 받음으로써 심신이 원숙하고 부족함이 없다. 반대로 가용이면 무無이다. 수우물소뿔·상아 인장을 써서 이름을 지어 반드시 행운의 번호와 예금통장을 만들어주어야 한다.

예금 금액도 운세에 따라 각자 다르다. 육신상·식상·비겁·재성·인성·관성을 타고난 유아의 사주와 맞추어 예금하면 반드시 힘과 권위를 상징하고, 오래 사용할수록 인주를 빨아들여 연륜과 권위를 나타낸다. 힘을 100% 발휘하며, 어려서부터 생기와 윤기와 화기를 받아 아무 장애 없이 잘 자란다. 또한 갈수록 의식주가 풍부해지고 정신이 총명하여 죽을 때까지 부귀영화를 누린다.

시중에는 성명학 관련 서적이 많지만 사주와 맞추어 출간된 책은 전무하다시피 하다. 이름, 수리오행만 가지고 길흉을 판단해서는 안 된다. 반드시 사주와 맞추어 진용을 표출하여 판단해야 한다.

이름은 출생하면서 바로 사주와 정확하게 용체用體를 표출시켜 작명해야 한다. 아이가 태어나면 반드시 갖추어 주어야 하는 것이 분명히 있다. 이름과 행운의 번호, 삼합인장, 예금통장을 갖추어 주되, 부모 형제의 사주를 보아 흉함이 없도록 맞추어야 한다.

이처럼 평생 아무 장애 없이 무럭무럭 자랄 수 있는 비방을 해주는 것이 부모로서 자녀에게 해줄 수 있는 최고의 선물이 아닐까 싶다.

인장을 잘못 쓴 사람들

나쁜 인장으로 남편이 실종된 과부

1995년 여름에 있었던 일이다. 어느 날 한 여인이 운명감정을 의뢰했다. 필자는 먼저 어떤 도장을 쓰고 있는지 물었다. 그녀가 보여준 인장의 가운데 부분은 너무 가늘고 희미해 좋지 않았다.

"아주머니는 끈기도 없고 가정이 안정되지 못하며 재물이 흩어지는 일만 생기는 불우한 운수입니다. 또한 실패가 잦고 고독 씹기를 밥 먹듯 하는군요. 즉, 외롭고 쓸쓸한 과부입니다. 이 도장은 파멸하고 쇠퇴하기만 하며, 하는 일마다 패망하고 전부 안 되는 쪽으로 유도됩니다. 일평생 신체 허약하며 병고에 시달리고, 만사 이루어지는 일이 없습니다. 평안할 때가 잠시도 없는 운수로서 재난이 자주 들이치고 역경에 빠져 온전치 못하며, 게다가 홀로될 신세의 인장입니다. 인장을 지닌 지 몇 년이나 됩니까?"

그녀는 그 인장을 10년 가까이 쓰고 있다고 했다.

"그럼, 인장이 사주와 전혀 맞지 않으면 패가망신한다는 이야기를 들어본

적은 있습니까? 이런 인장은 빨리 불에 태워 없애야 합니다."

그러자 그녀는 무릎을 치며 말했다.

"세상에 도장 때문에 내 신세가 요 모양 요 꼴인가? 선생님, 어떻게 도장만 보고서도 제 과거와 현재를 귀신 같이 정확하게 맞히시는지요? 5년 전 남편이 수석을 채취하러 영춘강으로 갔다가 실종됐습니다. 지금 생각하니 이 도장 때문인 것 같네요. 선생님, 그럼 나에게 맞는 도장만 가지면 팔자가 좋아집니까?"

필자는 그래서 그 여인에게 행운 숫자 및 액수와 도장을 사주에 정확하게 맞추어 만들어주었다. 그랬더니 과연 운수가 좋아졌다.

막도장 인감으로 쫄딱 망한 50대 중년 남자

1993년 영월에서 있었던 일이다. 버스 터미널 다방에 앉아 있는데, 30대 남자와 50대 중년 남자가 무슨 계약을 하고 있었다. 그런데 이상한 느낌이 들어 그들을 관찰했다.

젊은 남자는 건장했고, 중년 남자는 작은 체구에 뭔가에 끌려다니는 것 같았다. 그래서 궁금해서 말을 걸지 않을 수 없었다.

"보아하니 중요한 계약을 하시는 모양인데, 그 도장은 흔히 쓰는 막도장 아닙니까? 그런 도장을 갖고 중요한 계약서에 찍으면 아저씨에게 좋지 않은 문제가 반드시 생깁니다."

"아니, 당신은 누군데 처음 보는 사람이 그런 말을 함부로 하고 그럽니까?"

당연한 반응이었고, 필자는 명함을 한 장 건넸다.

"아니, 그 유명한 선생님이군요. 그럼 내 운명을 감정해줄 수 있으신가요?"

"감정하는 게 아니고 도장만 보면 알 수 있습니다."

그렇게 말하고는 도장을 감정하기 시작했다.

"선생의 인장은 서체가 너무 가늘고 쇠약해서 하는 일이 모두 지연되고 답답합니다. 게다가 음양의 수리도 전혀 맞지 않고, 특히 사주상에서 목이 진용인데 몰라서 쓰지 않았으니 더욱 나쁩니다. 그러니 부모를 일찍 잃고 작은 일에도 소심하여 빈궁하게 살아야만 하고, 실패가 항상 따라 다니게 됩니다."

그러자 그는 처음부터 끝까지 하나도 틀리지 않고 모두 맞다고 했다.

혼외 자식으로 파탄 직전의 여자

1993년의 일이다. 어느 날 한 여인의 사주와 도장을 감정했다.

사주팔자					대운							
丁	己	壬	甲		乙	丙	丁	戊	己	庚	辛	
卯	亥	甲	午		丑	寅	卯	辰	巳	午	未	

"부인, 이 도장을 대략 21년 정도 썼겠군요?"

"네, 맞습니다."

"부인께서는 경제적으로는 괜찮지만 이 도장으로 보면 남편 덕이라고는 전혀 없습니다. 가정불화와 심신의 과로로 정신병에 한 번 걸렸겠고, 더구나 가출까지 해서 다른 남자와 동침하여 아이를 가질 팔자입니다. 그렇게 불행한 운수를 초래하게 만드는 도장입니다. 인장이 너무 나약하고 음양이 없습니다. 그래서 길흉이 미정인 형상으로서 신경이 매우 날카롭고 또 신경질적입니다. 더욱이 양보심이 부족해서 남편에게 사랑을 받지 못하고 이리저리 헤매다가 결국 미친 여자처럼 이상한 남자와 관계를 갖게 되는 도장입니다."

그러자 그녀는 놀라면서 말했다.

"남편이 원래 의처증이 심했는데, 그 때문에 가출했다가 다른 남자와 관계해서 낳은 아들이 하나 있습니다. 자살을 몇 번이나 생각했는데, 그 아들 때문에 죽지도 못하고 이렇게 살고 있습니다. 그리고 그 때문에 본남편을 제대로 쳐다보지도 못하고 8년 동안 악몽 속에서 생활하고 있어요. 견디다 못해 이혼을 결심하고 준비 중에 있습니다. 그런데 어떻게 도장을 아셨나요? 도

452

장이 그렇게 중요한 것인 줄 정말 몰랐습니다."

남편이 비명횡사한 도장

　1994년이었다. 한 여인이 찾아와 운명감정을 부탁했다. 필자는 그녀에게 도장을 갖고 있으면 좀 보자고 했다.

　"아주머니의 도장은 우선 뚜껑부터가 잘못되었습니다. 답답하고 나약하면서도 또 사주팔자와 아무런 상관이 없습니다. 그리고 쓰던 도장을 깎아내고 다시 새겼기 때문에 나쁜 데다 음만 있고 양이 없으니 흡사 자동차 바퀴의 한 쪽이 없는 것과 같습니다. 그러니 살기 무척 힘들 뿐 아니라 부부 인연이나 자손 덕이 있을 리 없습니다. 그래서 가정이 깨지고 몸과 이름이 더럽혀지며 모든 일이 패망하는 인장입니다. 아주 흉한 서체로서 재물의 손실이 겹치니 언제나 궁상을 면치 못하는 형상입니다. 성공하기 어렵고 잠깐 성공했다 해도 금방 곤란과 고통이 발생합니다. 가정에는 항상 풍파가 끊이지 않고 남편과 사별을 면치 못합니다. 병약하고 정신이상이나 단명, 또는 파멸의 흉한 징조도 있습니다."

　그녀는 놀라 말했다.

　"맞아요. 남편은 공무 중에 그만 누명을 쓰고 5·18때 괴한들에게 끌려가서 모진 고문을 당했습니다. 그리고 시름시름 앓다가 그만 돌아갔지요. 그후 혼자 3남매를 키우느라 말 못 할 고생을 했는데, 도장이 그렇게 나쁜지 몰랐네요. 앞으로 잘 되게 제대로 된 도장을 만들어 주세요."

　"너무 걱정 마십시오. 3개월 후면 소식이 틀림없이 있을 겁니다. 그리고 제가 시키는 대로 하셔야 합니다. 은행 비밀번호인 네 자리 숫자와 행운의 액수인 18번을 드릴 테니 은행에 가셔서 새로운 도장과 이름을 쓰고 통장을 개설하십시오. 돈은 1만 8천 원만 넣으세요."

　그렇게 하자 그녀에게 변화가 나타나기 시작했다는 것이다. 좋은 일들이 겹치고 사람들이 이상하게 도와주려고 하며 신망을 받아 만사가 순조롭게 풀리는 느낌이라는 것이었다. 그러다 우연히 어떤 귀인의 도움을 얻었는데 그와 결혼까지 해서 아주 행복하게 살고 있다고 했다.

도장 때문에 아버지와 일찍 사별하다

1997년 봄 어느 날 젊은 여자가 어디서 소문을 들었는지 도장을 들고 필자를 찾아왔다. 그녀의 도장 안에는 음양의 배치가 없었다. 특히, 아버지를 의미하는 양이 너무 치우쳐 있었다.

"아가씨는 아버지 덕이 전혀 없고 일찍 사별하거나 이별할 운수로군요. 학교에서는 공부를 참 잘한다고 칭찬은 받았을지언정 시험운이 너무 없고 되는 일도 없어요."

그녀는 전부 맞다고 했다.

"이 도장은 누군가 제작한 사람이 제 딴에는 잘한다고 했지만 전문가가 볼 때는 오히려 반대로 잘못 제작되었기 때문에 흉한 조짐으로 변합니다. 그러니 아무리 노력해도 대가는커녕 되는 일이 전혀 없습니다. 명문여고에서 상위 그룹에 속했고, 희망도 컸겠지만 도장이 나빠서 누군가가 마치 방해나 파괴라도 하는 것처럼 꿈은 몽땅 사라져버렸어요. 그래서 공무원 시험이나 쳐서 월급쟁이라도 해보려고 했지만 그것마저도 안 되고 말아요."

그러자 그녀가 대답했다.

"저는 공무원 시험쯤은 식은 죽 먹기라고 생각했습니다. 그런데 하나도 되는 데가 없었어요. 저보다 못한 친구들도 대학 가고, 공무원 시험에도 합격하는데 저만 이렇습니다. 아버지는 제가 초등학교 때 갑자기 돌아가셨어요. 정말 도장 때문에 되는 일이 없는 건가요?"

그녀의 이야기를 듣다 보니 필자도 매우 안타까운 심정이 되었다.

깨진 인장으로 인해 수천억 원 손해 본 王회장님

1995년 어느 날 한 통의 전화를 받았다. "여기는 서울 OO회사 王회장님 비서실입니다. 도장만 보면 그 회사 속사정을 훤히 알아맞힌다는 소문이 있던데 출장 오셔서 도장감정 한번 해 주시면 안 되겠습니까?"

거절했지만 며칠 동안 전화를 걸어 부탁하는 것이었다. 하는 수 없이 출장을 가게 되었다. 그 회사로 들어서자 王회장이라는 분이 나를 맞이했다.

"선생에 관한 얘기를 듣고 불렀소이다. 있는 그대로 감정해 주시오."

"관상, 수상, 사주, 풍수 등을 보고 판단하는 운명감정보다 인장감정이 열 배나 어렵고 틀릴 확률이 높으면서도 위험합니다. 왜냐하면 올바른 이치를 제대로 알면 나쁜 운수를 피하고 좋은 운수를 택할 수 있지만 제대로 알지 못하면 자기 자신이나 남들도 다 함께 불행해지기 때문입니다. 아무튼 끝까지 들으시고 질문은 나중에 하시기 바랍니다."

운을 뗀 다음 필자는 다음과 같이 감정을 했다.

우선 건강에 치명적인 위험이 있다. 그의 몸 전체가 완전히 이지러져 있다. 불치에 가까운 고질병이 있어서 하루 속히 근본적인 치료가 필요하다. 그리고 평소 의욕이 없고, 건강 문제로 전전긍긍하고 있다.

다음으로 깨진 인장은 무조건 불행을 자초한다. 성격이 검소하여 옛것을 버리지 않고 사용하는 깨진 인장으로 인해 몸과 재물이 깨지는 형국이다. 인장의 테두리가 깨져 을해 갑술년과 병자년은 부도 위기이고 그렇지 않으면 그의 건강에 치명적인 질병이나 사건이 발생할 수 있다.

관재수가 발생하여 협박을 받는다. 해외투자계획에 문제가 생기고, 공무원이나 믿었던 사람에게서 협박과 공갈을 받는다. 거래상의 관례로 주고받던 금일봉이나 뇌물 문제가 커지며 세무사찰까지 받을 수 있다.

부부문제로 갈등이나 망신살이 뻗친다. 부부 사이가 급속히 나빠지면서 이상과 파란이 발생한다. 복수에 가까운 이혼을 당한다. 그가 젊은 여자를 찾는 사이 부인은 독수공방으로 지내면서 스트레스와 불만이 쌓여 있기 때문이다. 인장이 깨지지 않았다면 문제가 커지지 않았겠지만 인장이 깨졌기 때문에 깨진 금실로 보인다.

부인의 신경질이 크게 발동해서 치명적인 문제가 생긴다. 여비서 때문에 신경이 곤두서서 지극히 날카로운 상태이고, 참으려 해도 도저히 참을 수 없는 상황이다. 하지만 참을성이 강하고 이해심이 많으며 현숙한 부인은 절대 말을 하지 않는다.

장남과 재산으로 법정문제가 있다. 장남은 현재 재산 때문에 신경을 곤두세우고 있다. 잘못하면 법정시비가 있다. 사람이 죽을 수도, 사회적으로 망신을 당할 수도 있다. 왜냐하면 장남의 성격이 매우 거칠고 안하무인이기 때문이다. 또한 장남은 여자문제로 언론에 오르내릴 수 있다. 그것은 상대 여자가 라이벌 회사에서 보낸 스파이이기 때문이다. 그게 누구냐면 王회장이 아끼고 귀여워하는 여비서이다. 당장 처리하지 않으면 큰 일이 벌어질 것이다. 현재 王회장이 숨겨 놓은 여자가 문제를 일으키고 있다.

그녀는 여우짓을 하고 있다. 산업스파이가 그녀에게 접근해서 중요한 정보를 빼돌리고 있을 뿐 아니라 王회장을 사회적으로 매장시키려 수단과 방법을 가리지 않는다. 이제라도 라이벌 기업에 대한 방책을 세워야 한다. 이름과 주민등록번호만 입수해 주면 방법을 알려주겠다.

은퇴하여 후진을 양성하면 대길한다. 일선에서 물러나 명예회장으로 남는 게 좋다. 사원들과 임원들 중 뛰어난 인재가 많으니 그들에게 실무를 넘겨주면 좋다. 그보다 건강이 아주 좋지 못하다. 그렇기 때문에 법인인감, 사용인감, 개인인감, 회사직인, 사인 등 개인이나 회사에서 쓰는 인장을 모두 바꾸어야 한다.

王회장의 소망은 얼마나 오래 건강하게 살까. 불치에 가까운 병을 어떻게 치유할까. 건강은 완전히 회복될 수 있을까 등이다.

필자는 위와 같은 설명을 하고 그의 얼굴을 살폈다.

"아니, 젊은 분이 어디서 그런 걸 공부했습니까? 대단히 놀랐습니다. 아주 조목조목 잘 이야기해 주었습니다. 정말 기가 막히는군요."

잘못 새긴 도장으로 남편이 행방불명되다

1995년 5월 어느 날 두 여인의 방문을 받았다. 그중 도장을 봐달라면서 필자에게 말을 건넨 한 여자의 목소리는 위태롭게 들렸다.

필자는 도장을 찍고 명상으로 관찰했다.

"아주머니, 이 도장을 지닌 지 몇 년 몇 개월이나 됐습니까?"
"3년 정도 됐는데요."
"아주머니는 남편과 이 도장으로 이혼장에 찍었습니다. 그리고 옆집에 사는 제비족인 유부남에게 보증서 도장을 찍었고, 친정집 남동생이 비싼 자동차 구입하는 보증서에도 이 인장을 찍었습니다. 게다가 시장에서 우연히 만난 같은 장사꾼인 10살 연하인 남자가 가계수표를 할인하는 데 보증 서서 지금 아주머니가 몽땅 책임을 져야 할 상황입니다. 이런 도장은 빨리 소각해야 합니다. 늦은 감이 없지 않지만 그나마도 다행입니다. 전남편은 늦었고, 친동생이라도 구제해야 당신이 살 수 있습니다. 방법을 일러줄 테니 제 말대로 하겠습니까?

그 연하의 남자와 결혼해서 혼인신고를 하세요. 예물로는 우선 인장 한 쌍과 사용인장 한 쌍을 만들어 쓰세요. 3개월이 지나면 확실히 달라질 겁니다. 제 말이 틀리면 책임지겠습니다. 그리고 장롱 속에 있는, 옆집 유부남이 사준 가짜 다이아몬드 패물을 없애는 게 좋습니다. 그건 진품이 아닙니다. 왜냐하면 아주머니 운수나 도장에는 음양과 진용이 없습니다. 무엇보다 아주머니의 정조관념이 너무 흐릿합니다. 어서 결혼하고 과거도 청산하세요. 그렇지 않으면 패가망신하고 나중에는 성병이나 괴질병에 걸려 제 명에 죽지 못할 겁니다. 지금은 땅덩어리가 두서너 개 있어서 재산이 있지만 보증관계로 몽땅 날릴 겁니다."

필자가 말을 마치자 그녀는 매우 놀라워했다.

"누군가 말을 한 게 틀림없군요. 그렇지 않으면 선생님은 귀신입니까? 사람이 어떻게 그 정도로 맞힐 수 있습니까? 정말 무섭네요. 시장에서 만난 남자는 열 살이 아니라 열두 살 연하지만 맞힌 거나 마찬가지죠."

그러면서 함께 온 여자를 보았는데 얼굴빛이 좋지 않았다.

"같이 오신 분은 얼굴이 상당히 비운에 빠져 있군요."

그러자 그녀는 간청하듯 말했다.

"선생님, 맞습니다. 저에게도 구체적으로 말씀해 주세요."

"도장을 먼저 보여주세요. 없으면 왼손 엄지를 찍어 보세요."

그녀는 도장이 없는지 왼손 엄지를 종이에 찍었다.

"아주머니 남편께서는 안타깝게도 행방불명입니다. 아주머니는 지금 43세일 겁니다. 10년 전 행방불명이 되었네요."

"나 원 참. 세상에! 어떻게 지문을 보고 알 수 있죠? 제가 과부팔자입니까? 선생님, 남편을 찾을 수 있을까요?"

"아주머니, 단념하시고 사망신고를 하십시오. 그리고 음력 9월 9일 밤 11시에 제사를 지내세요. 두 자녀는 훌륭하게 잘 커 가고 있으니 장래 큰 일꾼이 되겠습니다. 아주머니는 우선 도장을 아이들에게 각각 두 개씩만 운수에 맞는 것을 만들어 지니게 하고 은행비밀번호, 집의 생활방향을 바꾸고 동시에 남편이 쓰던 옷이나 물건 등은 모두 태워서 없애버리세요. 그런 다음에 재혼하세요. 도장의 힘으로 크나큰 길운이 발생하고, 귀인이 나타나서 남은 평생을 행복하게 해줄 남자가 반드시 생깁니다. 아이들은 걱정 안 해도 되고 어머니가 행복하다면 결혼하라고 두 아이들은 하나같이 희망할 겁니다."

그 이후 5개월 만에 그녀가 한 남자와 함께 필자를 찾아왔다. 그리고 결혼날짜를 잡아달라며 배우자 될 사람과 궁합을 봐달라고 했다.

"아주머니, 하늘이 맺어준 인연 같으니 궁합은 필요 없고, 남자분의 도장이나 지문을 찍어 보세요."

남자는 지문을 찍었고, 필자는 그 지문을 들여다보았다.

"아하, 당신은 지금 이혼이 안 되었군요. 작년에 합의이혼을 했는데 구청에 가서 신고를 하지 않았네요. 당장 전 여자와 만나 다시 이혼 절차를 밟아서 신고하십시오."

"아니, 선생님. 기가 막힐 노릇이군요. 어떻게 그런 게 지문에 나옵니까?"

"다 나와 있습니다. 그나저나 문제가 되는 건 돈이 약 5,000만 원 이상 들겠습니다. 전 여자가 요구할 겁니다."

"충분히 돈을 주고 이혼했는데, 설마 또 돈을 요구하겠습니까?"

그렇게 말하고 간 지 열흘 후 그 남자가 필자를 찾아와 항의하듯 말했다.

"선생님은 5,000만 원이라고 했는데 1억 원이나 요구했습니다."

"그것 보세요. 당신은 충분한 위자료를 주고 이혼했다고 했지만 실제론 어땠습니까? 그래서 1억을 준다고 했습니까? 무조건 5,000만 원만 준다고 잘라 말하세요. 당신의 전 여자는 연하의 남자와 열애중입니다. 지금 열애중이라 돈이 쪼들리는 상태이기 때문에 5,000만 원만 주겠다고 버티면 됩니다. 하지만 당신에게는 충분한 돈이 있기 때문에 5억 원을 줘도 부담이 없습니다. 계속 1억 원을 요구하면 7,000~8,000만 원을 주고 합의이혼을 다시 하세요. 그리고 지금 살고 있는 집은 헐값에라도 팔고 새 집을 지으세요. 동남쪽 방향으로 설계하고, 하수도는 서남방에 설치하고, 화장실은 서북방에 두세요. 부부 침실과 침대를 정동으로 두고 생활한다면 만인이 유정하고 화합하며 상부상조합니다. 더욱이 대인관계가 원만하고 순탄하며 생산적이고 또 우호적이면서도 협동적입니다. 항상 사람들과 더불어 성공을 도모하여 재물을 크게 모으면서 이름을 날립니다. 답답하게 막혀 있던 일이 풀리고, 고대했던 기회가 주어지며 새로운 활동무대가 전개됩니다. 평소 힘쓰고 축적했던 능력을 맘껏 발휘하고 소원을 성취하면서 만사는 형통합니다. 집이란 운수에 맞추어서 설계함이 좋다는 것은 두말하면 잔소리지요."

인장과 상호 변경으로 귀인을 만나 80억 회사 재생

부산에서 회사를 운영하는 남자였는데, 회사가 위기에 처한 상황이었다. 그는 필자가 쓴 『대운大運, 오천 년 숨겨진 비밀』을 보고 필자를 찾게 되었다고 했다. 의뢰를 받고 감정해 본 결과 좋지 않은 결론을 얻을 수 있었다. 사주는 천하일품이지만 현재 처해 있는 사업에 상당한 어려움이 있는 것으로 나왔다.

사주팔자	대 운
庚 戊 己 庚 甲 甲 卯 寅	丙 乙 甲 癸 壬 辛 庚 大 戌 酉 甲 未 午 巳 辰 運

첫째, 상호가 음양의 위치에 어긋나 있다.

둘째, 이름이 사주와 맞지 않는다.

셋째, 개인인장과 은행인장, 실무인장, 법인인장 모두 사주와 맞지 않고 은행비밀번호와 전화번호도 어긋나 있다.

그러한 조건에서 사업을 하니 크게 성장할 것 같으나 결국에는 호박씨를 한 입에 털어 넣는 이치였다. 그는 현재 고비만 넘기면 문제가 없을 것 같은데 방법이 없다며 무슨 비방이 없느냐며 부탁을 해왔다. 필자는 먼저 상호와 개인인장, 은행인장, 실무인장, 법인인장, 법인 사용인장, 가족인장과 이름을 지어 송달하고 부산 사옥 현장을 가 보기로 했다. 부산에 도착해서 본 건물은 800평 규모의 건물로 입구는 대길방大吉方이었다.

"대길 건물이니 조금만 있으면 황금 건물이 되고, 사업도 크게 번창할 것입니다."

하지만 그는 믿지 않았다.

"82령부를 해줄 테니 고급 액자로·표구해서 사무실에 걸어두면 획기적인 사건이 분명 일어날 겁니다."

그렇게 일단락을 짓고 필자와 그는 두 달 후인 10월 중순에 만나기로 했다. 하지만 그는 소식이 끊어져 연락이 없더니 10월 20일 경에 갑자기 장충동 사무실로 찾아왔다.

"지금 1차 부도를 내고 내일이면 2차 부도입니다. 회사를 정리하든가 다

460

른 방법을 찾아봐야 할 것 같아요. 도무지 방법이 없네요.”

그는 안절부절못하며 말을 잇지 못했다.

“분명히 말하건대 부도는 절대 발생하지 않을 겁니다. 저를 믿으십시오.”

“무슨 소립니까. 대책도 없이 절벽강산인데 무슨 춤이라도 추라는 말입니까? 기가 찹니다. 세상이 어떻게 돌아가는 건지 사람들이 거저먹으려고 덤벼들기만 합니다. 공장을 헐값에 넘기라고 난리들입니다. 은행에서 1차 부도를 막아줄 테니 2차는 막으라고 했지만 이젠 상관없다고 말하고 상경했습니다.”

필자는 잠시 혼자 명상을 한 뒤 비법을 그에게 가르쳐주었다. 그리고 틀림없이 부도를 막을 수 있다고 말하고는 헤어졌다. 필자가 시키는 대로 했음에도 불구하고 벼랑 끝에 섰던지라 지푸라기라도 붙잡는 심정으로 그는 필자를 믿을 수밖에 없었다.

그는 필자와 만난 후 심야버스를 타고 아침 5시에 진주에 도착, 피곤한 몸이라도 달래자는 심산으로 사우나에 들렀다. 탕 속에 몸을 담그고 이리저리 휘젓던 그는 누군가와 부딪쳤다. 알고보니 절친했던 대학 선배였다. 그 사람은 이미 서부 경남에서 재력가로 소문난 사람이었다. 인사가 오간 뒤 선배는 어려움에 처하면 연락하라며 명함 한 장을 건넸다. 그는 선배에게 차나 한잔 하자며 붙들었다.

“선배님, 말씀 들어보니 저에 대해 잘 알고 계신 것 같은데⋯⋯.”

“소문에 자네 사업이 번창해서 광산까지 인수했다고 하던데. 그 광산은 원래 내가 염두에 두고 있던 차에 자네가 매입했다는 얘기를 듣고 잘됐구나 생각만 하고 있었네. 그 광산은 황금광산일세. 앞으로 무진장 좋아질 걸세. 기회가 오고 있네. 자네 참 그 광산 잘 샀어. 사실 구입하려고 흥정하던 중이었는데 그만 자네에게 빼앗겼네 그려.”

선배의 말을 듣던 그도 신기하다 느끼고 말문을 열었다.

"선배님, 오늘 저의 회사 사활이 걸려 있습니다. 1차 부도를 내고 오늘 오후 4시면 2차 부도 처리되고 맙니다. 이제 대책도 없고 어쩔 도리가 없습니다. 끝장났습니다."

"무슨 소리야? 오늘 막아야 할 금액이 얼마인가?"

그는 선배에게 액수를 말하고는 대책이 없겠느냐 물었다. 선배는 그길로 그를 데리고 은행에 가서는 어딘가로 전화를 걸어 그가 말한 액수를 은행에 입금하라고 했다. 그는 그만 울음을 터뜨렸다. 꿈인지 생시인지 분간할 수도 없었다.

그때 맨 처음 떠오른 생각이 필자였다고 한다. 그는 필자에게 전화를 걸어 고맙다고 인사하며 회사 창립식에 참석해 달라고 했다. 필자는 그런 좋은 소식을 경험할 때 보람과 자부심을 느낀다.

사주에 따라 이름을 지어서 행운의 번호, 즉 금융기관 비밀
번호를 진용으로 표출해 인장과 이름, 행운의 번호를 만들
면 여덟 가지의 행운이 따른다.

Chapter 6

기氣와 운명학

일상생활에서 중요한 것은 이름과 행운번호, 삼합인
장이다. 그러나 이것이 자신의 운세와 맞아야 강한
기가 증폭될 수 있다. 또 편안한 마음, 훌륭한 생각,
남을 사랑하고 공경하는 자세로 기를 증폭하면 반드
시 건강해지고 하고자 하는 일이 순조로워진다. 모든
사람이 자신에게 긍정적 반응작용이 일어나 비판적이
던 사람이 호의적으로 바뀌기도 한다.

기의 체험

　1997년 여름 필자는 『대운용신영부적大運用神靈符籍』이라는 책의 감수를 의뢰하고자 서정범 교수를 찾았다. 국문학자이며 무속연구가로 유명한 서정범 교수는 우리나라 무속인 3,500여 명을 대상으로 기를 측정한 것으로 유명하다.

　경희대 교수회관 2층에 있는 서 교수 연구실 뒤편에는 강한 수맥이 흐르고 있었다. 그는 필자에게 수맥을 차단하는 실험을 보여주었는데, 참으로 놀랄 만했다. 수맥이 흐르는 곳에 서 교수의 저서를 한 권 올려놓으니 거짓말처럼 수맥이 차단되는 것이었다. 책 한 권으로 수맥이 차단되는 걸 보고 필자는 놀라지 않을 수 없었다.

　서 교수는 말했다.

　"정재원 씨 당신은 엄청난 기를 갖고 있어요. 일반적으로 기가 강하다는 사람들보다 훨씬 세니 잘 계발해 보세요. 기는 무한한 잠재력이 있는데 아직 그 계발이 미흡하답니다. 당신이 적임자가 아닌가 생각이 드는군요. 당신이 계발하면 틀림없이 엄청난 기를 발산할 수 있으니 연구하고 계발하세요. 추천해 준 사람을 찾아가서 기의 계발법을 터득해 보세요."

며칠 후 서 교수의 추천서를 들고 한 도인을 찾아갔더니 아주 반갑게 맞아주었다. 잠깐 동안 대담을 나눈 후 그가 말했다.

"선생은 현재 나보다 훨씬 기가 강해요. 지금 내 능력으로는 당신에게 기계발을 시킬 힘이 없습니다. 선생이 직접 실험하고 실행하면 바로 초능력의 기가 발산됩니다."

그렇게 그는 부탁을 거절했다. 필자는 사무실로 돌아와 명상에 들었다. 하지만 아무런 영감도 떠오르지 않아 다시 서 교수를 찾아가서 있었던 일을 얘기하고 서 교수의 방법으로 기 계발법을 가르쳐 달라고 졸랐다. 그제야 서 교수는 필자의 부탁을 승낙했다.

우리는 서로 마주보고 앉아 기의 세계로 들어가 실험을 했다. 실험이 끝나고 서 교수는 필자에게 말했다.

"당신은 내가 본 어떤 사람보다 강한 기를 갖고 있어요. 대단한 능력입니다. 집중적으로 계발해 보세요. 정재원이란 이름을 상대에게 써 주기만 해도 기가 상대에게 들어갈 겁니다."

그 말은 거짓이 아니었다. 서 교수가 필자의 이름으로 실험한 결과 기적 같은 현상이 일어났다며 전하기까지 했다.

필자는 미흡한 부분을 계발하기 위해 혼신의 힘을 기울였다. 그리고 전국 명산을 돌며 기를 체험했는데, 태백산이 가장 강한 기를 품고 있다는 사실을 발견했다. 그 후 신정음양회 회원들과 함께 태백산 기 증폭 대회를 정기적으로 갖고 있다.

1998년 지방자치단체장 선거 때 일이다. 필자는 태백산 천제단에 다녀온

후 한 후보에 대한 집중적인 명상에 들었는데, 릴낚시를 던져 유권자들의 마음을 건져 올리는 명상을 하게 되었다.

명상을 한 5일 후 후보 등록 마감일 오후 5시가 되었는데도 강력한 후보군이 모두 등록을 하지 않는 사태가 벌어졌다. 결국 필자가 명상을 한 그 후보만이 등록을 했던 것이다. 그날 저녁 그 후보는 무투표 당선이라는 연락을 받았다.

기증폭대회 및 사례

일상생활에서 가장 중요한 것은 두말 할 것도 없이 이름과 행운번호 그리고 삼합인장이다. 그러나 이것이 자신의 운세와 맞아야 강한 기가 증폭될 수 있다. 서정범 교수의 소개로 버트링 연구가에게 실험한 결과 인장에도 기가 있다는 것이 판명되었다.

또한 편안한 마음, 훌륭한 생각, 남을 사랑하고 공경하는 자세로 기를 증폭하면 반드시 건강해지고, 하고자 하는 일이 순조로워진다. 모든 사람이 자신에게 긍정적 반응 작용이 일어나 비판적이던 사람이 호의적으로 바뀌기도 한다.

손자에게 기를 증폭시켜 준 케이스

신정음양연구회 정회원인 K씨(60)의 경우다. 1998년 어느 날 그가 필자에게 전화상담을 해왔다. 세 살짜리 손자가 매일 울기만 하고 1년 내내 코를 흘리는 증세를 보인다고 했다. 밤이 되면 더욱 심하다는 것이었다. 병원에 가도 별다른 진단을 내리지 못한다며 하소연을 늘어놓았다. 필자는 우선 아이를 데리고 사무실로 나오라고 했다.

이상한 것은 병원 문 앞에만 가면 소스라치게 울던 아이가 필자의 연구실에 들어서면서는 전혀 울지 않았다는 사실이다. 오히려 아주 편안한 모습이었다. 필자는 아이를 쓰다듬고 기 증폭을 해주는 글자로 경면주사를 사용하여 처방을 내렸다.

그렇게 1년이 지나고 들은 바에 따르면 아무런 장애도 없고 건강하게 잘지내고 있다는 것이었다.

그 소문에 김영숙(60)이라는 여인이 가슴이 답답하고 머리가 아프다면서 필자를 찾아왔다. 병원에 다녀도 소용없고, 아무 이상을 발견하지 못했다고 했다. 필자는 그 부인을 유심히 관찰하고 사주를 풀어보았다.

"부인의 연세는 60입니다. 좀 늦은 경우지만 개명을 하십시오. 그리고 새이름으로 삼합인장을 만들고 행운의 번호를 가지세요."

그리고 기 증폭까지 해주었다. 그날 이후 부인은 본래대로 건강을 되찾아 농사일도 잘 하고 있다고 한다.

손자를 데리고 왔던 K씨의 둘째 딸이 어느 날 갑자기 쓰러졌는데, 병원에서 정밀진단을 받았으나 아무런 이상을 발견하지 못했다고 한다. 몇몇 큰병원을 다녀도 마찬가지였다. 그들 부부는 결국 딸을 데리고 필자를 찾아왔다.

1999년 1월 그들의 딸은 고개도 들지 못하고 사지가 축 늘어진 상태였다. 필자가 보기에 그녀는 기가 완전히 빠져 있었다. 우선 기 증폭이 급선무였다. 그리고 개명을 하고 삼합인장을 만들어주었다. 그리고 3일 이내에 차도가 없으면 다시 오라고 했다.

다음날 K씨로부터 전화가 왔는데, 딸아이가 밥을 먹기 시작했고, 힘을 얻어 걸어 다니며 말도 잘한다며 기뻐했다. 그리고 며칠 후 다시 전화가 왔다. 3일이 지나면서 예전으로 돌아왔으며, 전보다 더 활기차게 생활을 한다는 것이었다.

K씨의 부인은 손자나 딸의 경우를 지켜보며 그동안 가졌던 기에 대한 불

신을 누그러뜨릴 수 있었다. 그래서 그녀는 자신도 기 증폭을 받겠다며 전화를 통해 이름과 생년월일시, 신장, 체중, 혈액형 등을 알려왔다. 필자는 사주를 분석한 후 처방을 내렸다.

한 달이 지났을 무렵 K씨가 전화를 해왔다. 평소 불평불만이 많았고, 신경질적인 사람이던 아내가 완전히 달라졌다는 것이다. 일을 하면서도 콧노래를 흥얼거리고 삶의 보람이 가득한 사람으로 변했다고 했다.

수맥차단으로 사업을 번창시키다

어느 날 절친한 선배 한 분이 누군지도 모를 생년월일시를 주며 사주를 풀어달라는 것이었다. 필자가 풀어보니 많이 살아야 5, 6개월 이상은 살 수 없는 것으로 나왔다.

"이제 60세밖에 안됐지만 이 사람은 5, 6개월밖에 못 삽니다. 사업은 말기현상에 이르렀고, 부도 위기에 몰렸습니다. 사업도 그렇지만 불치병이 문젭니다. 지금 이 사람의 몸에는 나쁜 기가 흐르고 있는데, 조상의 묘에도 나쁜 기가 흐르고 있습니다. 묘터가 대단히 좋지 않네요. 더 볼 필요도 없겠습니다. 그런데 이분이 누굽니까?"

그러자 선배는 벌컥 화를 내는 것이었다.

"야, 임마! 그런 엉터리 같은 소리가 어딨어? 이 분 조상의 무덤은 왕릉 터보다 더 좋은 곳이라고 했어. 그리고 집도 아주 오랫동안 살아오면서 어디 하나 고친 곳 없는데 무슨 잠꼬대 같은 소리냐!"

"그럼, 우리 한번 확인해 볼까요? 내 말이 틀림없습니다."

필자는 그 길로 그 집을 찾아가 보았다. 그 집은 강남에서도 요지로 정평이 나 있는 대단히 잘 지은 주택이었다. 하지만 이미 나쁜 기가 흐르고 있었다. 수맥이 대주大主와 맞지 않았다. 집이 주인과 맞지 않으니 불치병 환자가 생겼던 것이다. 그리고 내친 김에 조상의 묘를 보러 갔다. 묘를 만들 당시에는 나름대로 명당이라고 했겠지만 그렇지 않았다. 화려하게 치장은 했지만 필자가 보기에 그 자리는 묘를 쓰면 안 되는 자리였다. 살고 있는 집보다 더욱 강하게 나쁜 수맥이 흐르고 있었다. 필자는 집 주인과 상의한 후 바로 고치는 작업을 시작했다.

그 산에도 명당이 있었다. 그래서 그곳 흙 다섯 섬을 파다 분묘에 골고루 덮고 주변에 뿌리면서 수맥의 방향을 돌리는 의식을 치렀다. 그 작업은 이틀에 걸쳐 진행되었다.

한 달이 지났을 무렵, 집 주인이 필자를 찾아와 다짜고짜 큰절을 하는 것이었다. 자신의 몸이 언제 그랬냐는 듯 말끔히 나았다며 기뻐했다. 그러면서 살고 있는 집에도 수맥을 차단시켜 달라고 했다. 필자는 그의 소원대로 수맥을 바꿔주었는데, 그 이후로 사업도 번창한다며 감사를 표했다.

기 증폭과 삼합인장의 복합효과

1998년 여름, 30여 년 공직생활을 하다 건강이 악화되어 명예퇴임을 앞둔 한 남자가 필자를 찾아왔다. 필자는 그의 가족 생년월일시를 대입해서 사주를 풀어 숫자의 배열과 행운번호, 그리고 기 증폭에 삼합인장을 해서 주었다. 그는 5일 후에 큰 수술을 하기로 되어 있었는데 어떻게 해야 할지 망설이던 중이었다.

"그날은 선생의 사주팔자에 천지충天地沖이 있습니다. 그런 날은 신상에 불길한 일이 생기는 날이니 다음으로 연기하십시오. 명상을 한 후 다시 봐드릴 테니 내일 다시 오십시오."

다음 날 찾아온 그에게 필자는 전신을 가볍게 지압하고 통증이 심한 부위에 집중하여 기를 불어넣었다. 시간이 조금 지나자 그는 기분이 상쾌해지며 통증이 가라앉는다고 말했다. 그리고는 수술을 미루고 매일 필자를 찾아와 30분씩 집중 치료를 받았다.

그의 병은 수술을 하지 않으면 복부 팽창으로 죽을 수도 있는 것이었다. 수술을 해도 50%를 자신할 수 없다는 것이 의사의 진단이었다. 의사가 그렇게 말했기 때문에 그의 아내는 수술을 연기한 남편을 걱정하지 않을 수 없었다. 결국 그의 아내가 필자를 찾아와 기 치료를 받는 것을 못 믿어 하며 걱정을 털어놓았다.

"물론 현대의학적 측면으로 보자면 이해하지 못할 겁니다. 하지만 현대과
학이나 의학으로도 해결하지 못하는 부분이 상당히 많습니다. 그것을 음양
에서 풀어내고 있습니다. 또한 기는 과학적으로 증명되지는 않았지만 의학
은 기에서 비롯된 것입니다. 기는 바로 힘입니다. 저는 이 기의 원리를 이용해
서 난치를 극복시키는 겁니다."

한참 동안 필자는 그녀에게 기에 대한 설명을 했고, 그녀는 조금씩 이해하
는 듯했다. 어쨌거나 그는 결국 수술을 하지 않고 지속적으로 기 증폭을 받
아 완쾌되었다.

기가 증폭되는 자리에 세운 위령탑

천택이天澤履와 지천태地天泰이니라. 연파만리에 금잉어가 뛰논다. 공정무하면 부귀가 유구하리. 명리가 같이 흥하니 일신이 화기에 찼다.

덕을 쌓은 가정에는 반드시 많은 경사가 있으리라. 한 번 뛰어 용문에 오르니 의기가 양양하여 기쁘게 가인을 만나 노력하여 얻을 것이요, 하는 일은 하늘을 통한다. 좋은 운이 와서 이르니 만사여의하도다.

대한민국은 세계중심국가로서 55숫자에 있다. 특히 지리산 자락 서부 경남 산청·함양사건 추모공원 위령탑이 중심이 되어 있다. 21m 높이로 솟은 탑 앞에 2시간 10분 정좌하여 무상으로 기 증폭을 해보라.

용을 타고 범을 타니 부귀를 길게 누리고 상상력이 발생한다. 재앙을 막으니 길이 보인다. 의식이 유여하니 복록이 면면하리. 벼슬을 만나니 금관조복 입으리. 묵은 재앙이 가고 장차 새로운 복이 이른다. 관직자는 명예와 권력을 잡으면서 생각하는 대로 뜻이 이루어진다. 부부애와 자녀애가 좋으며 건강하여 소망성취하고 천재적인 재능으로 만인의 존경과 신망을 받는다.

위로 봉안각에서 억울하게 희생당한 705위의 위패 앞에 조의를 표하고 기도하면 덕을 크게 쌓을 것이다. 계속 기도하면 이상적인 명상이 떠오를 것이다.

추모공원에서 뒷산행로로 3km 정도 맨발 등산을 하라. 705위의 영령들이 통행하는 산행로이기 때문에 만인의 건강과 목적하는 바가 이루어질 것이다. 향과 초를 올려놓고 기도하라.

매일 기도하는 것이 좋고 그렇지 않으면 일주일에 3번, 한 달에 3번 이상이 아주 좋을 것이다. 강한 의지로 심취하면 필히 소망성취할 수 있다.

명상을 통해 미래를 엿보다

2030년, 한국에 위대한 도인이 출현한다

앞에서도 여러 번 기술한 바 있듯이 필자는 곧잘 명상을 하게 된다. 그 명상으로 얻어진 영감은 지금까지 한 번도 어긋남이 없었다. 여기서 명상으로 영감을 받은 예언을 몇 가지 소개하기로 한다.

서기 2030년이 되면 우리나라에 엄청난 기氣를 발산하게 될 도인이 나타난다. 조선 중기 선조 때 탁월한 지력과 높은 혜안으로 나라의 위기를 구해 크나큰 공훈을 세운 서산대사西山大師:1520~1604와 그의 제자 사명당四溟堂: 1544~1610보다도 열 배 스무 배 탁월한 지혜와 깊은 혜안을 가졌으며, 엄청난 기를 가진 도인이 나타나 과거나 현재의 잘못에 대해 준엄한 심판을 내리고 응당한 벌을 가하게 된다.

특히 임진왜란을 비롯하여 현재까지 왜국倭國이 저지른 과오에 대해 정확한 판단으로 시비를 가려 준엄한 심판을 내릴 것이다. 왜국이 저지른 만행 중에서도 민황후 시해사건과 함께 금수강산에 박아 놓은 30여 만 개의 쇠말

476

뚝에 대한 과오를 더욱 준엄하게 벌할 것이다. 그리고 2030년에는 우리나라 산하에 박혀 있는 쇠말뚝은 모두 사라지게 될 것이다. 현재도 그 쇠말뚝의 기맥 차단 효력은 이미 상실된 지 오래라고 볼 수 있다.

곧 우리나라의 국운이 왕성하게 열릴 것이다. 세계를 향한 대한의 기가 넓고 왕성하게 뻗쳐 갈 것이다. 왕성한 기의 시대가 오고 있다. 머지않아 핵전쟁시대는 사라지고 기의 시대가 도래하는데, 이것은 우리 대한민국에서 시작되어 전 세계로 퍼져나가 온 세상이 왕성한 대한의 기로 움직이게 된다.

2030년에 한국의 위대한 도인이 출현하게 되면 세계의 난제들을 쉽게 풀어갈 것이다. 아무리 신출귀몰한 행동을 할지라도 이 도인 앞에서는 주눅이 들어 꼼짝할 수가 없게 된다. 세계의 초강대국 미국에서도 지금 찾아내지 못하는 중동의 빈 라덴과 같은 인물일지라도 그때에 이런 일이 있게 된다면 숨어 살기에 어림 반 푼어치도 없게 된다.

그의 강한 기 앞에서는 꼼짝달싹할 수 없게 되므로 스스로 걸어나와 무릎을 꿇을 수밖에 없다. 드넓은 사막에 숨겨진 바늘 하나도 불과 며칠이면 찾아내게 된다. 엄청난 신통력과 더불어 강한 기를 가졌으므로 그 앞에서는 어느 것 하나 거짓과 부정과 흉계 따위는 범접할 수가 없게 될 것이다.

그리고 21세기 중반에는 엄청난 세계적 변화가 있게 된다. 2030년에서 2061년까지 31년 동안 이 지구는 큰 재앙을 맞게 된다. 세계적 전쟁이 한 번 있게 된다. 제3차 세계대전이 될 것이다. 또 천재지변으로 엄청난 사람이 생명을 잃게 된다.

물水로 인한 큰 재앙이 있게 되는데 세계 곳곳에서 산발적으로 발생하게 되고, 특히 미주 지역이 더욱 심하게 나타난다.

아시아에서는 일본열도를 따라 펼쳐져 있는 화산대가 큰 문제로 대두되는데 화산이 폭발하거나 큰 지진이 일어나더라도 불에 의한 재난보다는 바닷물이 생명을 앗아가게 된다.

그리고 바다 밑의 지진대가 움직이면서 지표가 균열되어 쓰나미 현상을 일으키게 되는데 동남아 일대와 대양주 주변의 섬나라들은 특히 주의해야 한다. 물론 우리나라도 완전 예외일 수는 없으며 중국 동남부에까지 영향을 미칠 수 있겠다.

2030년 10월 18일, 대재앙의 날

앞에서 2030년에 우리 대한민국에서 탁월한 지혜와 깊은 혜안을 가졌으며 왕성한 기의 전도사가 될 도인이 출현하여 세계 모든 분야에서 큰 영향력을 행사하게 된다고 했다. 그런데 2030년 10월 18일은 세계 곳곳에서 큰 재앙이 일어나게 되어 있으니 큰 걱정이 아닐 수 없다. 그날의 세계적 운세는 이러하다.

경술년 병술월 병술일 임진시인데, 이것을 알기 쉽게 풀어보면 2030년 10월 18일 7~8시 사이를 말한다. 이 때 세계 각 지역에서 정치적 내란과 전쟁이 일어나며 인종 폭동까지 일어나게 된다. 대도시에서는 가스폭발, 지하철 가스폭발, 자살테러와 폭동 등이 인위적 원인으로 발생하게 되는데 특히 종교적 의미가 합세된 인종차별 폭동이 거세게 일어나 많은 인명피해가 속출하게 된다.

특히 이런 재앙적 큰 사건은 세계 큰 도시 10여 군데에서 동시다발 형태로 일어나 도시의 파괴, 시설물 폭파와 더불어 수많은 인명사상자가 발생하게 된다.

이날의 대재앙으로 세계 인구 10억 명 이상이 목숨을 잃을 것이다. 그리고 지금으로부터 700년 후, 그러니까 2706년 7월에 엄청난 지각변동이 일어나 완전히 가라앉게 된다. 그와 함께 다른 곳에 새로운 큰 섬이 솟아나게 되는데 그 위치는 지금의 일본 열도와 하와이섬 중간 해역이 될 것이다. 새로 솟아오르게 될 큰 섬은 한반도의 9.4배 정도 되는 큰 땅이 된다.

그리고 이때 우리나라 제주도와 일본의 오키나와 사이에도 큰 섬이 하나 솟아나게 되는데 이 섬은 앞으로 홍콩이나 싱가포르를 능가하는 대 무역 도시국가로 발전하게 된다.

478

우리나라 국운에 대한 역사적 고찰과 전망

하나, 대한민국은 축인丑寅 간艮에 의한다

축丑은 북방수北方水요 황우黃牛이며, 인寅은 동방목東方木이요 백호白虎다. 축丑은 동토凍土요 묵墨으로 암묵暗墨을 의미한다.

과거 우리나라는 중국에 오랜 세월 동안 예속되듯 이어져 왔고, 일본에 36년 간 종속된 것도 우연이 아니다. 축丑을 극極하는 것은 말로末路를 나타낸다. 축은 지배와 독재를 상징한다. 1919년 기미년에 일제의 지배로부터 독립하기 위하여 만세를 부르고 모든 백성이 분연히 일어나 대한독립을 외치며 일제와 목숨 걸고 싸운 것도 우연이 아니다. 1979년 기미년에 박정희 대통령이 최측근의 흉탄에 쓰러진 것도 우연이 아니라고 필자는 보고 있다.

이러한 일련의 사건들은 절대 우연으로 빚어진 것이 아니다. 반드시 천지조화가 내재된 상생상극의 특출한 의미로 운명화된 것이다.

둘, 대한민국은 동방목東方木이다. 정치와 경제와 군사軍事는 상극相極 : 약육강식 위주로 형성된다. 여기서의 극極은 경신금庚申金이다.

경술년에 한일합방이 있었다. 1910년 경술년 8월 29일, 이날은 한국의 통치권을 빼앗긴 국치를 당한 날이다. 이것을 우리는 경술국치라 이름붙였다. 경자년에 4·19가 일어났고, 경인년에 6·25가 발발하였다.

또 경신년에 5·17이 발생하였고 신축년에 5·16이 발생한 것도 우연이 아니다. 금극목金剋木하기 때문이다.

셋, 북방수北方水는 군軍과 전쟁과 도적을 상징한다

조선시대에 남대문과 동대문, 서대문을 세우면서도 북대문(숙청문)은 없앴는데 이는 풍수지리학자 최양선이 지맥을 손상시킨다는 상소를 올린 다음부터였다. 북대문을 폐쇄한 가장 큰 이유는 난리를 피하기 위해서인데 특히 왜군의 잦은 침입을 막고자 했다.

이 나라 국운國運은 신자진申子辰 수운水運에서 발생한다.

경신년 660년에 백제가 망하고, 무진년 668년에 고구려가 망하고, 임신년 1392년에 고려가 망하고, 임진년 1592에 임진왜란이 발생했으며, 경자년에 4·19가 발생한 것은 북방수北方水의 생생한 실증이라고 본다.

넷, 상생相生은 자연의 변화법칙이고 상극相極은 약육강식이다.

2010년 4월, 그러니까 경인년 경진월에 남북 관계에 불미스러운 일이 일어나게 된다. 이 일은 심상치 않은 사건으로 확대되고, 그에 따라 큰 불화를 일으켰다.

2021년 큰 전쟁이 발발한다. 북한에서도 그동안 준비한 미사일이나 핵 등 모든 군사무기를 사용하게 된다. 그 결과는 그들에게 최후의 발악이 빚어낸 참화가 될 것이다.

생존의 향방이 묘연해진 북한은 실낱같은 돌파구라도 찾아보겠다는 얄팍한 생각으로 겁 없이 덤벙거리고 날뛰다가 불씨를 지피게 된다. 시험 삼아 내던져본 이 불씨가 엄청난 환난을 몰고 올 것이라곤 미처 생각지 못하고 스스로 무덤을 판 꼴이 될 것이다. 그것은 곧 멸망으로 가는 지름길임을 그들이 전혀 모르지는 않을 터이다.

또한 그것은 곧 전 세계를 뒤흔들 대란의 불씨가 되어 하늘은 핵불길로 휩싸이게 되고 강토의 북쪽은 완전히 불바다가 될 것이다. 그들이 걸핏하면 남쪽 불바다 운운하던 협박이 오히려 부메랑이 되어 버리는 것이다.

이 대란으로 북의 사람들 90% 이상이 사상자가 되고 엄청난 북한 동포가 비운의 죽음에 이르게 된다. 그에 따라 남쪽에서도 피해가 엄청날 것이고, 미국·일본·중국·러시아 등 한반도 주변국은 물론 평화의 사도들도 공포와 더불어 상당한 피해를 보게 될 것이다.

그 후 폭풍이 처참하게 스쳐간 이 땅에는 차츰 평화가 찾아오게 될 것이고 살아남은 사람들끼리 형제자매가 되어 통일 한반도를 이루게 될 것이다.

한반도에 다소 안정이 찾아올 무렵 이젠 미주대륙에서 엄청난 회오리가 불어 닥친다. 대폭풍·대홍수의 난리가 일어나고 미국 남서부 일대에 엄청난 지진과 해일이 발생하여 일부가 바닷속으로 침적하게 되는 대재앙이 있게 된다. 이때가 2022년인데 그로 인해 2026년까지 미국을 비롯한 중미中美의 멕시코, 쿠바 등도 잇따라 재난을 당하게 된다.

유엔을 비롯한 세계 구호단체에서는 초강국 미국과 중미의 피해국에 긴급 원조를 보내게 되는데 그것은 코끼리 비스킷에 불과하다. 그러나 전 세계가 자유화로 변한 시기인지라 서로 다투어 형제애를 발휘하게 되고, 곧 피해를 당한 사람들이 대재앙을 딛고 일어나게 될 것이다.

지구의 지각변동은 여기서 그치지 않고 이 무렵 태평양 연안에 엄청나게 큰 섬이 생기게 된다. 정확한 시기는 말할 수 없지만 우리나라의 제주도와 대만·중국 사이의 바다 한 가운데에 엄청나게 큰 섬이 솟아올라 주변국들 간에 영유권 쟁탈전이 벌어질 것이다.

2026년에는 명실공히 한반도·한민족은 완전한 통일을 보게 될 것이다. 그에 따라 대한민국은 통일한국으로 세계 강대국 대열에 우뚝 설 것이고, 세계인이 우러러보는 나라로 변모할 것이다. 그것은 강인한 정신력과 투철한 국가관, 그리고 명석한 판단력, 근면·검소의 민족성이 되살아나 초일류 국가 대열에 합류하게 되는 것이다.

또 이 무렵에는 지진 등 지구의 지각변동, 그리고 각종 재난과 재앙으로 인한 과잉소비 등의 원인으로 석유에너지는 차츰 고갈되어 갈 것이고, 그에 따라 새로운 에너지가 개발된다. 특히 바닷물을 주원료로 하는 대체에너지가 개발되고 그에 따른 각종 새로운 기계가 만들어지는 일대 에너지 혁명이 있게 될 것이다. 그에 대한 기술적 연구와 혁신적 개발은 대한민국에서 완성하게 된다.

그리고 차츰 우주 개발에도 박차를 가하게 되고 무진장한 대체에너지가 우주에 잠재해 있음을 확인하게 된다. 이때가 2050년경이다. 이 우주에서 얻어지는 에너지의 위력은 현재 지구의 석유 대비 10만 배 이상의 강력한 힘을 가진 것으로 분석·확인될 것이다.

이 엄청난 힘을 발휘할 천혜의 우주 에너지는 대한민국의 도인으로부터 개발될 것이므로 대부분 대한민국의 소유권이 되고, 대한민국은 세계 평화의 선도자로서 그 힘을 세계인에게 베푸는 차원으로 저렴하게 공급할 것이다. 이것은 곧 세계 초일류 국가가 됨을 의미하는 것이다.

지금은 세계의 경제대국, 그리고 핵무기를 많이 보유한 몇몇 나라가 강대국으로 자리잡고 있다. 그러나 이것의 힘도 차츰 그 위력이 감소될 것이다. 그보다 더 강한 에너지가 개발되기 때문이다. 우주에서 개발된 에너지의 힘은 지구상의 에너지에 비해 최소한 10만 배 이상 강력한 힘을 발휘하게 될 것이기 때문이다.

앞에서도 영재교육에 대해 기술한 바 있지만 대한민국에서 길러낸 2만 명 영재들의 두뇌와 손手에 의해 엄청난 파워를 내보일 신 에너지가 개발될 것이기 때문이다. 그것은 곧 세계 평화를 위해 사용될 것이고 인류의 평화를 보장하는 핵심적이고 신개념적, 신물질적 힘의 원천이 될 것이다.

그래서 이때부터는 세계에 갈등과 전쟁의 개념이나 사상적 이념은 완전히 소멸될 것이고, 전 세계는 하나가 될 것이며 진한 형제애를 나누게 될 것이다.

2030년이면 우주 경쟁시대가 될 것이다. 그러나 싸우거나 다투는 형태가 아니라 개발에 박차를 가하는 선의의 치열한 경쟁이 이루어질 것이다.

2061년 한국은 세계 제일의 부자 나라가 된다

2000년 7월 4일, 경진년庚辰年 임오월壬午月 계해일癸亥日 임자시壬子時 경상남도 산청군 금서면 왕산玉山 정상에서 산청·함양사건 추모공원을 내려다보며 명상을 하기 시작하였다.

10년간의 명상으로 추모공원에 억울하게 묻힌 705명 영령—국가가 인정한 공식 확인된 숫자만 총 386명에 이른다—들의 자자손손이 '2061년 이후 세계 대통령이 탄생한다' 라는 영감을 명확히 내렸다.

자시子時에서 인시寅時까지 혼자서 정좌하여 명상하는 가운데 떠오르는 한

결같은 생각은 우리나라가 현재 국가경쟁력 면에서 세계 10위권에 들지만 머지않아 세계 제일의 부자 나라가 된다는 것이다. 어떻게 세계 제일의 부자 나라가 될까 하는 생각은 명상 책에 이미 밝힌 바 있다.

앞으로 얼마 안 가서 분명히 지상에 빛을 밝히는 사람이 생긴다.

한국은 에너지 매장량이 세계 최대인 나라가 된다. 100년 이상 쓸 수 있을 것이다. 또한 금은보석이 3, 4백만 톤이 매장되어 있다. 첫 발견자가 세계 제일 부자가 된다. 확실하다. 명상에서 나타난 것이다.

특히 지리산 산청군을 위시하여 일대의 모든 식물 등 약초는 개발만 하면 세계 최정상의 의약품이 될 것이고, 모든 풀뿌리와 인삼 등은 세계 최고의 명약이 된다. 이는 돈으로 환산할 수 없을 만큼 어마어마한 천문학적인 숫자의 수익을 낼 것이다.

산청군 금서면의 약초는 세계 제일의 명약으로 널리 알려져 세계인이 찾아오고, 특히 산청군 금서면 방곡마을에 피부병이나 불치병 걸린 환자가 와서 살면 공기와 물—방곡 가현 오봉리 물은 약수물이다—등으로 몇 개월이면 완치된다. 필자가 명상으로 영감을 얻은 것이다.

한반도는 셀 수 없이 많은 외침外侵을 당했지만 한 번도 나라를 잃은 적은 없었다. 그만큼 탐이 나는 금싸라기 땅이다. 나라는 작지만 세계 제일의 명당 중의 명당이기에 그렇다.

희망이 크다. 국가관이 뚜렷한 위정자爲政者가 정치만 잘하면 빠른 속도로 세계 제일이 된다. 정치인은 정직해야 하며, 항상 국민을 생각해야 하고, 억울한 사람을 보호해야 할 의무가 있다. 힘없는 국민들의 대변자가 되어 희망을 노래할 수 있게끔 이끌어야 한다.

풀리지 않은 매듭은 풀고 묶어야 할 매듭은 과감히 묶어버려 악습을 떨쳐내야 한다. 일례로 1951년 2월 양민학살사건에 연루되어 국군들 손에 무자비하게 죽은 사람의 유족에게 하루빨리 배상을 하여 국민 화합의 방향으로 가야 한다.

범국민적으로 생각해야 하며, 없는 자도 보호해 가면서 화합으로 정치를 하여 평등한 사회를 만들어야 한다. 보복은 또 다른 보복을 부르듯이 스스로에게 반드시 돌아오는 게 하늘의 섭리이다.

행운을 불러들이는 신정인당의 수호인장
정재원, 그의 업적과 발자취(화보)

행운을 불러들이는 신정인당의 수호인장

○ 人生은 一代요, 姓名과 四柱는 萬代다
○ 印은 자기의 분신체요, 제2의 생명이다
○ 사주에 맞는 인장을 갖는 것은 좋은 집을 갖는 것과 같다

新正守護印

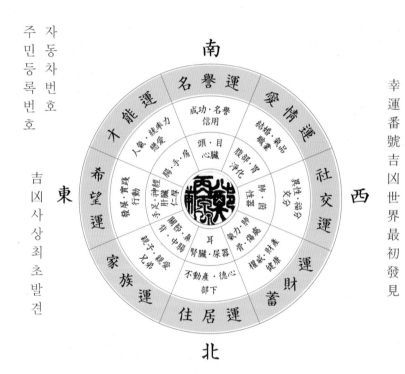

밝은 미래를 위해서 최소한 이것만은 준비합시다!

人生의 重大事에서 最後의 마무리는 '印'입니다.
크기는 작지만 행복을 가져오기도 하고, 불행을 가져오기도 하는 귀중품입니다.
印은 당신의 분신(分身)이며 第二의 生命입니다.
좋은 '印'(신정수호인)을 소유하면 좋은 운세를 얻을 수 있습니다.
자기 사주와 맞지 않는 이름은 신정인으로 보완한다.

정재원, 그의 업적과 발자취(화보)

위령탑은 영원히 지울 수 없는 그 슬픈 역사의 기막힌 사건을 대변하듯 오랜 세월을 굳건히 서서
후손들에게 산 교육적 의미를 심어주어 다시는 이 땅에 이런 비극이 없기를
기원하는 마음을 담고 있다.

회양문(迴陽門)
슬픔과 고통의 음지였던 과거를 극복하고 이제는 상생의 양지로 나와 화합을 창출하는
디딤돌로 승화되어야 한다는 의미를 담았다. 현판의 글씨는 정재원 회장의 친필이다.

위패봉안각(位牌奉安閣)
슬픈 넋들을 신원해서 명예회복하며, 가신 임들의 영혼을 한자리에 모시어
명복을 비는 의미를 담았다. 현판의 글씨는 정재원 회장의 친필이다.

복예관(復譽館)

영문도 모르고 억울하게 학살당한 이들에게 살아남은 유족들이 진혼곡에 향을 사르고,
이제서야 혼백이나마 달래며 기막힌 아픔의 사연에 대한 명예를 회복한다는 의미를 담았다.
현판의 글씨는 정재원 회장의 친필이다.

종합안내판

방곡추모공원의 종합안내판에는 아직도 지울 수 없고 아물 수도 없는
기막힌 사연과 슬픈 역사의 현장을 상세하게 기록해 두었다.

2007년 3월 8일, 모범납세자로 선정되어
국세청장의 표창장을 받았다.

2007년 3월 8일, 모범납세자로 선정되어 표창장을 받고 함께 기념촬영을 했다.
사진 앞줄 왼쪽 두번째부터 정재원 회장, 일일 세무서장으로 위촉된 박경실 다이렉트코리아 대표,
송찬수 종로세무서장, 그 오른쪽이 이날 일일 민원봉사실장으로 위촉된 배우 김갑수 씨다.

2015년 11월 11일 '거창사건등관련자배상등에관한특별조치법'을 대표 발의해 주신 김병욱 의원과 함께
(왼쪽부터 오마이뉴스 장영철 기자와 저자 그리고 김병욱 의원, 한운영 산청향우회장)

2017년 3월 김두관 의원과 산청·함양사건에 대해 논의

산청·함양사건 추모공원 내 묘지 ▌

산청·함양사건 제18회 합동위령제 및 추모식에서 인사말을 하는 필자 ▌

학살당한 '방곡희생장소보존지역' 비석

충남 공주군. 필자가 목을 맸던 큰 참나무가
이듬해 태풍에 넘어진 상태.
목을 매었을 때 부러진 가지 옆에서 필자

나의 사촌 형님과 처 박서현과 박영식 한영출판사 대표

동작동 국립묘지 15열 311번에
안장되어 있는 아버지 묘

아버지 묘 앞에서 묵념하는 필자

2001년 9월, 산청·함양사건의 배상 문제에 관한 논의 후 민주노동당 대표 권영길 의원과 함께

1998년 4월 롯데호텔에서 서울시 여의사회 회원 400여 명을 대상으로 기에 대한 세미나를 열었을 때 특별초청강연을 마치고 서정범 교수와 함께 기념촬영을 한 저자

석가탄신일을 맞아 양산 통도사를 찾은 필자 부부와 월하 큰스님

2000년 기업경영 강연을 마치고 동원그룹 회장 겸 한국무역협회장 김재철 회장과 함께 ▌

산청·함양사건의 명예회복에 힘써준 한화갑 민주당 대표와 함께 ▌

김대중 전대통령의 평화민주당 총재 시절 저자와 제천에서 함께 만나
산청·함양사건에 대한 이야기를 나누었다.

축하 참석해주신 민주당 정세균 의원과 고려대학교 경영대학원 조형록 교우회 회장

2004년 7월, 경남 김태호 지사와 이승환 도의원과 함께
산청·함양사건 추모공원 성역화 사업 예산을 약속받는 자리의 필자

2004년 9월, 박찬종 대통령 후보와
산청·함양사건 배상, 보상 문제에 대해 의논

박찬정 교수와 함께 이한동 국무총리의 사저에서
산청·함양사건 명예회복을 논의한 필자

2005년 4월, 필자와 함께 산청·함양사건 추모공원 내의
위패봉안각을 참배하는 한나라당 이강두 의원과 김형수 영등포구청장

2019년 반기문 전 유엔 사무총장님과
산청·함양·거창사건에 대한 논의

2019년 황교안 자유한국당 대표님과
산청·함양·거창사건에 대한 논의

중앙경제신문사 제6대 회장 취임 인사말 중인 저자 ▌

김영종 종로구청장님과 중앙경제신문 발행인 임채수님과 임원분들 ▌

중앙경제신문 창간 17주년 행사에 참석해주신 3,000여 명의 하객들 ▌

사단법인 한국수난안전협회 부회장 자격으로
협회를 내방한 국제평화재단 총재 및
세계일보 발행인 박보희 회장을 배웅하는 필자 ▌

중앙경제신문 창간 17주년 인사말 중인 저자 ▌

2010년 인장업연합회 유태흥 수석부회장님과 한용택 고문님과
일본인장인업협의회 방문에서 오사카 시장이 인사말 하는 장면

코리아나호텔에서 이재오 국회의원의 강연 중 산청·
함양 학살사건에 대한 논의 후
인사를 나누는 장면

고려대학교 교우회에서 정운찬 전 국무총리와
산청·함양 학살사건에 대한 논의 후
인사를 나누는 장면

천제존성 82령 부적은 부적 중 가장 신비로운 신神이 내린 부적으로,
모든 재난과 병마로 인한 불행을 타개해주는 힘을 가지고 있다.
이 부적을 액자로 만들어 매일 아침, 저녁으로 정화수를 떠놓은 뒤 향불을 피워놓고 기도하면
가정이 안정되고 번창하며 가족들의 건강과 행복은 물론 입신출세하여 부귀영화를 누린다.
하지만 이 82령부를 아무렇게나 흉내 내면 재앙을 받는다.

상상나무와 함께 지식을 창출하고 미래를 바꾸어
나가길 원하는 분들의 참신한 원고를 기다립니다.
한 권의 책으로 탄생할 수 있는 기획과 원고가 있
으신 분들은 연락처와 함께 이메일로 보내주세요.

이메일 : ssyc973@daum.net